国家科学技术学术著作出版基金资助出版

社会控制论

Socio-Cybernetics

涂序彦　韩力群　王洪泊　著

科 学 出 版 社

北　京

内 容 简 介

社会控制论是一门研究各种社会系统控制过程的运行规律和理论方法的综合性新型边缘学科。本书围绕社会控制论的研究对象、学科内容、科学方法、学科体系与关键技术进行了深入阐述，按照社会系统的控制目标、管理调度任务要求，根据资源和环境条件，从结构综合、体系结构、网络模型、协调优化调度算法等多个方面，系统论述了社会最经济控制、智能协调控制、社会服务优化控制、正常优化调度、异常应急协调控制，有利于实现各类社会服务系统的经济化、最优化、协调化和智能化。

本书可以作为高等院校相关专业研究生教材或参考用书，也可供从事社会智慧管理、复杂大系统研究开发与工程设计的广大读者参考。

图书在版编目（CIP）数据

社会控制论/涂序彦，韩力群，王洪泊著. —北京：科学出版社，2021.6
ISBN 978-7-03-068801-9

Ⅰ. ①社…　Ⅱ. ①涂…　②韩…　③王…　Ⅲ. ①社会约制-研究
Ⅳ. ①C912.3

中国版本图书馆 CIP 数据核字（2021）第 104410 号

责任编辑：牛宇锋　纪四稳 / 责任校对：樊雅琼
责任印制：吴兆东 / 封面设计：蓝正设计

科学出版社 出版
北京东黄城根北街 16 号
邮政编码：100717
http://www.sciencep.com
北京厚诚则铭印刷科技有限公司印刷
科学出版社发行　各地新华书店经销
*
2021 年 6 月第　一　版　开本：720 × 1000　B5
2024 年 4 月第三次印刷　印张：12 1/4
字数：221 000

定价：88.00 元

序　一

社会系统是典型的复杂大系统，是人们在进行信息获取、传递、处理、利用过程中形成的高级自组织系统。钱学森先生在 1980 年曾经预言：控制论所研究的系统的运动形式，在高级形态的系统——社会系统中，也是存在的。因此，这是一种已经看得见曙光的真实的希望。在社会主义条件下，一门新的学科终将诞生，这就是“社会控制论”。

涂序彦教授一直重视“学习、继承、发展”钱学森先生创立的“工程控制论”，并以实现钱学森先生关于“社会控制论”的科学预见为己任。

研究“社会控制论”的重要理论基础之一是“大系统控制论”。1985 年，钱学森、杨嘉墀等控制领域的著名学者，出席了在北京钢铁学院举行的“系统科学与优化技术”研讨会。钱学森先生在大会报告中提出“大系统理论要创新”。涂序彦教授在学术报告《大系统控制论探讨》中提出：在大系统理论和人工智能相结合的基础上，创立“大系统控制论”新学科。钱学森先生充分肯定了涂序彦教授的观点和建议，认为“大系统控制论”是“工程控制论”的创新发展。1994 年，涂序彦教授总结了“大系统控制论”研究、开发和应用的丰富成果，撰写出版了国内外第一部《大系统控制论》专著，引起学术界的关注。2005 年，涂序彦教授和他的学生撰写出版了北京市高等教育精品教材《大系统控制论》。

在科学技术高度发展的今天，社会系统管理与控制的科学化、高效化，已成为社会发展的迫切需求。在这样的大背景下，涂序彦教授在多年研究大系统控制论、最经济控制论、人工智能、智能管理、人工生命、协调学等交叉学科的基础上，撰写了具有原创性的专著《社会控制论》。这部专著运用“控制论”的思想和方法，研究各种社会系统控制、管理过程的运行规律和理论方法，是“大系统控制论”在社会大系统领域的推广应用和创新发展，很好地继承、发展了钱学森先生创立的“工程控制论”的学术思想，实现了钱学森先生关于“在社会主义条件下，一门新的学科(社会控制论)终将诞生”的预言。

《社会控制论》的第 1～4 章分别对“社会控制论”这一新学科的研究对象、学科内容、科学方法、学科体系与关键技术进行系统而深入的论述，为“社会控制论”这一新学科的研究与发展奠定坚实的基础。第 5～7 章按照社会系统的控制目标、管理调度任务要求，根据资源和环境条件，从结构综合、体系结构、网络模型、协调优化、调度算法等多个方面，系统论述社会最经济控制、智能协调控制、社会服务优化控制、正常优化调度、异常应急协调控制，对于实现各类社会服务系统的经济化、最优化、协调化、智能化具有重要的理论意义和实用价值。第 8 章还给出涂序彦教授师生关于社会控制系统工作流仿真平台的研究成果，这一成果提供了面向社会控制系统的计算机辅助协同工作的工具，不仅有利于协调工作的规范化，而且便于人员与资源的合理调度配置，调度流程的监督、审查，并可提高工作效率。第 9 章介绍两个“社会控制论”的应用实例：数字气田协调智能调度系统、大型建设项目管理协调智能调度系统，这些社会效益和经济效益显著的应用实例，验证了“社会控制论”理论方法的合理性、实用性、有效性。

纵览全书，《社会控制论》内容充实、体系合理，观点新颖、实例丰富，逻辑严谨、理论深厚。涂序彦教授在总结与展望中指出：社会控制论是介于社会科学、控制科学之间的一门新的技术科学，其建立、发展、应用，将有助于社会安定团结、文明进步、协调和谐，有助于社会管理控制的科学化、现代化，有助于社会科学研究的定量化、精确化。我相信，《社会控制论》的出版，将为我国社会系统的有效控制与科学管理做出重要贡献，并产生深远影响。

早在 2005 年，我国就做出了“建设创新型国家”的重大战略决策。近年来，“自主创新能力”进一步上升到“国家核心竞争力”的高度。

涂序彦教授在其耄耋之龄，依然勤奋努力、勇于开拓，孜孜不倦地进行学术创新，是实践“万众创新”的楷模，更是晚生后辈们学习的榜样。

吴宏鑫

中国科学院院士

北京控制工程研究所研究员

2021 年 1 月 18 日于北京

序　二

收到涂序彦教授《社会控制论》的书稿，感慨万千！

他在以“肩扛千斤谓之责，背负万石谓之任”的精神面貌撰写出《社会控制论》这一专著，令人信服！

社会控制论是用控制论方法研究社会系统的学科，是控制论的一个分支。社会控制是伴随着人类社会矛盾的产生而出现的一种特殊现象。但作为一个概念，它是由美国社会学创始人之一——爱德华·A·罗斯在 1896 年首次提出的，他对社会控制进行了全面、系统的研究。此后 5 年他又在《美国社会学期刊》上发表了 19 篇有关论文，并于 1901 年以《社会控制：秩序的基石综览》为名结集出版，这也是世界上系统研究社会控制的第一部专著。

在中国，钱学森先生曾经提出建立与发展我国社会控制论学科的问题，并且预言在社会主义条件下，一门新的学科终将诞生，这就是“社会控制论”。那么社会控制论是什么呢？它是一门研究各种社会系统，也就是广义社会系统控制过程的运行规律和理论方法的新学科。

从控制论的角度来说，人类社会可以看成高度复杂的政治-经济-文化-生态综合的多级递阶控制系统。社会的宏观调节和控制依靠各层次之间的双向信息流联系。社会控制论是运用控制论的思想和方法来研究社会系统的一种控制理论。社会控制论的研究目的是提高社会系统的总功效，为人谋利益，即用最小的控制成本，获取最大的社会效益。为了达到这一目的，社会控制论研究如何对社会系统进行有效的控制，努力使社会始终处于最优的状态。

涂序彦教授在 20 世纪 80 年代有幸获得了钱学森先生的亲自指导，他为了学习、继承和发展钱学森先生创立的“工程控制论”，实现他关于“社会控制论”的科学预见，先后于 1981 年 4 月撰写出《社会控制论初探》，1981 年 5 月又完成了修改稿，2014 年 3 月完成第三稿《社会控制论探讨》。社会是一个复杂而巨大的系统，针对此社会复杂大系统，涂序彦教授 1985 年提出了“大系统控制论”的观点，主要是为了解决现有许多大系统研究中存在的问题，如主动性、不确定性及进化性等。1985 年 8 月 20 日，在北京钢铁学院首届“系统科学与优化技术”学术讨论会上，钱学森先生的发言题目就是“大系统理论要创新”。钱学森先生认为，涂序彦教授提出的大系统控制论作为一门技术科学，它的目的就是联系实际，解决实际问题。而解决实际问题，就不会限于哪一门学科，必然出现交叉科学。他提议要运用大系统控制论及其他学科理论，建立国家宏观社会经济模型，理论联系实际，为国家现代化建设做出成绩。

众所周知，控制论的创始人 N. 维纳曾怀着矛盾的心态看待“社会控制”问题，一方面他进一步认为控制论在社会系统中应用的可能性已经出现；另一方面，他认为用控制论研究社会系统还存在困难。他还认为：研究社会系统至少存在“两个主要的困难”：一是“极难使观察者与被观察对象间的耦合降到最低限度，相反，观察者会对被观察对象施加巨大的影响”；二是“社会科学的数据通常以短的统计时间序列为主，容易受变动的环境条件的影响，理想情况是以条件不变或相对稳定的时段的数据作为支撑”。

正由于此，我国学者对社会控制论颇有兴趣，也做过若干研究，并撰写了一些文章。虽然在中国古代社会中有比较成熟的社会控制理论如儒家大同理想的治理理论和法家社会治理理论，但是在现代中国至今未有较高层次的社会控制论的专著出版，涂序彦教授这部服务人民、服务社会的《社会控制论》专著恰到好处地弥补了这一缺憾。

该书内容体现了涂序彦教授在“社会控制”领域做出的大量开拓性工作，取得的有创新性、突破性的成果。除了阅读涂序彦教授不断撰写出的学术水平高、内容丰富的专著，我还曾有幸多次参加涂序彦教授指导的博士研究生论文答辩会，他指导的不少博士研究生都曾以“社会控制”领域的重大问题作为选题。毫无疑问，《社会控制论》专著是源自坚实理论基础和丰富实践经验的学术成果的结晶。涂序彦教授这种“一勤天下无难事”体现了他的治学精神——学无止境，十分令人折服。

社会控制论是工程控制论的继承、运用、发展，因此在工程控制论中行之有效的科学方法，也可以移植、引用、推广到社会控制系统。涂序彦教授既看到社会系统与工程系统的共性，也注意到社会系统与工程系统各自的个性，在移植、引用工作中系统概念、科学方法都没有生搬硬套，并且提出探讨发展适用于社会系统的新的科学方法。

该书比较详细地描述了社会控制论的研究对象、学科内容、科学方法、学科体系与关键技术、社会最经济控制与协调智能优化调度研究、社会服务协调智能异常应急调度研究、社会控制正常优化与异常应急协调机制研究、社会控制系统工作流仿真平台研究、社会控制论的典型应用系统及总结与展望。在最后的展望中提出：展望未来，社会控制论是介于社会科学、控制科学之间的一门新的技术科学，其建立、发展、应用，将有助于社会安定团结、文明进步、协调和谐，有助于社会管理控制的科学化、现代化，有助于社会科学研究的定量化、精确化。

初步阅读书稿之后，我深切地感觉到，涂序彦教授撰写此专著就是以社会治理为目标——以人为核心，实现社会的高效运行，这一目标与“科学发展观”的观点高度相符。涂序彦教授通过研究社会控制论，分析社会治理的方法和模式，寻求符合我国社会发展的治理模式，不仅是将理论应用于实际的表现，对我国社会主义现代化建设有着重要意义，对社会的长治久安有着深远的影响，而且是为“实现中华民族伟大复兴的中国梦”提供优质服务的工具。

中国人民解放军军事科学院研究员

2021年2月18日

序　三

十分高兴读到涂序彦老师八十岁后的大作《社会控制论》，敬佩之情油然而生。首先，涂老师已值颐养天年之际，仍然辛劳写作，为智能和自动化学科的发展出谋划策，呕心沥血，令晚辈汗颜。其次，涂老师眼界之阔，学识之广，集多个学科于一体，深入浅出，从历史资料到时下的热点方向，莫不掌握自如，令晚辈感叹。此外，涂老师对科学人文的不懈追求，对世俗价值的淡然心态，特别是其老骥伏枥、志在千里的精神，更为晚辈树立了一个杰出的榜样。

由于政治、技术和人文价值本身等许多内在的因素，无论在西方世界还是在东方社会，社会控制都是一个极具挑战的话题和课题，如何合适并科学地处理，是一项十分艰难的任务。可喜的是涂老师的功力和用心，使《社会控制论》成为一本引人入胜又极有分量的专著，为今后进一步深入研究奠定了基础。该书凝聚了作者三十余年的心力，是对钱学森先生在其《工程控制论》(修订版)序言关于建立“社会控制论”新学科设想与倡议的回应。在当前社会数字化、信息化、网络化和智能化的热潮之下，社会问题和社会动力学系统特性已进入一个崭新的阶段，极具敏感的“社会控制”课题，已不可逃避、十分突出地摆在我们面前，该书恰值其时。

在很长一段时间里，我曾对“社会控制论”避而远之。而且，自己还曾数次在国际学术组织中带头否决了欧美学者关于成立相应学术活动委员会的建议。但随着自己关于社会计算的研究及应用的深入，我对社会控制论的观念也发生了改变。从农业时代到工业时代，自然界中许多物理化学过程在人造环境中的动态变化加剧，催生了后来的“工程控制论”和现代自动化产业，因为如果再按农业时代的“自然”方式处理这些过程，就会在生产活动中发生许多“爆炸”和“事故”。这点大家已经十分清楚，并制定了许多措施，制造了许多设备，从可编程逻辑控制器(PLC)到集散控制系统(DCS)，去防备制止。今天，我们正从工业时代向智业时代迈进，社会中许多组织过程在人工环境，特别是移动互联的网络环境中的动态变化也在加剧，也必将催发未来的新型社会管理产业，从企业资源规划(ERP)到社会资源规划(SRP)和文化资源规划(CRP)。将来，像 PLC 和 DCS 一样，或许会有各种各样的“社会管理器”甚至“社会控制器”出现。否则，就会在正常的社会过程中产生许多“爆炸”，就如由于控制不当会在复杂生产过程中发生重大事故一样。因此，必须加快、加强关于社会控制论的研究，使其成为智慧社会智能管理的坚实的科学与技术基础。

涂老师是复杂系统管理与控制国家重点实验室的元老级成员，有幸相识二十余年，特别是回国后自己许多研究生的答辩都由涂老师主持，算是真正的“忘年交”。涂老师在生物控制、大系统理论和智能科学等方面的许多开创和前沿性工作，学界有目共睹。今天人工智能热潮澎湃，但我们不能忘记涂老师在人工智能的低谷之际长期主持中国人工智能学会的工作，并数年坚持不懈努力，使其学术发展进入正轨并快速发展。我自己也非常高兴能够在此过程中助涂老师一臂之力，同时也要感谢时任中国科学技术协会书记处书记冯长根教授的大力支持。

我非常高兴第三次学习涂老师的著作并做命题之文。第一次是为涂老师与其弟子的《“软件人”研究及应用》，写下“人工生命与‘软件人’”；第二次是为其诗作《糊涂集》写下“我育人以何”，那都是涂老师古稀之年的往事。希望在涂老师九十大寿之后，可以拜读他的《“智体人”研究与应用》和新的诗作《智慧集》。届时，我一定认真学习并再行命题之文。

谨祝涂老师健康长寿，万事如意！

王飞跃
复杂系统管理与控制国家重点实验室主任
国防科技大学军事计算实验与平行系统技术研究中心主任
2021年3月16日

前　言

在《工程控制论》(修订版)的序言中，钱学森先生提出了建立与发展我国的“社会控制论”学科的问题。他预言：在社会主义条件下，一门新的学科终将诞生，这就是“社会控制论”。“社会控制论”是研究各种社会系统控制过程的运行规律和理论方法的一门技术科学。

为了学习、继承、发展钱学森先生创立的“工程控制论”，实现他关于“社会控制论”的科学预见，涂序彦于1981年4月撰写第一稿《社会控制论初探》，1981年5月完成第二稿，即修改稿，2014年3月撰写第三稿《社会控制论探讨》。

本书第1～4章分别对“社会控制论”这一新学科的研究对象、学科内容、科学方法、学科体系与关键技术进行系统而深入的论述，为“社会控制论”这一新学科的研究与发展奠定坚实的基础。第5～7章按照社会系统的控制目标、管理调度任务要求，根据资源和环境条件，从结构综合、体系结构、网络模型、协调优化调度算法等多个方面系统论述社会最经济控制、智能协调控制、社会服务优化控制、正常优化调度、异常应急协调控制，对实现各类社会服务系统的经济化、最优化、协调化、智能化具有重要的理论意义和实用价值。第8章给出作者学术团队关于社会控制系统工作流仿真平台的研究成果，这一成果提供了面向社会控制系统的计算机辅助协同工作的工具，不仅有利于协调工作的规范化，而且便于人员与资源的合理调度配置，调度流程的监督、审查，并可提高工作效率。第9章介绍两个“社会控制论”的应用实例，即数字气田协调智能调度系统、大型建设项目管理协调智能调度系统，用这些社会效益和经济效益显著的应用实例验证“社会控制论”理论方法的合理性、实用性和有效性。

“社会控制论”是一门综合性的新型边缘学科，其研究、建立、发展，需要控制论、系统论、信息论，社会学、经济学、人类学、科学学、军事学、环境学等有关科学技术的专家、学者相互协作、共同努力。我们期望“社会控制论”这门新学科健康地、迅速地成长起来，为我国的社会主义建设与发展、推进国家治理体系和治理能力现代化做出重要贡献。

多年来，社会控制论相关研究得到许多国内外专家、学者的热情支持和鼓励。本书得到国家科学技术学术著作出版基金和国家自然科学基金项目“物联网环境下的认知调度网络构建及其资源协调优化”(项目编号：61572074)的支持。在此表示衷心的感谢。

书中若有不妥之处，欢迎广大读者批评指正。

涂序彦　韩力群　王洪泊

2021 年 4 月 18 日

目　录

第 1 章　社会控制论的研究对象

通常，自然科学、社会科学的学科是根据其研究对象来划分的，那么，“社会控制论”的研究对象是什么呢？

简言之，“社会控制论”的研究对象就是“社会控制系统”。“社会控制系统”，即社会领域中的各种控制与管理系统[1]，如下所述。

1.1　国家行政管理系统

世界各国，不论大小、穷富，都有其“国家行政管理系统”，而且，都具有某些共性，如普遍采取“多级递阶控制”的大系统结构方案。但是，不同的国家，不同的个性，各有特点。那么，从“社会控制论”的观点，应当如何取长补短，寻求改进其“国家行政管理系统”呢？其实，“控制论”(cybernetics)一词本来就有“管理国家的艺术”的含义，这里，“控制”的概念是广义的[2-6]，意味着智能控制、灵活调节、实时配置、科学管理、统一指挥，因此人类脑力劳动机械化[7-9]、社会生产活动[10-12]及其劳动关系(业务逻辑)的复杂性[13-18]以及人工智能相关学科的飞速发展[19-22]，使得国家行政管理系统向服务智能化[23,24]、功能精细化[25]和数据资源虚拟化[26-30]方向迈进。

1.2　国民经济管理系统

国民经济管理系统与国家行政管理系统密切相关，也是“社会控制论”的研究对象之一。现在，有些国家采取大系统“分散控制”的结构方案、管理体制，也有些国家采取大系统“集中控制”的结构方案、管理体制，两者各有其优缺点，因此如何把“分散控制”和“集中控制”巧妙地结合起来[31,32]，取长补短、扬长避短，探讨适应于我国国情的“国民经济管理系统”，将有助于我国经济发展、社会安定、人民幸福，这也是“社会控制论”需要研究的重大课题[33,34]。

1.3　科学技术管理系统

科学技术水平严重地制约、影响着社会进步、经济发展、人民生活水平提高，而国家的科学技术管理体制、方针政策，又对科学技术的发展有很大的影响，存在不少问题。例如，如何组织科学技术队伍；按学科组织、按任务组织，各有优缺点，如何取长补短、相互结合；如何协调基础科学、技术科学、应用科学，以便协同发展。现在，科学发达、技术先进的国家，都有适应其国情的“科学技术管理系统”[1]，因此，如何博采众长，建立、改进我国的科学技术管理系统，是关系到科学技术现代化的重大问题[35]。

1.4　人口控制管理系统

我国是世界上人口最多的国家，这既是优势，又是问题，如何控制我国人口资源的数量、质量，不仅关系到当前的社会状态，而且会影响子孙后代。因此，如何应用“社会控制论”的理论方法，建立“人口控制管理系统”，对我国人口发展过程，进行定量、定性相结合的分析、预测，为制定合理的人口控制策略、法规提供科学依据，是“社会控制论”的重要研究课题。

1.5　污染控制环境保护系统

污染控制、环境保护不仅是工程技术措施，而且是社会问题。因此，如何运用控制论、系统论、信息论的理论方法，建立污染控制环境保护系统，从整体的、动态的观点，对工业污染、交通污染、河流污染等进行监测、分析，对社会环境、自然环境[36]、空气质量、水质量等进行定性、定量的综合评价，对环境变化趋势进行预测、分析，为制定高效的污染控制、环境保护策略与方案，提供科学论据[37,38]，也是“社会控制论”的重要研究课题。

1.6　社会公共服务管理系统

现代社会拥有许多“公共服务管理系统”，如医疗卫生公共服务管理系统、商业服务管理系统、银行服务管理系统、旅游服务管理系统、名胜园林服务管理系统、文化娱乐服务管理系统、社会生活公共服务管理系统等，与广大人民群众的日常生活密切相关，直接影响社会安定、公共秩序。因此，根据我国人口众多、地大物博的国情，组织管理各种社会公共服务管理系统，提高服务质量、工作效率，是十分重要的[39]。

1.7　社会安全控制管理系统

为了保障社会安定、国家安全、人民幸福，需要社会安全控制管理系统，如公安部门、人民法院、人民检察院、武警部队、国防部队等，都是“社会安全控制管理系统”，但是具有各自的组织体制，他们分工合作、相互配合，共同维护社会安全。因此，“社会控制论”需要研究如何充分发挥这些社会安全控制管理系统的作用，进行密切的协调配合，高效、迅速地消除不安全的社会干扰因素。

1.8　社会网络信息控制管理系统

现代社会已进入信息化、网络化的时代，互联网(Internet)、内联网(Intranet)、外联网(Extranet)，使人们的社会生活信息化、网络化，在国内、国外，提高了相互联系、信息交流、协商协作、办事购物的效率，节约了时间、压缩了空间，增加了机遇、发展了事业。但是，也带来了社会信息安全问题，如信息网络的病毒传染、黑客入侵、黄色污染。因此，如何建立“社会网络信息控制管理系统”是“社会控制论”面临的新问题[40]。

这里应当说明的是，“社会控制论”主要研究社会系统的“控制过程”问题，以及相应的“控制信息”的采集、传递、变换、处理、利用的理论方法、实现技术、应用系统[41]，这是“社会控制论”与社会学、经济学、科学学、人类学、环境学、园林学、军事学、信息学等学科的分工、区别之处。

第 2 章　社会控制论的学科内容

“社会控制论”的学科内容，包括社会控制系统建模、社会控制系统分析、社会控制系统综合，以反映人们对社会控制系统的认识、改造过程。

2.1　社会控制系统建模

为了对社会系统进行分析、综合，首先需要建立社会系统的模型。由于社会系统的复杂性、主动性、不确定性，难以采用传统的、简单的数学模型，所以需要引用《大系统控制论》[31]中的“广义模型化”方法，研究、建立社会系统的新模型。

2.1.1　集成模型

广义模型的概念之一是由知识模型、关系模型、数学模型相互结合，利用软件集成的集成模型(gathered model, GM)，如图 2.1 所示。

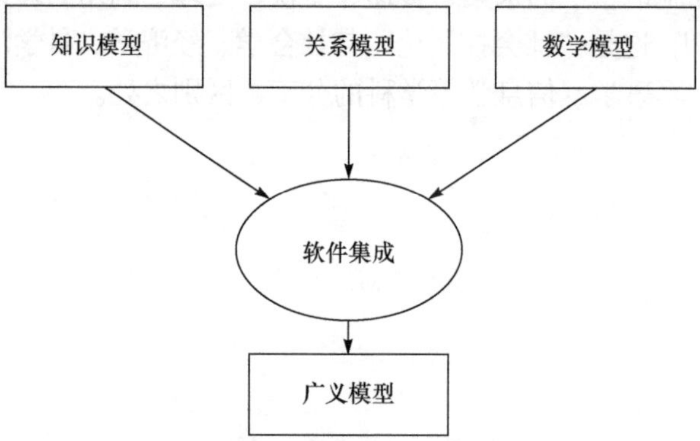

图 2.1　广义模型之一：集成模型

1) 知识模型

运用人工智能和知识工程的方法与技术，如知识表达方法(产生式规则、语义网络、框架等)、知识获取技术(人工移植、机器感知、机器学习等)所建立的知识模型(knowledge model, KM)，主要用于表达人们关于事物的定性知识、经验知识，以便利用知识进行定性分析、逻辑推理，求解有关问题。

2) 关系模型

运用“图论”方法、逻辑学，所建立的各种关系模型，如赋值的有向图、无向图、树图、网络图、逻辑式等，主要用于定性或定量地描述人们、事物之间的各种关系，如组织结构、工艺流程、信息传递、时序关系等，进行系统的结构分析、结构综合。关系模型也可称为结构模型。

3) 数学模型

运用控制理论、运筹学的理论与方法，所建立的数学模型(mathematical model, MM)，如状态方程、传递函数、代数方程等，主要用于定量地描述事物的有关动态过程、静态特性，对问题进行定量分析、数值计算。

在大系统模型化的实际工作中，应根据具体任务的需求、环境条件的可能，灵活地运用上述三种模型。在知识模型、关系模型、数学模型相结合的基础上，利用计算机软件进行集成，建立适用于实际大系统的“集成模型”，从而全面(定性、定量、静态、动态)地描述实际系统的结构、参数、功能、特性。

2.1.2　控制论模型

广义模型的概念之二是控制论模型。从控制论观点，任何复杂控制系统都可以用图 2.2 的方框图表示。

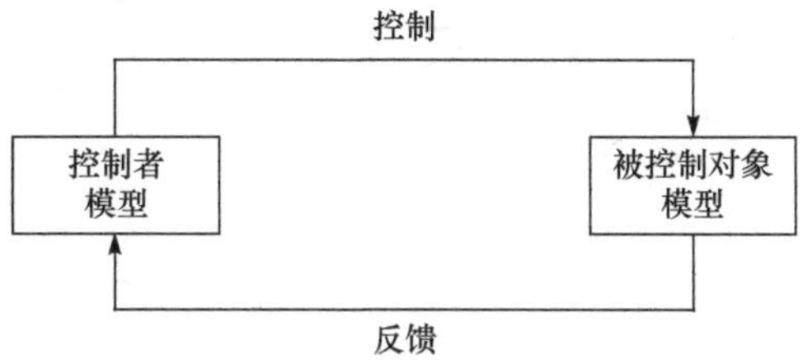

图 2.2　广义模型之二：控制论模型

1) 控制者模型

控制者产生控制作用，接收反馈信息，它可以是人，如控制、管理、调度、指挥、决策人员等，也可以是机器，如控制器、调节器、计算机等。

2) 被控制对象模型

被控制对象接受控制作用，提供反馈信息，它通常是机器、设备，也可以是人、人群，如社会控制系统、经济管理系统。

在传统的控制理论中，采用系统辨识的方法、技术，主要致力于建立被控制对象的数学模型，很少研究“控制者”的建模问题，所以控制系统的建模方法存在片面性。

广义模型是采取控制者模型与被控制对象模型并行处理方法，建立控制者模型。例如，对于主动控制系统，可利用人工智能、专家系统的方法和技术，建立控制者的知识模型，以有经验的操作、调度、指挥人员作为领域专家，建立相应的知识模型，以及各种人工智能专家系统。

2.1.3 变粒度模型

实际大系统都可以分解为若干小系统，而小系统又可以再细分为若干小小系统，因此广义模型的概念之三是变粒度模型，分别对大系统、小系统、小小系统，相应的粗粒度模型、中粒度模型、细粒度模型，将它们组织起来，构成大系统的变粒度模型(variable grain model, VGM)，如图 2.3 所示。

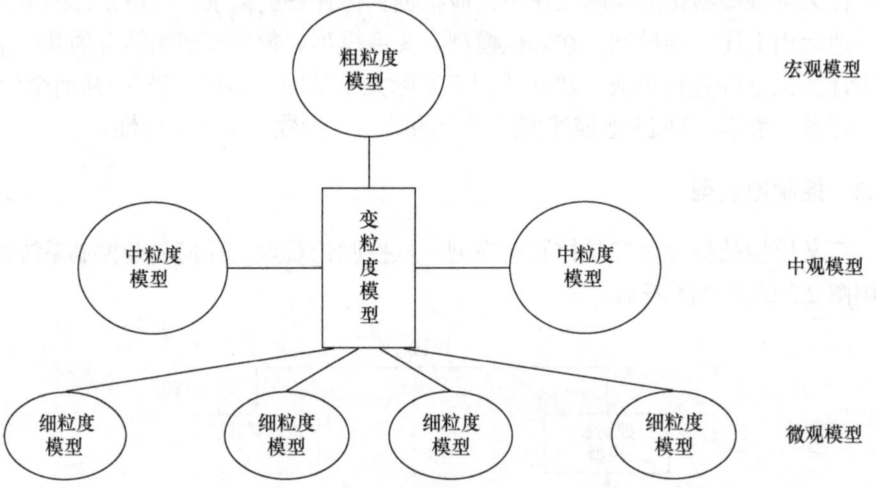

图 2.3 广义模型之三：变粒度模型

1) 粗粒度模型

粗粒度模型就是用粗大的量化单位、知识基元，描述大系统的宏观模型。例如，国家级的经济模型，从全国的宏观水平，用国民经济总产值、全国人均年收入等粗粒度的经济指标描述国民经济管理系统。

2) 中粒度模型

中粒度模型即用中等规模的量化单位、知识基元，描述小系统的中观模型。例如，省级经济模型，从各省的角度，用各省的经济总产值、各省人均月收入等经济指标描述各省的经济管理系统。

3) 细粒度模型

细粒度模型即用细小的量化单位、知识基元，描述小小系统的微观模型。例如，市(县)级经济模型，从各市(县)角度，用各市(县)经济总产值、各市(县)人均日收入等指标描述各县经济管理系统。

利用粗粒度、中粒度、细粒度的量化单位、知识基元，根据国家级、省级、市(县)级的经济指标之间的关系，可将上述宏观、中观、微观模型组织起来，建立描述社会经济大系统的变粒度模型。

2.1.4　智能模型

广义模型的概念之四是智能模型(intelligent model, IM)。为了建立主动控制系统、不确定系统、不确知系统、发展中系统的模型，建议用人工智能、控制理论、运筹学相结合的方法，研究开发各种“智能模型”，如自学习模型、自适应模型、自组织模型等，如图 2.4 所示。

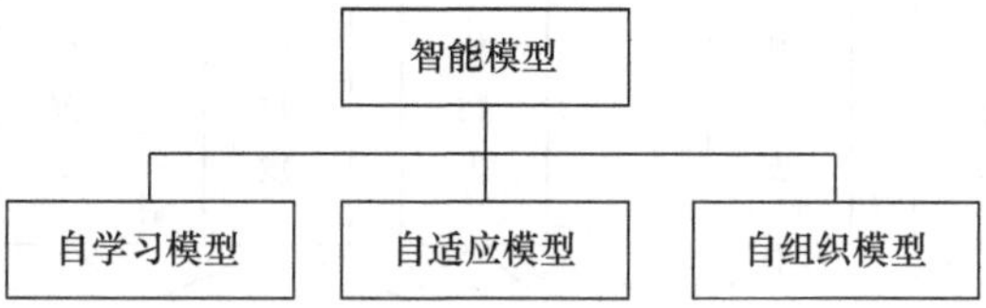

图 2.4　广义模型之四：智能模型

1) 自学习模型

利用人工智能的自学习方法，与控制理论的系统辨识技术相结合，发展“智能辨识”技术，建立具有自学习性能的广义模型。在系统运行过程中，通过示教学习、非示教学习，获取知识、积累经验，自动修改模型参数，提高模型的精度，以跟踪实际系统的变化和发展。

2) 自适应模型

利用在线动态系统辨识技术、自校正方法，可以建立具有自适应性能的模型。当系统的环境条件发生变化、对象特性漂移时，能够自动校正模型参数，以适应系统的变化、漂移。

3) 自组织模型

利用模型库、模型库管理系统，可以根据用户需求、解题规划，进行模型构造、组织，在知识模型、数学模型、关系模型相结合的基础上，组成适用于实际系统的广义智能模型。

综上所述，关于广义模型化的概念是：从控制论观点，用人工智能、系统辨识、图论等多学科的理论方法、实现技术，灵活运用知识模型、关系模型、数学模型，并行处理控制者模型、被控制对象模型，建立宏观、中观、微观相结合的具有自学习、自适应、自组织性能的变粒度、智能化的大系统集成智能广义模型，各种不同模型即知识模型、关系模型、数学模型，可在计算机中通过软件编程相互结合，进行集成，构建面向对象(object)、智体(agent)、软件人(SoftMan)的软件集成广义模型。

2.1.5 广义模型的体系

根据上述关于广义模型的概念，可以建立广义模型的体系。采用人工智能的知识表达方法，可以建立广义模型体系的表达树，如图 2.5 所示。

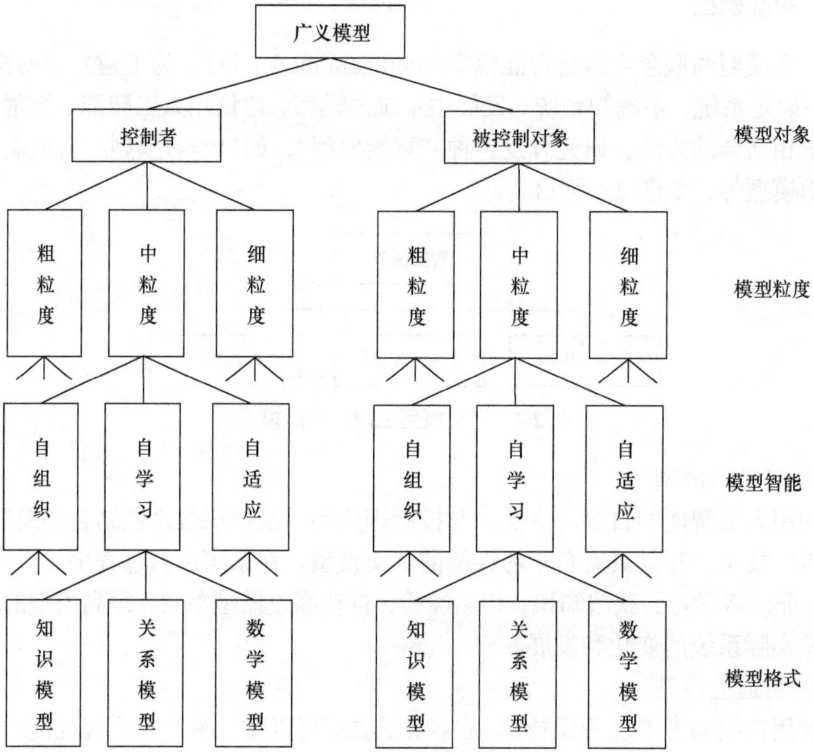

图 2.5 广义模型体系表达树

广义模型体系的类别可以划分如下：

(1) 按模型对象划分，可分为控制者模型、被控制对象模型两大类。

(2) 按模型粒度划分，可分为粗粒度(宏观)模型、中粒度(中观)模型、细粒度(微观)模型三类。

(3) 按模型智能划分，可分为自组织模型、自学习模型、自适应模型三类。

(4) 按模型格式划分，可分为知识模型、关系模型、数学模型三类。

因此，在如图 2.5 所示的表达树中，共有 54 类模型，现举两例。

例 2.1 控制者、粗粒度、自组织关系模型。例如，采用控制者、粗粒度、自组织关系模型，可以描述社会经济大系统中领导集团、决策机构的人际关系、组织体系。

例 2.2 被控制对象、细粒度、自适应数学模型。例如，采用被控制对象、细粒度、自适应数学模型，可以描述生产过程中工艺状态变化、生产机械的运行状态变化的动态过程。

2.2　社会控制系统分析

社会控制系统分析意味着对已有的社会控制系统进行定性/定量、动态/静态的分析，对社会系统的控制性能进行估计、评价，对社会变化的动态过程进行分析、预测，为改善现有社会系统的控制性能，了解社会系统的发展趋势提供科学的依据。

2.2.1　基本社会单元——人的控制性能分析

在社会系统中，人是最重要的基本单元。为了进行社会系统分析，需要研究社会活动中人的控制性能，即人的控制信息采集、传递、变换、处理、利用的性能。应当注意，人不同于机器，人是具有主观能动性的主动单元，机器是缺乏主观能动性的被动单元，因此主动性是人的控制性能的显著特点，也是社会控制论的重要研究内容之一。在社会系统中，不仅有人的个体，还有人的群体，既有人人系统，又有人机系统，这都是社会系统分析的对象，也是社会控制论的学科内容。

2.2.2　社会控制系统的不确定性分析

社会系统的一个重要特点是不确定性，意味着模糊性、随机性。一方面，由于人对客观事物认知性能的局限性、不确知性，人们对事物的认识具有“模糊性”，这是关于事物概念的不确定性，如人的思维、语言、行为，可能有模糊性，缺乏精确性，因此由人组成的社会系统也有模糊性。由于在人们的社会活动中，语言是人与人信息交流、相互联系的普遍方式，所以社会系统的控制过程也有模糊性。另一方面，随机性是关于事件发生与否的不确定性，在社会系统中，广泛地存在着各种随机性、偶然性，如天灾人祸、意外事故、突发事件。因此社会系统兼有模糊性、随机性，这都是社会系统分析的课题，也是社会控制论的学科内容。

2.3　社会控制系统综合

社会控制系统综合意味着对有待改进、尚在筹建的社会控制系统，制定决策、方案，进行规划、设计。系统综合的目的在于实现最优化，制定最优化决策、采取最优化方案、进行最优化规划、实现最优化设计、建立最优化社会控制系统，这里关键问题是如何“协调”，如何正确、适当地处理社会系统的复杂关系、众多矛盾，在各小系统局部最优化的基础上，通过协调，实现大系统的全局最优化。

2.3.1　社会控制系统的结构综合

社会系统是结构复杂、规模庞大、功能综合、关系众多的大系统，为了完成类似的控制任务，可以采用不同的结构方案，主要的典型结构方案有五种，即集中控制结构方案、分散控制结构方案、多级控制结构方案、多层控制结构方案、多段控制结构方案，不同的结构方案具有不同的控制性能，因此社会控制系统的结构综合的任务在于：根据控制任务的需求，进行结构设计，采用结构模型，进行结构分析，选取技术、经济性能好，最合理、最实用的结构方案。

2.3.2　社会协调控制系统的综合

社会系统通常是多变量的复杂大系统。协调控制是设计原理，也是关键问题。缺乏有效的协调控制，往往是许多实际社会系统运行不正常、效率低的主要原因，在工程技术领域中屡见不鲜。例如，生产工艺过程不协调、不平衡、不配合，引起窝工减产、零件积压、质量下降；在社会经济领域中，由于人际关系复杂、社会矛盾很多，难以进行协调。因此，需要研究适合国情、合理高效的协调原则、协调策略、协调方法，以求正确处理各种矛盾，快速协调、统筹兼顾、减少内耗，实现社会系统的协调化，这是社会控制论的核心任务和关键内容。

第 3 章　社会控制论的科学方法

我们认为，社会控制论是工程控制论的继承、运用、发展，因此在工程控制论中行之有效的科学方法，也可以移植、引用到社会控制论中来。

这里需要注意的是，我们既要看到社会系统与工程系统都有的共性，又要注意社会系统与工程系统各自的个性，在移植、引用工作中，系统概念、科学方法都不能生搬硬套，还需要探讨、发展适用于社会系统的新方法。

根据社会系统的特点、性能，建议在社会控制论研究、开发、应用中，采用模糊逻辑方法、概率统计方法、图论网络方法、分解协调方法等科学方法，如下所述。

3.1　社会控制系统的模糊逻辑方法

为了进行社会系统的分析、综合，需要建立社会系统模型。由于社会系统具有模糊性，建议采用模糊逻辑方法，建立社会系统的模糊逻辑模型，描述社会系统的模糊性，以条件语句方式定性表达社会系统的模糊概念，用隶属度数值定量表示社会系统的模糊程度。

3.2　社会控制系统的概率统计方法

由于社会系统具有随机性，建议采用概率统计方法，建立社会系统的概率统计模型，描述社会系统的随机性，以概率分布曲线，如正态分布曲线定性表达社会系统的随机特性，用概率数值定量表示社会系统的随机程度。

3.3　社会控制系统的图论网络方法

为了研究社会系统的结构性能，进行社会系统的结构分析、结构综合，建议采用图论网络方法，以网络图表示社会系统的结构性能，如有向网络图、无向网络图、信号流程图、生产流程图、计划协调图等，不仅可用于工程技术系统，而且可用于社会经济系统。因此在社会控制论中，利用图论网络方法，有助于研究社会系统的结构可控性、结构可观性、结构稳定性，探讨社会系统最经济结构综合、最可靠结构综合问题，这对于社会系统体制改革、机构调整具有现实意义。

3.4 社会控制系统的分解协调方法

实际上，社会系统普遍采用多级控制结构方案，存在上级、下级，领导、侍从的关系。对于具有多级控制结构方案的各种社会系统，建议采用分解协调方法，实现社会系统的多级优化，将大系统分解为若干小系统，分别实现各小系统的局部优化；在各小系统局部优化的基础上，通过协调，实现大系统的全局优化。

第 4 章　社会控制论的学科体系与关键技术

根据第 1～3 章论述，可以建立社会控制论的学科架构，如图 4.1 所示。

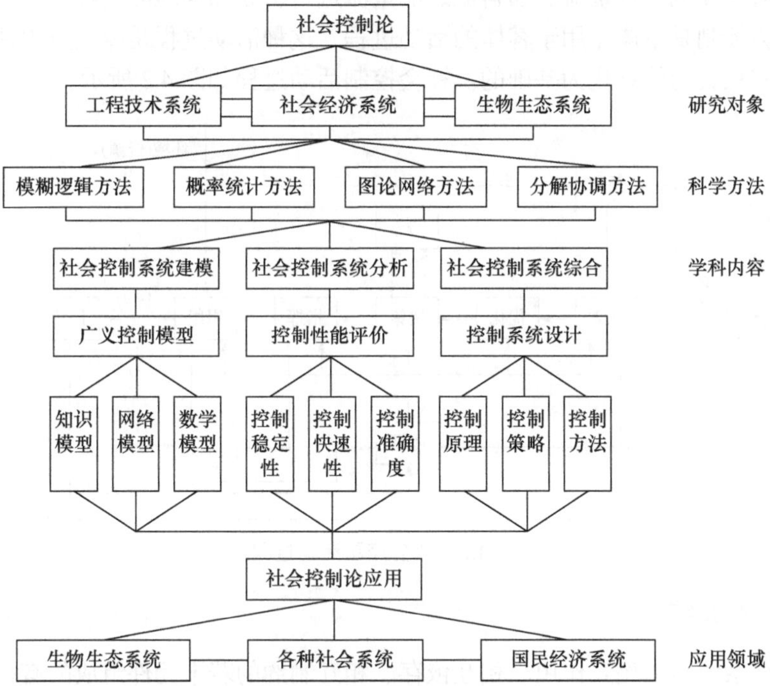

图 4.1　社会控制论的学科架构

如图 4.1 所示，社会控制论是工程技术、社会经济、生物生态三大领域中普遍存在的问题。社会控制论是智能管理、协调智能调度向广度和深度的发展与继承，其重点在于资源分配与角色任务配置。社会控制论，就是在大系统内，通过控制、调节使各局部小系统，既相互制约，又相互配合、相互促进，以实现全局最优化。因此，开展社会控制论问题的研究，探讨社会控制论的原则、方法和技术，对于提高科学调度智能水平，加快和谐社会建设，是有重大意义的。

4.1 社会控制论的学科体系

4.1.1 社会控制

社会控制是在有组织的集体中，为人们造就所需的、协调的、高效的工作环境，以求人尽其才、物尽其用，人人和谐、人机协调，实现预期的目标而进行的活动。社会控制是运用信息对人力、物力、财力进行控制与调节的过程，是通过信息流对人才流、资金流、物料流、能量流进行引导和操纵的过程。

社会控制是主体作用于客体的活动过程，这种活动过程是以人类生活的社会性、现实社会的信息化为基础的。社会控制活动过程如图 4.2 所示。

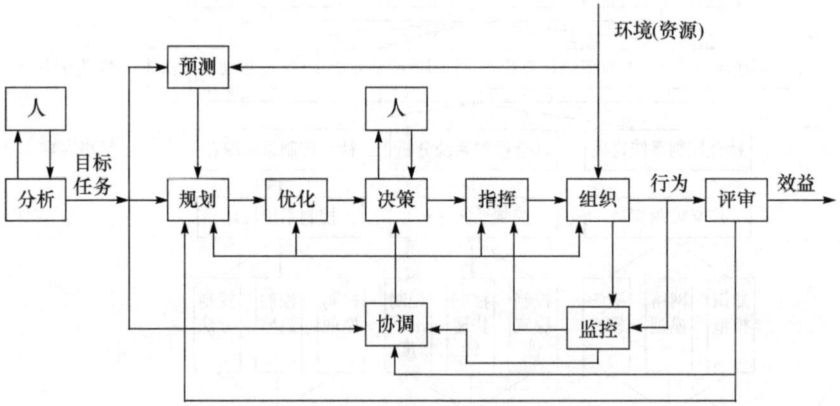

图 4.2 社会控制活动过程

4.1.2 社会系统

社会系统是由相互作用、相互依存、相互制约的若干元件组成的有机整体。它具有其组成部分(元件)相结合的有机的整体特性和功能，并和其外部的环境发生交互作用。系统可分为各种类型，例如：

(1) 按系统规模，可分为小系统、大系统、巨系统等。

(2) 按系统结构，可分为开环系统(无反馈)、闭环系统(有反馈)、复合系统(开环与闭环相结合)、集中系统(集中控制)、分散系统(分散控制)、递阶系统(集中与分散控制相结合)。

(3) 按系统组成，可分为主动控制系统(生物系统、人机系统)、被动控制系统(无生物系统、机器系统)。

(4) 按系统状态，可分为动态系统(系统功能、状态、结构、参数随时间变化)、静态系统(系统功能、状态、结构、参数不随时间变化)。

(5) 按系统功能，可分为调度系统、控制系统、通信系统等。

(6) 按系统领域，可分为工程技术系统、社会经济系统、生物生态系统等。

(7) 按系统生成，可分为自然系统、人造系统。

(8) 按系统特性，可分为开放系统、封闭系统。

4.1.3　社会控制系统

社会控制系统是现代信息自动化技术与系统科学相结合的产物，是进行调度活动，实现调度目标和功能的系统。调度系统是有目的的系统，是为了实现调度目标，进行调度活动的系统。通常，调度系统的目标是多样的，如企业调度系统的多目标：优质、高产、低耗、节能、少污。在某些情况下，可将多目标问题转化为单目标问题。例如，以质量、产量、消耗、能源、污染等目标中某一项为主要目标，而将其他目标作为约束条件；或者将上述各项目标都化为约束条件而以企业的最大利润为目标。

社会控制系统的功能是综合性的，如预测、规划、优化、决策、指挥、组织、监控、协调等。调度系统运用综合调度功能，实现多种调度目标，产生多方面的调度效益，如由于优质、高产、低耗、节能、绿色而产生的经济和社会效益。

社会控制系统都是主动控制系统，如有人的系统。人具有主动性、积极性、灵活性、创造性，是调度系统中的主动元件。包含主动元件的系统称为主动控制系统。调度系统离不开人，也不应离开人，如决策人、领导人、调度人员、指挥人员、操作人员等，人是调度系统的第一因素，调度系统的重要作用在于如何发挥人的主动性，提高工作效率。

现代社会控制系统常采用递阶结构，即集中调度与分散调度相结合的多级递阶控制体制。例如，各种企业调度系统、行政调度系统、经济调度系统、工程调度系统、科技调度系统、教育调度系统、军事调度系统等普遍采用递阶结构的分级调度体制，从而便于实现“宏观控制、微观搞活”、“大权独揽、小权分散”等“集中-分散”结合的调度模式。

社会控制系统应是开放系统，而不是封闭系统。调度系统需要与其外部环境进行信息、能量或物质的交互作用。例如，企业调度系统需要了解国内外市场行情、经济形势、社会需求、技术发展、环境影响、政策法令等各种信息，需要疏通原料、能源、产品的国内外供销渠道，需要与社会各界进行人才交流，引进企业所需各种技术、经济、调度人才等，从而成为开放、发展、进化的系统。

现代社会控制系统，要应用调度科学、系统工程、系统科学、计算机科学、信息技术、自动化技术及人工智能等高新科学技术，进行科学调度，提高调度现代化水平，在调度系统中灵活采用先进的调度方法和技术。应用多变量协调控制理论和大系统控制论的方法，对调度活动的全过程，进行多目标、多因素、多阶段、多层次的协调，实现调度系统的整体协调与全局优化。

4.1.4　计算机调度、智能调度、智能调度系统

通常，计算机调度系统是计算机辅助调度系统(computer aided scheduling system, CASS)或基于计算机的调度系统(computer based scheduling system, CBSS)的简称，主要是指计算机在调度领域中应用的各种计算机信息处理系统。

智能调度(intelligent scheduling, IS)是人工智能与智能管理科学、知识工程与系统工程、计算技术与通信技术、软件工程与信息工程等新兴学科的相互交叉、相互渗透而产生的新技术、新学科。它研究如何提高调度系统人工智能水平及调度系统的设计理论、方法与实现技术。

智能调度系统(intelligent scheduling system, ISS)是在调度信息系统(scheduling information system, SIS)、办公自动化系统(office automation system, OAS)、决策支持系统(decision support system, DSS)的功能集成、技术集成的基础上，引用人工智能专家系统、知识工程、模式识别、人工神经网络等现代科学方法和技术，进行集成化、协调化、智能化，设计和实现的新一代计算机调度系统。

因此，智能调度系统又可称为智能集成调度系统(intelligent integrated scheduling system, IISS)或智能集成协调调度系统(intelligent integrated coordinating scheduling system, IICSS)。

4.2　社会控制系统理论体系

4.2.1　智能管理研究

为了寻求解决计算机调度系统存在的上述问题的新方法[42-44]、新途径，从 20 世纪 80 年代初期开始，作者研究团队一直致力于系统科学与计算机科学的结合[45-47]，探讨大系统理论、控制理论、运筹学、系统工程与人工智能、模式识别、专家系统、知识工程的相互结合[48-50]、相互渗透的问题[39,51-53]，取得了基础性的研究成果，具体如下。

1983 年，提出了多级自寻优控制(multilevel self-optimal control, MSOC)、多级模糊控制(multilevel fuzzy control, MFC)等大系统灵活自动化的新方法。

1985 年，发表了论文《大系统智能控制与智能管理》(Intelligent control and intelligent management for large scale systems)，提出了智能管理的新概念，并在大系统多级控制理论与人工智能专家系统技术相结合的基础上，提出了智能管理系

统的新方案——多级专家系统(multilevel expert system, MES)。

1987 年，在中国人工智能学会(Chinese Association of Artificial Intelligence, CAAI)第五届全国人工智能学术年会上，做了题为“智能控制与智能管理”的大会报告，提出了智能化、集成化、协调化思想。

1988 年，在电子工业出版社出版了《人工智能及其应用》专著，在第七章“智能控制与智能管理”中，论述了智能管理系统的基本概念、设计思想、方法和实现技术。

1992 年，主编了《北京科技大学学报》“智能管理及其应用”专辑。

1993 年，主编了 *Modeling and Control of National Economies*(IFAC-Symposia Series, November 9, 1993)论文集。

1994 年，在国防工业出版社出版了《大系统控制论》专著，系统论述了协调与系统的基本概念、设计思想、方法和实现技术。

1995 年，在清华大学出版社出版了《智能管理》专著，系统论述了智能管理的基本概念、设计思想、方法和实现技术。

智能管理系统的设计思想、关键技术和实现方法引起了国内外同行的共鸣，已成为有关国内、国际学术会议的重要议题之一，并取得了不少实际应用成果。在管理信息系统(management information system, MIS)、办公自动化系统和决策支持系统相结合的基础上，智能管理系统发展成为新一代的计算机协调调度系统。

4.2.2　协调智能调度研究

协调智能调度是智能管理向广度和深度的继承与发展，协调智能调度的提出经历了理论思想起源、多方面研究的开展、体系形成三个阶段。

1. 理论思想起源

《智能管理》第十二章展望中提出：“智能管理”的发展方向和前景是“智能融合、和谐管理”；“智能管理”的目标是“人机和谐、机机和谐、人人和谐”；广义管理包括调度、指挥、调控、决策等，这是“协调智能调度”理论思想的起源。

2. 多方面研究的开展

理论研究方面，2004 年，在国家自然科学基金项目“计算机网络环境中的虚拟机器人研究”(项目编号：60375038)支持下，系统开展网络虚拟机器人群体协调平台研究，这是协调智能调度理论研究的具体发展。

应用研究方面，2004 年，由北京科技大学与中国石油化工股份有限公司西南分公司承担的“十五”国家科技攻关项目“数字气田关键技术与示范应用研究”的第三专题“气田管网实时生产调度与决策技术研究”(专题编号：2004BA616A-11-03)，专注于解决气田管网实时生产协调优化与应急调度技术的关键难点。根据气田生产调度与管理重要环节的应用需求[54,55]，针对气田生产的特点，研究气田管网生产管理与调度辅助决策系统；结合生产调度过程[56-59]，建立动态实时生产调度策略，基于分布智能的气田生产辅助决策技术[60-62]，构建生产调度与决策业务支撑平台；密切结合川西新场气田的实际情况，利用信息技术来提升企业的综合能力，实现理论研究与实际应用的有机结合。

3. 体系形成

经过理论、应用等多方面的系统研究，逐渐形成了协调智能调度的理论体系，取得了一些标志性的研究成果，具体如下。

2007 年，研究团队在《自动化学报》发表论文《软件人群体智能自律协调模型研究及应用》，在智能自律分散系统的构建中引入面向服务的协调机制，提出一种面向服务的软件人群体智能自律协调(SoftMan group intelligent autonomous coordination, SMGIAC)模型，把服务共同体思想和全局规划有机结合起来，考虑基于角色的服务发现/绑定策略，构建面向服务的元组空间，为群体协作提供统一的服务接口，针对数字气田管网调度实际需求，给出 SMGIAC 数学建模方法，分解协调引理及其子服务(流)构造算法，实验对比结果说明，比较现有案例匹配、专家推理两种方法，SMGIAC 总体调度准确度有较大提高，并克服了 ReO 软件使用不便、调度方案生成时间长的缺点[63]。

2007 年，王洪泊博士论文《数字气田协调优化与应急调度关键技术研究及应用》以“十五”国家科技攻关项目“数字气田关键技术与示范应用研究”的第三专题“气田管网实时生产调度与决策技术研究”(专题编号：2004BA616A-11-03)和国家自然科学基金项目“计算机网络环境中的虚拟机器人研究”(项目编号：60375038)为科研任务，基于大系统控制论、智能管理和智能自律分散系统的理论、方法和技术，对气田管网正常优化调度与异常应急调度[64,65]、数字气田管网的数学模型及可视化展示[66,67]等关键技术进行系统研究。论文研究成果已应用于数字气田管网实时生产调度与决策示范工程[68-70]。

2011 年，在国防工业出版社出版了《协调智能调度》专著，系统论述了协调智能调度的基本概念、设计思想、方法和实现技术。

2019 年，《社会控制论》专著撰写计划经专家评审、国家科学技术学术著作出版基金委员会批准，确定为 2019 年度国家科学技术学术著作出版基金资助项目，项目编号 145。

4.2.3　社会控制系统协同云计算

社会控制系统协同云计算的背景课题是由北京科技大学与中国石油化工股份有限公司西南分公司承担的“十五”国家科技攻关项目“数字气田关键技术与示范应用研究”的第三专题，专题名称是“气田管网实时生产调度与决策技术研究”[63](专题编号：2004BA616A-11-03)，如图 4.3 所示。

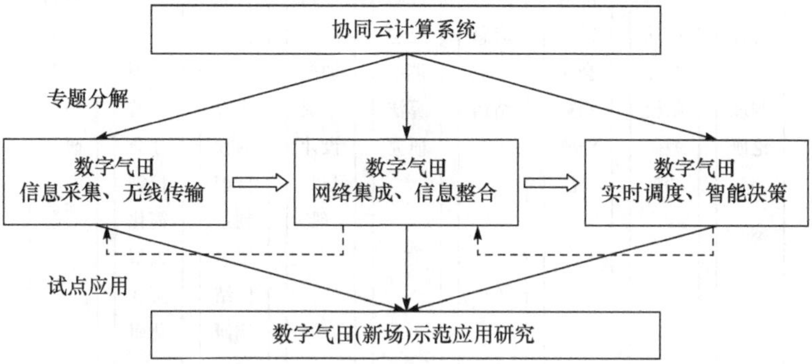

图 4.3　数字气田协同云计算系统关键技术及示范应用研究

面向社会控制的协同云计算系统，以数字气田为应用实例，就目前气田管网生产调度和决策分析技术存在的问题[71-73]与实际需求[74-76]，着重研究基于大系统控制论、最经济结构[77,78]、智能系统工程[79-81]和智能自律分散系统的理论、方法和技术，对社会网络化生产正常优化调度与异常应急调度、社会生产网络的数学模型及可视化展示等关键技术进行深入系统的研究，研发社会控制协调优化与应急调度决策仿真平台。

社会控制协同云计算系统关键技术研究专注于解决社会各部门实时生产协调优化与应急调度技术的关键难点。根据社会各部门生产调度与管理重要环节的应用需求，针对各行业(或各领域)生产的特点，研究社会网络化生产管理与调度辅助决策系统；结合生产调度过程[82-86]，建立动态实时生产调度策略，研究和构建基于分布智能的社会控制生产辅助决策技术，构建生产调度与决策业务支撑平台；密切结合各行业(或各领域)生产的实际情况[87-90]，利用信息技术来提升企业的综合能力[91,92]，实现理论研究与实际应用的有机结合。

社会控制协同云计算系统研发的核心是围绕社会实时生产调度软件体系结构、相关数学模型、正常优化与异常应急调度等关键技术进行深入系统的研究，理论体系如图 4.4 所示。

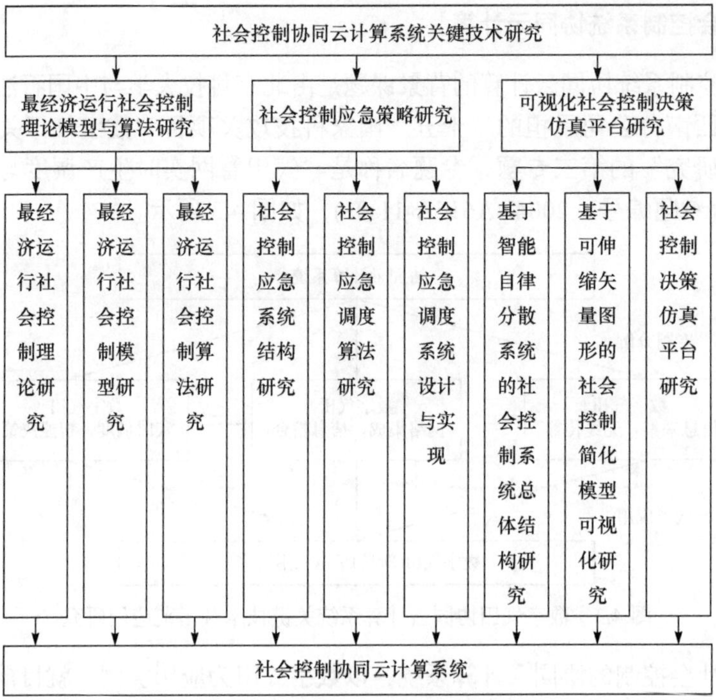

图 4.4　社会控制协同云计算系统的理论体系

4.3　社会控制系统的关键技术

社会控制系统的关键技术主要包括智能信息推拉(IIPP)[93,94]及多库协同、智能自律分散系统[95,96]、网络虚拟智能机器人[97,98]、协同智能建模[99-101]与仿真[102,103]、多层多维物元系统[104-106]、绿色循环经济与绿色设计[107-109]、互动智能通信[110]等多个方面。

4.3.1　智能信息推拉及多库协同技术

现代信息科技的发展，为人们提供了多种多样的信息获取和传送方法及本体技术[111,112]，从信源与用户的关系来看，可分为两种模式：信息拉取模式，由用户主动从信源中拉取信息，如查询数据库；信息推送模式，由信源主动将信息推送给用户，如电台广播。

1. 信息拉取

信息拉取技术即用户有目的性地主动查询，发出请求，然后系统将信息送回用户端。它可以让用户根据自己的信息需求，方便地找到在信息内容上与之匹配的网络资源，如数据库的网络检索系统、网络搜索引擎等。用户每次进行信息获取时，都要明确地表达出个人的需求。目前，最主要的表达形式就是关键字/词所构成的查询方式，这种简单而有效的信息获取方式曾经一度给用户带来了极大便利，如雅虎、搜狐等门户网站的兴起就是这种应用的典型代表[113,114]。虽然通过搜索引擎等工具，给人们获取信息提供了一定的帮助，但是专门服务于单个企业或个人的信息搜集、整理、对比和提醒的服务，却仍主要依赖大量的人力来完成。例如，通过搜索引擎，人们根据关键词或目录服务往往会得到太多的查询结果，查询结果的精度不足，还必须在这些查询结果中再查找满足需要的信息。

信息拉取技术的主要优点是针对性好、信源任务轻，其缺点是及时性差、要求用户有一定的专业知识。为了解决信息拉取技术的这些问题，产生了信息推送技术。

2. 信息推送

信息推送技术是根据用户的需求，有针对性和目的性地按时将用户感兴趣的信息主动发送给用户，就像是广播电台播音，而听众可以选择频道收听新闻、财经、体育、音乐等节目，推送技术主动将最新的资料推送给用户，使用者不必去搜索。信息推送技术的优点是及时性好、对用户要求低。比尔·盖茨早在《未来之路》中就曾预言，未来信息服务必须满足用户高度个性化的要求。用户可以在因特网上定制自己感兴趣的新闻，并要求信息服务提供者按要求(何时)传送(何地)给自己。这实际上就是因特网上基于推送模式的信息服务。

信息推送技术具有以下 5 个基本特征[115]：

(1) 主动性。即信源不需要用户及时请求而主动地将信息传送给用户。它是信息推送技术最基本的特征之一。同时，它与信息拉取模式的被动服务形成鲜明的对比。

(2) 智能性。信息推送技术中的信息服务软件人可以定期自动地对预定站点进行搜索，收集更新信息推送给用户。信息推送系统能够根据用户的要求自动搜集用户感兴趣的信息并定期推送给用户。

(3) 高效性。高效性是网络环境下推送模式信息服务的又一个重要特征。信息推送技术的应用可在网络空闲时启动，有效地利用网络带宽，比较适合传送大数据量的多媒体信息。

(4) 灵活性。灵活性是指用户可以完全根据自己的方便和需要，灵活地设置连接时间，通过 Email、手机短信、掌上电脑(PDA)、MP4 等方式获取网上特定信息资源。

(5) 综合性。推送模式网络信息服务的实现，不仅需要信息技术设备，而且还依赖于搜索软件、分类标引软件等多种技术的综合。

3. 智能信息推拉

智能信息推拉技术[116-118]是在信息推送与信息拉取两项技术的基础上提出的。信息推送与拉取两项技术应当取长补短，相互结合。在两者结合的基础上再融入人工智能、知识发现、Internet 及数据库等技术，从而形成智能信息推拉技术。这项技术是当前 Internet/Extranet/Intranet、数据库系统及其他信息系统为用户提供信息服务的一个发展方向。智能信息推拉技术的引入，可以提高网络及数据库的智能水平，从根本上解决推送和拉取技术应用过程中所遇到的难题及如何从海量信息中提取有用信息、如何为不同用户提供个性化信息服务等问题[119]。智能信息推拉技术的框图如图 4.5 所示。

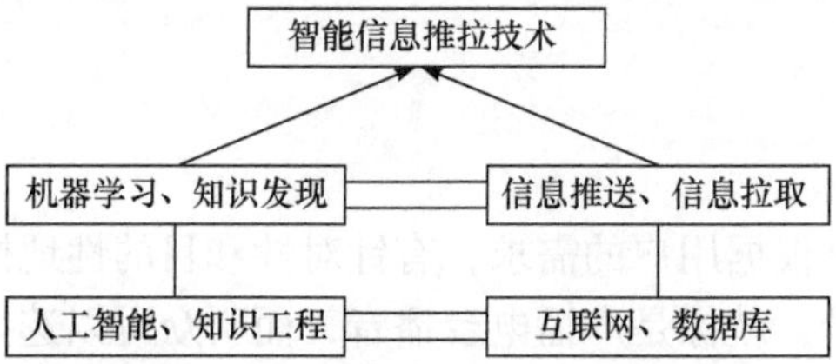

图 4.5 智能信息推拉技术框图

智能信息推拉技术具有以下特点：

(1) 智能信息推送。应用人工智能、机器学习方法，可以识别和预测各种用户的兴趣或偏好，从而有针对性地及时向用户主动推送所需信息，以满足不同用户的个性化需求。

(2) 智能信息拉取。应用知识工程的知识推理搜索方法，可以提高搜索引擎的快速性和准确度，从而用户可以更及时地拉取所需的最新动态信息。

(3) 信息推拉结合。信息推送与信息拉取相结合，可取长补短，既可及时、主动地将最新信息推送给用户，又可有针对性、选择性地满足用户个性化需求。

(4) 知识发现功能。采用知识发现(KDD)的方法和技术，可从所推送-拉取的信息中提取有用知识，发现隐藏在大量数据中的内在规律。

4. 多库协同软件技术

多库协同软件(multi-bases cooperation software, MCS)的产生，来自两方面的激励和需要：

(1) 智能协调调度系统的软件结构。为了研究、设计与开发各种智能协调调度系统，需要有新的软件结构设计、方法和实现技术，以便为广义调度模型(GSM)、智能优化方法(IOM)的存储、管理和运用，提供高效、适宜的程序实现的软件环境——多库协同软件系统。

多库协同软件系统不仅可以为智能调度提供所需的大量数据信息，而且可以提供有关知识信息咨询服务，还可以为各种调度模型、优化方法的查询、调用、组装、构造提供支持，以及为人机智能接口提供生动的、多媒体的图形、图像、声音、语言信息的服务。

(2) 应用软件的发展趋势。现有的大量应用软件，通常是基于数据库的，传统的数据库技术是面向数值信息的，但是在计算机应用实践中，特别是人工智能专家系统、模式识别、语言理解、多媒体技术的发展和应用，需要大量非结构化数据信息，如文字、图形、图像、声音、语言等，需要对各种模型、方法进行存储、查询和管理。因此，要求应用软件向多库一体化方向发展。

同时，为了提高数据库检索与查询的效率、数据管理的智能水平，新型的数据库的发展趋势之一是智能数据库(intelligent data base, IDB)，如引入基于知识库的专家系统对数据库进行智能管理。

此外，数据的概念也在泛化，不仅是狭义的数据，而是广义的数据，包括数值、知识信息。实际上，引入了知识库，数据库就由单一的数据库发展为综合数据库。

因此，涂序彦教授提出了多库协同软件的概念，研究、开发了多库协同软件的设计方法与实现技术。

多库协同软件是智能协调调度系统的软件实现技术，是协同运行的、多库一体化的软件系统，主要包括多库协同器和数据库、知识库、模型库、方法库、图形库、图像库、音素库、语料库、文件库、动画库等及其相应的协调调度系统。多库协同器(multiple base cooperator, MBC)是在各库管理系统的基础上，对各库进行协同调度，相互通信，总体控制，实现资源共享、协同运行的软件系统。

根据用户需求及环境条件，多库协同软件系统可以采用各种不同类型的软件结构，典型的方案如下：

(1) 各库并列型多库协同软件。在并列型多库协同软件系统中，各库的地位平等，不分主次，既可以独立运行，又可以协同运行，共同完成任务。多库协同器具有调度、通信、总控等功能。

(2) 知识主导型多库协同软件。在知识主导型多库协同软件系统中，多库协同器、知识库(knowledge base, KB)和知识库管理系统(knowledge base management system, KBMS)组成调度专家系统，对数据库(data base, DB)、模型库(model base, MB)和方法库(way base, WB)进行基于知识的管理。知识主导型多库协同软件结构适用于以专家系统为中心建立的智能协调调度系统。

(3) 数据基础型多库协同软件。在数据基础型多库协同软件系统中，以原有的数据库为基础，增加知识库、模型库、方法库等，从而扩充系统的功能，提高系统的智能水平，适用于在原有的管理信息系统或办公信息系统的基础上，进一步发展为智能协调调度系统。

(4) 模型构造型多库协同软件。在模型构造型多库协同软件系统中，多库协同器调度数据库、知识库、方法库，支持模型库，以实现模型构造功能，生成面向用户的智能管理模型。

(5) 方法优选型多库协同软件。在方法优选型多库协同软件系统中，根据模型库提供的管理模型，利用知识库的专家知识，在数据库的支持下，多库协同器对方法库中的模型求解进行优选或组装。

5. 基于智能信息推拉技术的多库复杂信息整合

多库、多层次信息整合的目的是实现系统之间的数据交换。传统的点对点数据访问方式不能从根本上解决数据的有效共享问题。由于缺乏标准数据格式，如果各个系统要分别从其他系统获取自己所需的数据，点对点的实现方式是非常低效的。例如，当某个应用系统的数据格式发生改变时，所有用到这一数据的其他系统也必须进行修改。解决这一问题的方法之一是建立统一的数据格式集合，由各个应用系统依照集合中的各个数据格式来设置与自己的数据格式之间的对应关系。即建立一种标准数据格式作为中间格式，使用基于 Web 服务和可扩展标记语言(extensible markup language, XML)的技术实现系统之间的数据交换。

1) 多库复杂信息数据交换的总体结构

多库复杂信息数据交换的总体结构如图 4.6 所示。以领域本体数据交换中心为核心的数据交换系统为一个星形结构，领域本体数据交换中心处于核心位置，通过配置在领域本体数据交换中心提供的标准化 Web 服务接口(简单对象访问协议(SOAP)网关)，为每个数据交换节点(需要进行数据交换的各个系统)提供服务。

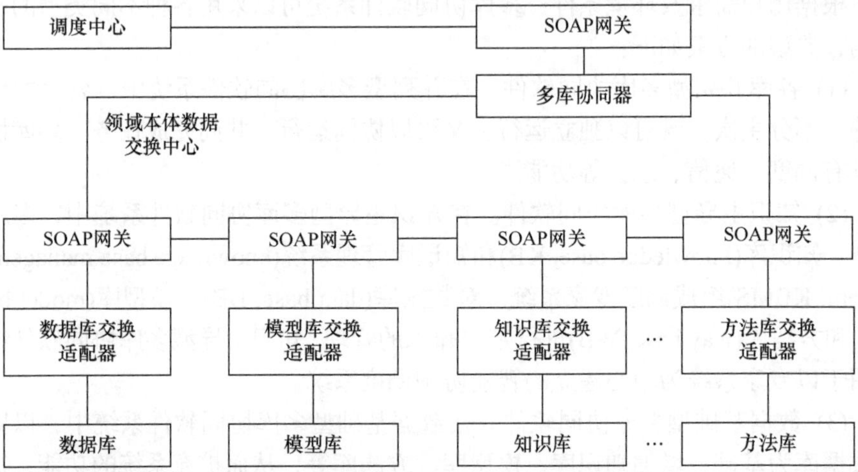

图 4.6 多库复杂信息数据交换的总体结构

现有各库系统可能不直接支持使用 Web 服务，可通过在该数据交换节点上配置数据交换适配器，方便地将应用系统封装成 Web 服务，从而能够接入领域本体数据交换中心并提供一致的访问行为和接口。

领域本体数据交换中心的整体行为就像一个虚拟的中心数据库，同时又像一个交换机。整个数据共享和交换的底层实现和存储机制对各应用节点是透明的。该结构属于松耦合，如同星形网络一样，很容易进行层次化的结构扩展，构建出多级数据交换中心结构，以支持更大范围的广域方案。

领域本体数据交换中心将多库复杂信息系统之间的协作、数据存储层与应用层的有效隔离有机地结合在一起，实现了大量的不同位置、不同格式数据的共享和相互访问，进而集成相关的应用，形成多库复杂信息协调智能调度系统基础平台。

2) 多库协同器功能设计与技术实现

多库协同器应具有下列功能：

(1) 协同规划。根据用户需求，通过人机交互，制订协同解题的各库调度规划方案，即面向用户实际问题的多库协同解题的操作步骤和应用程序。

(2) 总控调度。按照协同规划，通过各库的管理系统，进行多库系统的总体控制和分级调度。

(3) 人机协调。接受用户输入的启发信息，对多库协同解题过程进行动态指挥，帮助用户正确使用和访问多库协同系统，实现人机智能结合。

(4) 资源共享。多用户、多任务共享多库协同系统的各库资源。

(5) 冲突仲裁。协调和处理多库资源共享，协同运行中时间和空间的冲突仲裁。

(6) 通信联络。包括各库之间的横向通信，以及用户与各库之间的纵向通信。

在多库协同器的技术设计和实现中，可采用下述方法和途径：

(1) 分解-协调方法。在制订多库协同解题规划时，可引用大系统控制论的分解-协调(decomposition coordination, DC)多级优化方法，通用解题器(general problem solver, GPS)的启发式程序设计技术，将复杂的大问题分解为简单的小问题，并行求解，提高效率，通过协调，求得大问题的解。

(2) “递阶控制”技术。在多库系统的总控调度中，可引用大系统控制论的集中-分散相结合的递阶控制(hierarchical control, HC)技术。各库本身的操作管理分别由下级各库的管理系统并行作业，上级协同器进行总体控制与全局调度。

(3) 人机交互技术。利用多媒体人机智能界面，通过声、图、文多媒体信息的人机交互通信和对话，为用户提供咨询服务和操作辅助，接受用户的动态指导，实现人机协调。

(4) 数据通信技术。应用计算机网络的数据通信技术，实现多库资源共享，协调时空冲突，进行通信联络。

(5) 软件平台技术。采用多用户、多任务的软件平台，如 Windows NT、UNIX 等，进行协同器及各库的软件设计与实现。通用语言工具采用通用性强的新一代计算机语言，如 C 语言或 Java 语言，进行协同器及各库的程序设计与实现。

3) 数据库及其管理系统

数据库是用于数值信息的存储和查询的计算机软、硬件系统。数据库具有数据结构化、高共享性、低冗余度、程序和数据独立性、可扩充性、通用性等优点。

数据库管理系统是对数据库进行管理的软件系统，一般分为三类：层次型数据库管理系统、网络型数据库管理系统和关系型数据库管理系统，常用的是关系型数据库管理系统。

常用的数据库有 dBASE、Foxbase、Oracle、Sybase 等。

4) 知识库及其管理系统

知识库是用于知识信息的存储和查询的计算机软、硬件系统。

知识库管理系统是对知识库进行管理的软件系统。

知识库和知识库管理系统与知识的表达和推理的方法有直接的联系，要根据知识表达和推理方法进行知识库及其管理系统的设计与实现。

知识库管理系统功能如下：

(1) 知识存入管理，包括知识的增删、修改、补充、更新、积累等，以及学习功能。

(2) 知识取出管理，包括知识查询、检索、调用，以及关系查询和联想检索等。

(3) 知识库维护，包括知识保密、矛盾性、冗余性、完整性检查，以及故障诊断与处理等。

(4) 知识库运行管理，包括知识调度、编辑共享，以及冲突协调等。

在专家系统中，采用的一种知识库管理系统如图 4.7 所示。

图 4.7　专家系统中的一种知识库管理系统

5) 模型库及其管理系统

模型库是用于模型信息的存储与调用的计算机软、硬件系统。

模型库管理系统(model base management system, MBMS)是对模型库进行管理的软件系统，应具有以下功能：

(1) 模型信息存入功能，如模型分类存放、模型参数赋值、模型运行条件(初始值、边界值)设置等。

(2) 模型选配调用，如模型选择、调用，模型求解方法配置等。

(3) 实用模型构造，即利用库中模型信息，通过人机交互、示教学习，构造、组装、生成面向用户实际问题的模型。

(4) 模型运行维护，如模型的增删、修改、更新，以适应、跟踪用户需求及环境条件变化。

典型的模型库管理系统如图 4.8 所示。

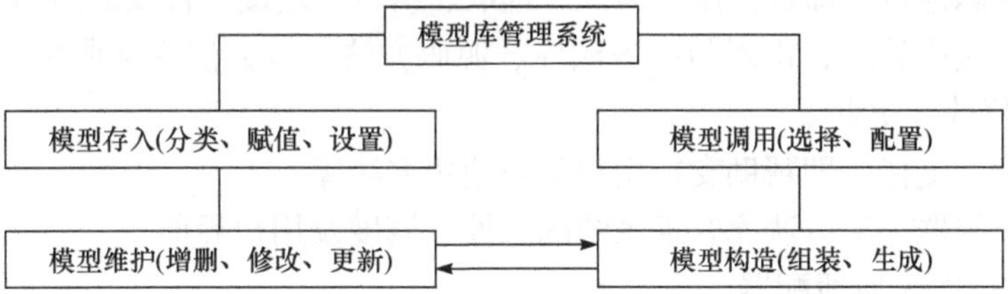

图 4.8　典型的模型库管理系统

6) 方法库及其管理系统

方法库是用于方法信息的存储和调用的计算机软、硬件系统。

方法库管理系统(way base management system, WBMS)是对方法库进行管理的软件系统。

方法库中主要存放通用的智能管理方法，如智能优化方法。而各种模型求解的专用方法，可直接存放在相应的模型库中，便于配置和调用。

方法库管理系统应具有下述功能：

(1) 方法信息存入，如 z 方法分类存放、管理，包括方法名称、功能、用途、条件信息及相关算法的存入。

(2) 方法选配调用，如方法、工具的选择、配置、调用、使用范围、参数条件、用途说明等输出。

(3) 实用方法生成，即利用方法库的信息，进行人机交互、示教学习，构造、组装、生成面向用户的实用方法。

(4) 方法应用维护，如方法的增删、修改、更新，以适应、跟踪用户需求与技术发展。

一种方法库管理系统的设计方案如图 4.9 所示。

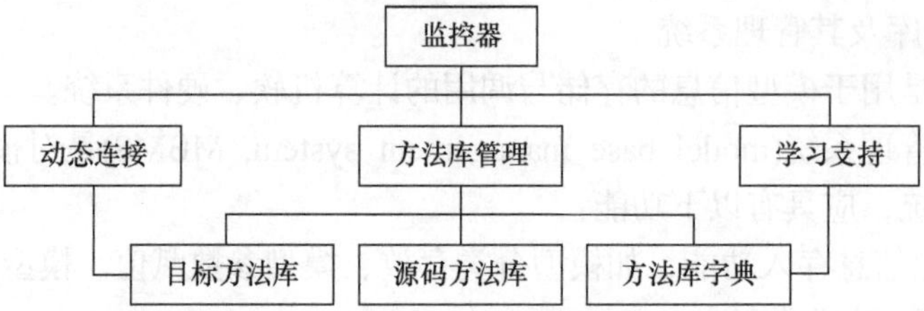

图 4.9 一种方法库管理系统设计方案

图 4.9 中，各名词的含义如下：

(1) 目标方法库，即基本方法的标准算法子程序的集合。

(2) 源码方法库，即目标方法的源程序集合。

(3) 方法库字典，即方法名称、功能、用途、范围、参数、调用方式等信息集合。

(4) 动态连接，即根据用户需求，选取、组装、连接、合成面向用户的方法。

(5) 方法库管理，即对目标方法库、源码方法库、方法库字典统一管理，进行增删、修改、更新。

(6) 学习支持，即帮助支持用户学习使用方法库。

(7) 监控器，即方法库管理系统的总控、调度及用户界面。

7) 数据库交换适配器

由于现存系统建设的时间阶段不同，其采用的技术差别也很大，旧系统一般是客户端/服务器(C/S)架构，新系统可能采用 Java 技术或 .NET 技术。总之，各信息系统对 SOAP 技术的支持程度也不尽相同。

针对此情况，本书提出两种方案进行系统数据库交换适配器的配置工作：

(1) 旧系统(C/S 结构)或不直接支持 SOAP 技术的系统。对于此类系统可以采用数据库交换适配器或其他支持对旧系统进行 Web 服务封装的中间件产品，为旧系统创建可重用的服务或者将旧系统中可向外发布的功能转换为 Web 服务，实现与领域本体知识数据中心进行数据交换的功能，如图 4.10 所示。

(2) 支持 SOAP 技术的系统。对于新构建的系统，往往是采用 J2EE 架构或 .NET 架构，体系上都为三层或多层，都可以对 SOAP 技术提供较好的支持，因此直接构建数据交换 SOAP 服务器来实现数据交换器功能，如图 4.11 所示。

信息交换平台为相关应用提供统一的数据共享途径，实现方式是为每一个参与数据交换的应用提供访问数据的接口，如图 4.12 所示。

在进行数据交换时，拥有数据的应用称为服务提供者，需要访问不属于自己的数据的应用称为服务请求者。当服务请求者需要共享服务提供者的数据时，向交换平台的数据请求服务发出数据请求。若请求的数据可以由某个应用系统提供，

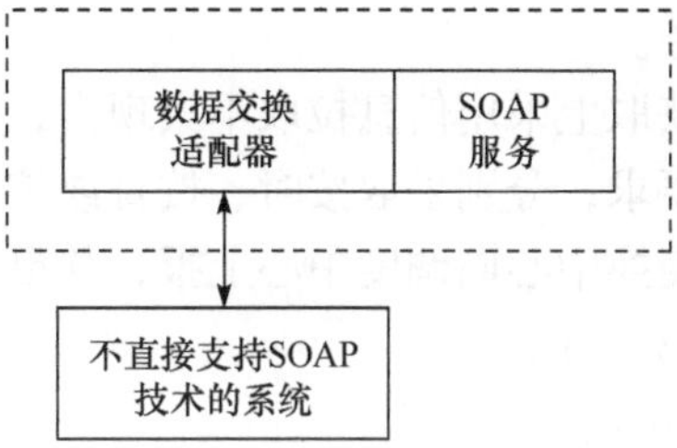

图 4.10　对不直接支持 SOAP 技术的系统的封装

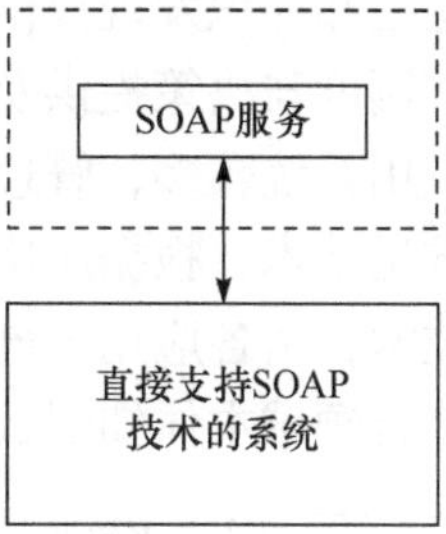

图 4.11　对支持 SOAP 技术的系统的封装

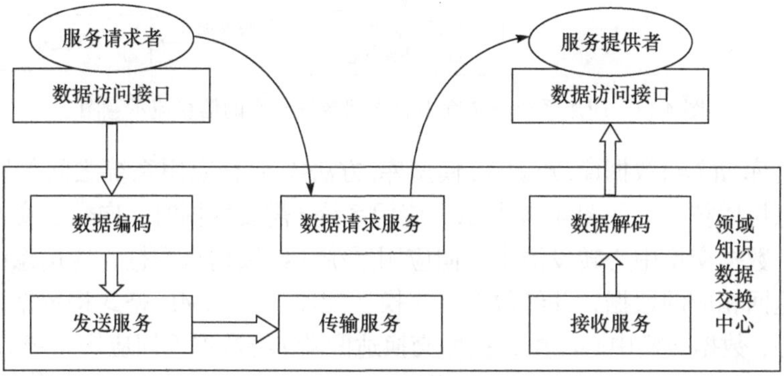

图 4.12　数据交换的实现方式

则交换平台将请求发送给相应的服务提供者，并将服务提供者返回的结果送给服务请求者。

交换平台通过应用程序提供的数据访问接口访问应用程序的数据。对于每个应用系统，只要参与数据交换，都要提供交换平台要求的数据访问接口(由 Web 服务和相应的适配器组成)，这些接口是应用的必要组成部分。对于新开发的应用系统，只要提供了必要的数据访问接口，就可以通过交换平台参与数据交换。

进行数据交换的基本步骤为：首先服务请求者以 XML 标准格式向交换平台的数据请求服务发出请求；数据请求服务检查请求的有效性，确定相应的服务提供者，通过服务提供者的访问接口读取数据，得到 XML 标准格式的结果。然后发送服务将编码后的数据通过传输服务发送到指定的接收端；接收服务在获得相应的数据后，交给解码模块进行处理，然后返回给服务请求者。

在信息整合过程中，数据交换包括应用系统与调度中心之间的交换以及应用系统之间的交换。调度中心负责提供统一的用户访问界面，即通常所说的门户网，它的数据来源于综合数据库，它在本地保存一份所有应用系统的综合数据库，同时为数据挖掘和知识发现提供数据源。经数据挖掘后产生的知识存放到综合知识库，为生产调度与决策提供及时、全面的服务。

由于应用系统较多，管理中心在数据的获取上采用信息拉取不太现实，所以采取信息推送技术，根据应用系统的实时性要求，分别采取按时、按日或按月的信息推送技术，由各应用系统分别经由信息交换中心向调度中心上报，并更新调度中心的综合领域本体知识数据库，如图 4.13 所示。

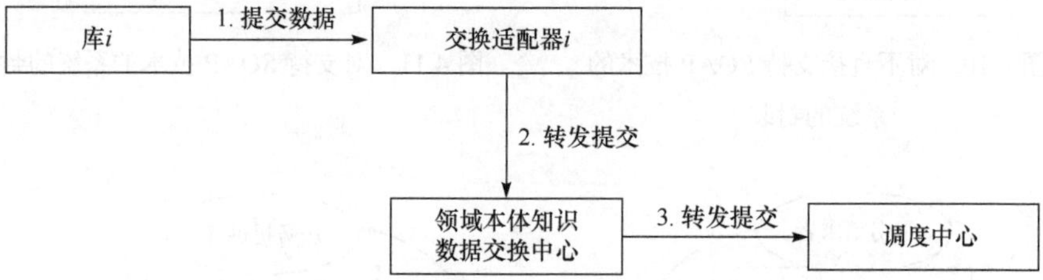

图 4.13 应用系统与调度中心之间数据交换的信息流示意图

各类库 $i(i\in\{数据库,知识库,模型库,方法库,\cdots\})$应用系统之间的数据交换采取信息拉取技术，如图 4.14 所示。应用系统 i 需要数据时，向数据交换中心请求数据，数据交换中心转发请求，向应用系统 j 继续请求数据；应用系统 j 根据条件，返回相应的数据，并经数据库交换适配器 j 以 XML 格式将数据返回数据交换中心，数据交换中心经由数据库交换适配器 i 将数据返回应用系统 i，应用系统成功将数据“拉回”，完成了一次信息交换。从图 4.14 可以看出，请求数据的控制流与数据流恰好方向相反，仅在需要数据的时候才进行数据请求。这种结构使应用系统之间的耦合性最小，同时增强了应用系统之间的透明性。

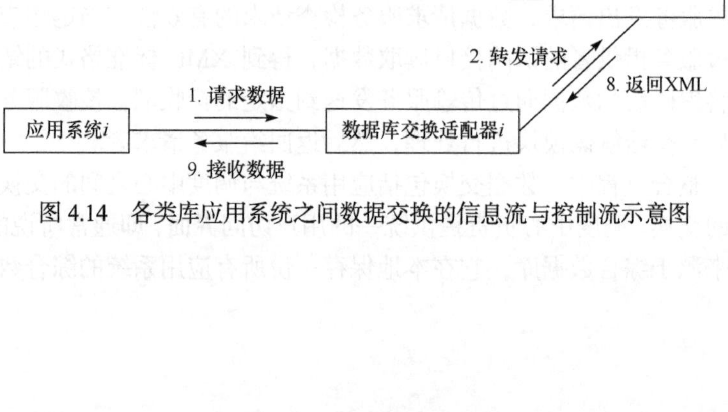

图 4.14 各类库应用系统之间数据交换的信息流与控制流示意图

4.3.2　网络虚拟机器人技术

1. 开发语言

开发语言应满足五个基本要求：①支持移动，该语言必须提供机制以确定将要移动的网络虚拟机器人应携带哪些代码；②必须提供发起“移动”操作的原语或函数；③支持异构性，异构的环境可能包含不同拓扑结构的网络、不同类型的计算机硬件设备、不同的操作系统等；④高性能，网络虚拟机器人移动操作会给系统带来很大的开销，在某些情况下，网络虚拟移动机器人的执行效率甚至远低于其他技术，必须能快速、高效地运行；⑤安全性好，该语言必须具有很好的安全性,使用该语言编写的移动软件人不易受到恶意主机和其他恶意软件人的攻击。综上所述，Java 成为开发网络虚拟机器人系统平台的首选。

XML 为网络虚拟机器人通信和信息传输提供便利。XML 以其良好的数据存储格式、可扩展性、高度结构化、便于网络传输等特点，已经被业界倡导作为电子商务的通用描述语言。XML 提供了丰富的语法来存储数据、携带数据和交换数据，能方便地在独立的平台之间交换数据和针对特定的应用定义自己的标记语言。Java 2 平台增加了处理 XML 文档的应用程序编程接口(API)函数——Common DOM API 和 Simple API for XML Parsing (SAX)等，它符合万维网联盟(W3C)提供的文档对象模型(document object model, DOM)等接口规范。

XML 描述 FIPA-ACL 消息的可行性：智体通信语言(agent communication language, ACL)消息的内容本身可以用 XML 编码；由于 FIPA-ACL 使用了一种类似于 LISP 语言的语法来描述 ACL 消息，所以 ACL 消息的内容本身可以用 XML 编码；ACL 消息的深层次语义是规范的；ACL 消息有深层次的语义，用来说明通信行为、发送方和接收方，这种深层次的语义采用了规范的服务语言(SL)来描述，用 XML 编码使语法编码更规范；XML 编码包含解析信息，方便接收方对消息的解析；并且用 XML 描述的 FIPA-ACL 消息中的参数值可以不是字符串而是链接，这样可以避免嵌套，使格式统一。此外，XML 能够通过使用链接更好地解决语用问题，链接不仅可以定义和共享本体(Ontology)，而且可以描述智体求解和交互能力、协议及语义。

用 XML 描述 FIPA-ACL 消息的优点：解析 ACL 消息在智体编程中是很重要的方面，用 XML 编码后更容易编写解析器；目前已经出现了很多成熟的 XML 解析器，既有商业化的，也有免费的，可以直接使用这些 XML 解析器来解析 FIPA-ACL 消息；会使 ACL 消息对 WWW “友好”；更容易和基于 Web 的技术集成在一起，可以利用 ACL 问题(如安全问题)的 WWW 解决方案；XML 通过使用链接的优势，包括链接指出了附加的信息，链接可以帮助处理表示问题(定义和分享表示法)，链接能够指出智体的能力和身份信息、协议甚至语义；具有成熟的有效性检查技术，如 DTD、Schema，而且修改 DTD 文档无须重写解析器；与平台无关，通用性好；由于 XML 是与平台无关的标准，XML 的平台和编程语言的独立性、可扩展性、开放性以及其结构化的纯文本格式，对于无论是跨平台、跨应用，都具有优势，用 XML 描述 FIPA-ACL 消息可以在任何操作系统平台传递和解析。

XML 的出现，为解决遗留系统问题提供了新的思路，即无须对原有的系统进行大量的改造即可继续使用，从而保护了以前对这些应用的开发投资，减少了放弃原有应用所带来的一系列转变和人员习惯转变等的不利后果。

当然使用XML也有不利的一方面，即XML并不是一种压缩的数据传送方式，用 XML 编写的代码量往往比由二进制编写的代码量大得多，另外其传输信息的安全性也经常受到威胁。虽然可以采用一些技术来改善上述问题，如用二进制指令来代替 XML 的标签，或者进行数据压缩，但是这些技术在目前还没有被广泛接受的标准。

2. 支持移动计算的两种技术

1) Mobile Code 技术

Mobile Code 技术主要通过在网络节点间传送具有一定功能的移动代码，在传送终点上运行该代码程序实现智体的移动。采用这种技术实现的移动智体系统有 AgentTCL 和 TeleScript。一般来说，Mobile Code 技术主要是通过在异构网络上构建同构执行环境——移动代码架构(mobile code framework, MFC)来实现的，一个 MFC 一般包括移动代码桩(mobile code daemon, MCD)、迁移设施(migration facility, MF)、通信设施(communicate facility, CF)、安全设施(security facility, SF)和被管资源接口几部分。其中，每个网络节点运行自己的移动桩服务器来接收已经过安全保护的移动智体，安全设施对移动智体进行安全认证；迁移设施定义把移动智体从一个网络节点移动到另一个网络节点的移动策略；通信设施提供智体间的通信机制。已运行在网络节点上的智体程序通过被管资源接口访问该网络节点的本地资源。

2) 远程对象技术

远程对象技术是以面向对象技术为基础，可供移动的功能以对象方法的形式在某个网络节点上设计完成，同时设置其具有远程访问的属性使得需要运行该功能的网络节点可以远程调用其方法。这样，通过某项功能的执行点和定义点的分离实现移动。采用这种技术实现的移动智体系统有 Aglets。远程对象技术的实现方法主要有两种：Java RMI 和公共对象请求智体结构(CORBA)。

Java RMI 技术是 Sun 公司提供的 Java 语言支持远程方法调用的一项功能。可供远程调用的对象通过定义自己为远程对象在注册机(RMI Registry)注册以提供服务。对它的调用是先在注册机中查找，再远程访问。CORBA 也是对象管理组织制定的标准。随着面向对象技术被人们广泛接受，在移动智体环境中用分布式对象技术作为基础也成为很自然的事情。借用现已成熟的 CORBA 标准，来构建移动智体环境不失为明智之举。

3. 网络虚拟机器人调度系统平台的总体架构

如图 4.15 所示，网络虚拟机器人调度系统可以分为两大部分：网络虚拟机器人以及虚拟学习性组织或称为服务设施(SoftMan service infrastructure，或 SoftMan environment)[120]。服务设施为每个网络虚拟机器人建立运行环境、提供服务接口，并利用网络虚拟机器人传输协议(STP)实现网络虚拟机器人在网络节点间的移动。网络虚拟机器人在虚拟学习性组织中运行，通过网络虚拟机器人通信语言(SCL)相互通信并访问服务设施提供的服务。

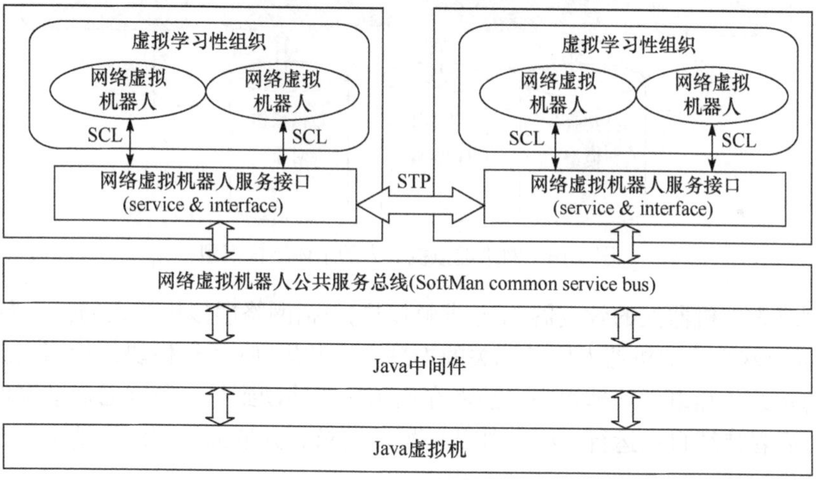

图 4.15　网络虚拟机器人调度系统平台的总体架构

4. 个体模型

由图 4.16 可以看出，网络虚拟机器人的最外层是安全机制、学习与进化机制、通信交互机制，通信交互部分是网络虚拟机器人与外界通信的中介；安全机制部分执行网络虚拟机器人的安全策略，阻止外界环境对网络虚拟机器人的非法访问；学习与进化机制部分是网络虚拟机器人区别于智体(包括动智体(MoAS)、多智体(MuAS))的关键所在。网络虚拟机器人通过感受器(环境交互模块)与外部环境交互并作用于外部环境。环境交互模块实现网络虚拟机器人通信的语义，保证使用相同通信语言的软件人和服务设施之间的正确通信及协商。

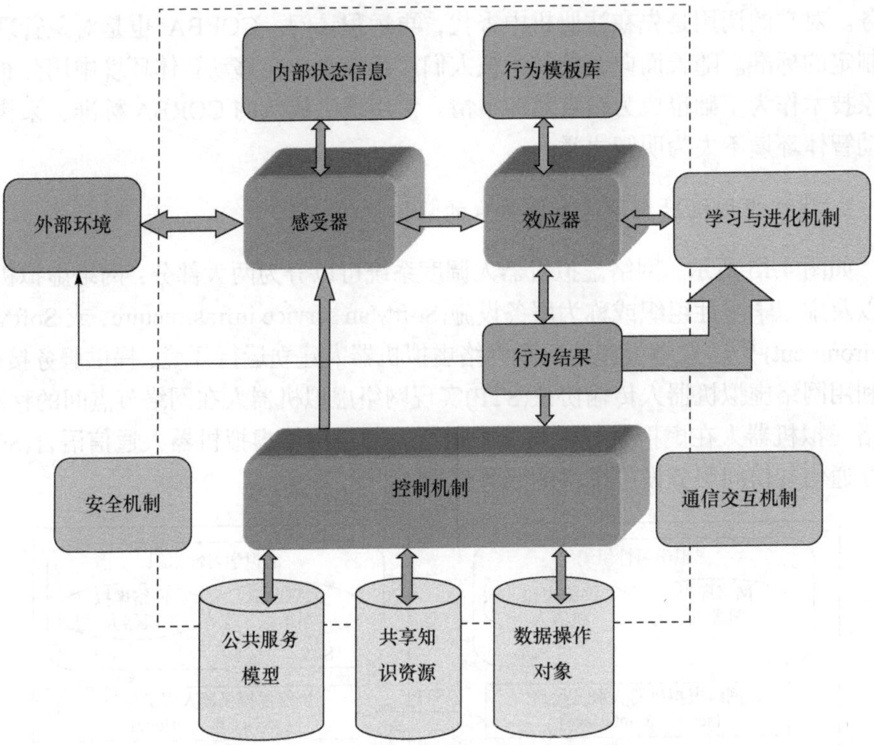

图 4.16　网络虚拟机器人的个体结构模型

网络虚拟机器人的效应器(任务求解模块)包括网络虚拟机器人的执行器(运行模块)以及网络虚拟机器人任务相关的推理方法和规则；运行模块包括网络虚拟机器人的初始化和事件处理程序，前者在初始化或移动到另一节点后启动事件处理程序，后者持续自主运行，感知外部环境的请求，并依据内部的规则和状态产生相应动作。

网络虚拟机器人运行模块可以设计为任务独立的模块，任务相关性由不同的推理规则集来实现。内部状态信息是网络虚拟机器人执行过程中的当前状态，它影响网络虚拟机器人的任务求解过程，同时网络虚拟机器人的任务求解又作用于内部状态信息。其中约束条件是网络虚拟机器人的创建者为保证网络虚拟机器人的行为和性能而做出的约束，如返回时间、站点停留时间及任务完成程度等，一般只有创建者拥有对约束条件的修改权限。

知识库为网络虚拟机器人所感知的世界和模型，包含任务求解的结果和在移动过程中获取的知识。路由机制决定网络虚拟机器人的移动路径，可以是静态路由，也可以是动态路由。行为模板库记录可以从祖先继承，也可以是通过后天学习而得到的处理事件的方法和策略。网络虚拟机器人个体有感知、通信交互、任务分解、局部规划、任务分配、学习、控制与决策、进化(自适应)等功能。

5. 基类和基本接口的实现

基于Java技术,网络虚拟机器人系统平台框架由一组实现的接口和基类(SFC)组成。受 IBM ABLE(agent building and learning environment)的启发，网络虚拟机器人框架是一个轻量级的软件架构，允许网络虚拟机器人的学习或行为作为 JavaBean 包装起来。系统中的软件人可认为是一个标准的 Java 组件，它有公共的属性(common attributes)(姓名、注释、状态等)和基本的函数集(behavior set)(即行为集，包括初始化函数 init、复位函数 reset、退出函数 quit 等)。

网络虚拟机器人间的交互采用基于事件触发的消息传递机制，数据交换使用缓冲池(buffer transfer)策略，将 Java 的设计模式(design pattern)和网络虚拟机器人功能进化结合起来，并可以将网络编程与分布式计算结合起来。

图 4.17 给出了网络虚拟机器人系统平台接口和基类(SoftMan founded class)的大体框架。其中，深色圆角矩形部分是类的示意图，白色圆角矩形部分为实现接口示意图，图中箭头是类继承关系或接口的实现。

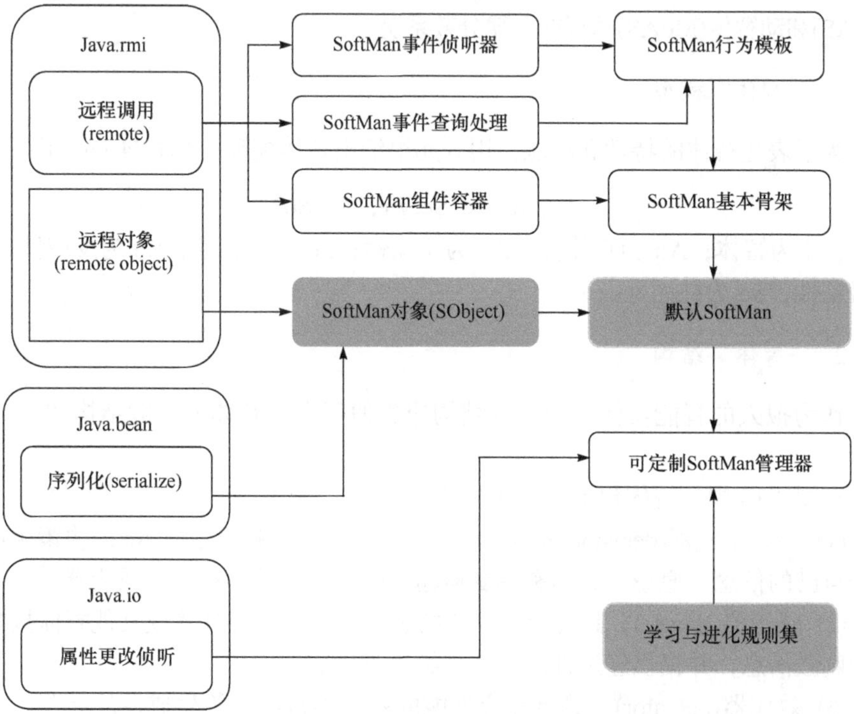

图 4.17　网络虚拟机器人——软件人系统平台基类与基本接口示意图

4.3.3 智能自律分散系统

智能自律分散系统(IADS)，是在自律分散系统(ADS)[87]、分布式人工智能(DAI)、大系统控制论(LSC)、智能管理系统(IMS)和多智体技术相结合的基础上首次提出的。智能自律分散系统是一种新的系统架构。智能自律分散系统在自律分散系统中引入智能性，是为了更好地描述复杂系统，使其更加灵活，不仅有自律控制和自律协调的性能，而且有拟人的分布式人工智能，如主动性、机动性、敏感性、反应性和社会性，可用于解决实时生产调度问题。

在智能自律分散系统中，各个组成部分都是自律的，它既能自主完成本身功能，又能主动及时发送信息，实现相互之间的协调、协商和协作。结合智能自律分散系统的集团模型(group-IADS)与市场模型(market-IADS)组建的数字气田实时生产调度系统(digital gas fields real time produce scheduling system，DGRPS)不但有自律控制和自律协调的能力，而且能较好地实现气井(站)的在线智能扩展、在线智能维护和智能容错等功能。这些特点与现在不断发展的网络分布式计算的要求吻合，能够满足动态生产调度实时性、灵活性的要求。

利用面向智体的方法，可以开发类似基于具有分布式人工智能的多智体(MuAS)和动智体(MoAS)的智能自律分散系统。

1. “智体”模型

为了表达智体的特性和功能，用 6 元组给出智体模型，如式(4.1)所示：

$$A=\{\mathrm{Au, Ac, Se, Re, Mo, So}\} \tag{4.1}$$

式中，A 为智体；Au 为自律性；Ac 为主动性；Se 为敏感性；Re 为反应性；Mo 为机动性；So 为社团性。

2. “智体”结构

作为拟人的智能实体，智体的结构应类似于人。智体的一般结构如图 4.18 所示。

在图 4.18 中，智体包括如下 3 个单元素：

(1) 决策生成器(decision marker)。具有自律性 Au 和主动性 Ac 的决策生成器根据自己的信念、愿望、意图和感受器输入的信息，输出指令给效应器。

(2) 感受器(sensor)。具有敏感性能的感受器，从外界环境或其他智体接收输入的刺激信息，并提供经过处理的信息给决策生成器。

(3) 效应器(actuator)。具有反应性能的效应器接收决策生成器的指令，并产生输出行动，作用于外界环境或其他智体。

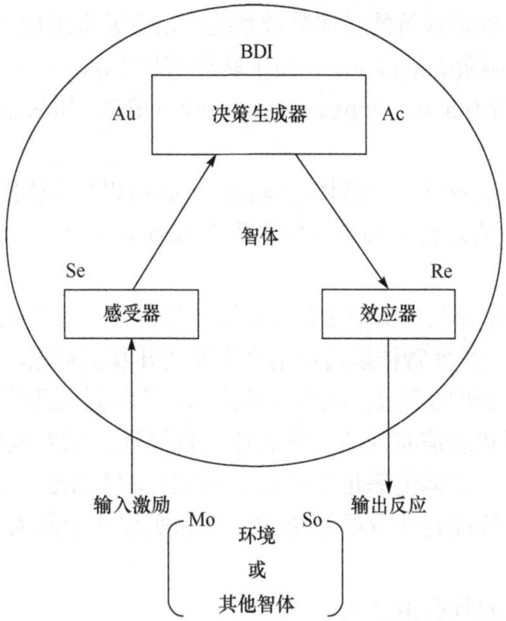

图 4.18　智体的一般结构(BDI 指信息、愿望、意图)

基于智体的体系结构，可以利用软件、硬件或软-硬件的方法和技术来设计或实现相应智体。对于组织和构建类似于人的团队和社会的多智体系统和动智体系统，智体的社团性 So 和机动性 Mo 是非常重要和有用的。因此，可以采用多智体系统和动智体系统作为设计和实现基于智体的智能自律分散系统模型。

3. 智能自律分散系统的结构和性能

利用面向智体的方法，可以开发类似基于具有分布式人工智能的多智体和动智体的智能自律分散系统。以下给出智能自律分散系统的三种结构。

1) 联盟式智能自律分散系统

联盟式智能自律分散系统(union-IADS)的结构如图 4.19 所示。

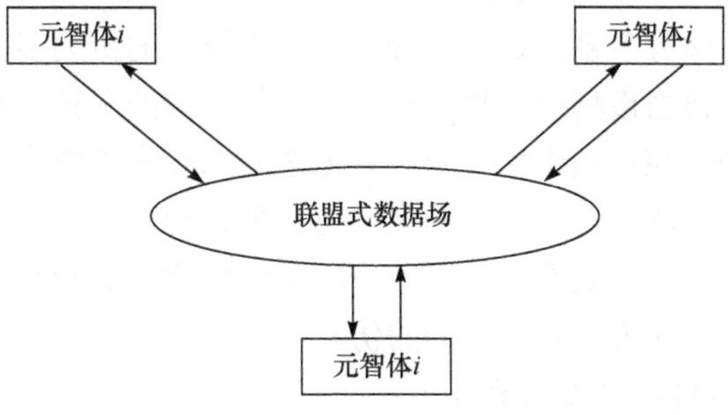

图 4.19　联盟式智能自律分散系统

在图 4.19 中，联盟式智能自律分散系统由以下元素组成：

(1) 联盟式数据场(union DF)。它是由联盟信息库(union information base, UIB)支持的联盟信息网络(union information network, UIN)，如联盟中各智体间的企业外部网。

(2) 元智体(atom agent)。元智体 $i(i=1,2,\cdots,n)$ 可以是自律控制智体(autonomous control agent, ACA)或是自律协调多智体系统(autonomous coordination multi-agent system, ACMAS)。

联盟式智能自律分散系统是多智体系统，具有分布式人工智能和自律控制、自律协调性能。每一个元智体能自由地进入和离开联盟数据场，因此可满足在线扩展、容错和在线维护的需求。联盟式的协作和协调是利用联盟数据场，通过各种智体之间的协商和通信实现的。元智体的自律性，相对地受联盟的协定或协议的限制。每一个元智体能满足平等性、局域性和节制性，能实现自律控制和自律协调。联盟式智能自律分散系统的设计和实现在于从人的联盟组织获得启发性知识。

2) 市场式智能自律分散系统

市场式智能自律分散系统的结构如图 4.20 所示。

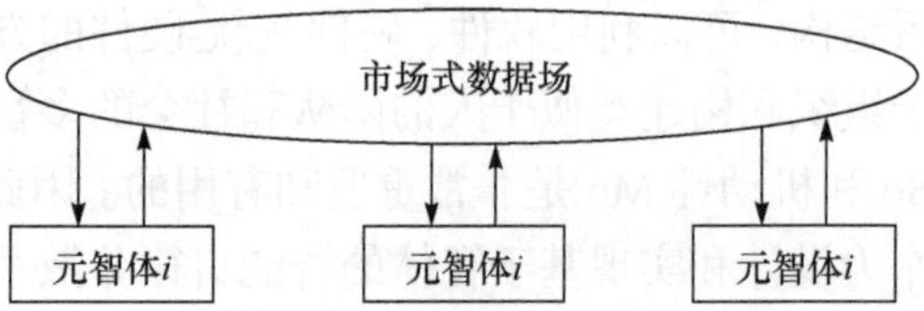

图 4.20　市场式智能自律分散系统

在图 4.20 中，市场式智能自律分散系统由以下元素组成。

(1) 市场式数据场(market DF)。它是一个市场公共网(market common network, MCN)，可以是真实的或虚拟的网络，如 Internet。

(2) 元智体。元智体 $i(i=1,2,\cdots,n)$ 可以是自律控制和自律协调的动智体或多智体系统，如个体商贩、商店、商场等。

市场式智能自律分散系统是具有分布式人工智能的机动多智体，有充分的自律性和分散性。在自由市场中的每一个元智体是自由的和独立的，它们可以自由地进入或离开市场。在市场中，各个元智体之间的竞争和协作是通过市场式数据场的通信和协商实现的。在自由市场中，每一个元智体的自律性是充分的。每个元智体能满足平等性、局域性和节制性，能实现自律控制和自律协调。市场式智能自律分散系统可以认为是真实市场的仿真。

3) 集团式智能自律分散系统

集团式智能自律分散系统的结构如图 4.21 所示。

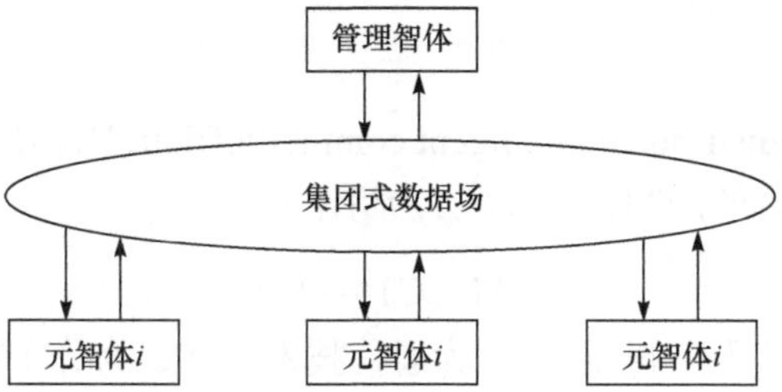

图 4.21　集团式智能自律分散系统

在图 4.21 中，集团式智能自律分散系统由以下元素组成：

(1) 管理智体(manager agent)。它是这个集团的管理者，是拟人的智体或多智体系统。

(2) 集团式数据场(group DF)。它是一个由集团式信息库(GIB)支持的集团内部网络(GIN)，如集团中的“Intranet”。

(3) 元智体。元智体 $i(i=1,2,\cdots,n)$ 是集团的成员，它可以是一个智体或多智体系统。

集团式智能自律分散系统的性能描述如下：①集团式智能自律分散系统是具有分布式人工智能、有限的自律制和分散性的多智体系统；②集团中的每一个元智体是由集团中的管理智体进行管理的，它具有有限的自律制和独立性；③集团的运行和管理是通过集团式数据场实现的，具有集中-分散相结合的方式，也就是说，集团的管理(group management)是集中的，而各个元智体的运行是分散的；④由于具有集团的管理，每一个元智体的自律性是有限的；⑤每一个元智体能满足平等性、局域性和节制性；⑥集团式智能自律分散系统的设计有利于集团群体(human group)获得启发性知识。

因此，基于智体的智能自律分散系统不仅具有自律分散系统的性能，如自律控制和自律协调，而且具有更拟人的分布式人工智能，如主动性、机动性、敏感性、反应性和社团性。

4.3.4　互动智能通信技术

为了提高大规模信息网互联协调运行与互动信息服务的智能水平，需要研究开发分布智能通信、互动智能通信的理论、方法和技术，在“数字化”通信的基础上，实现“智能化”通信。为此，智能通信的概念应运而生，根据所采用的人工智能技术与通信网络类型的不同，相应地具有不同类型的智能通信技术，如分布智能通信、移动智能通信、互动智能通信等[121]。智能通信是“人工智能”与“通信技术”相结合的技术。

1. 分布智能通信

分布智能通信(distributed intelligent communication, DIC)是分布式人工智能与数字通信技术相结合的产物，如式(4.2)所示：

$$DAI + CT \rightarrow DIC \tag{4.2}$$

式中，DAI 为分布式人工智能；CT 为通信技术；DIC 为分布智能通信。

分布智能通信的方案之一是具有公共知识库的智能通信，如图 4.22 所示。其中，CKB 为公共知识库(common knowledge base)，信源和信宿具有分布式公共知识库，因此可以显著减少(压缩)需要经信道传输的信息量。

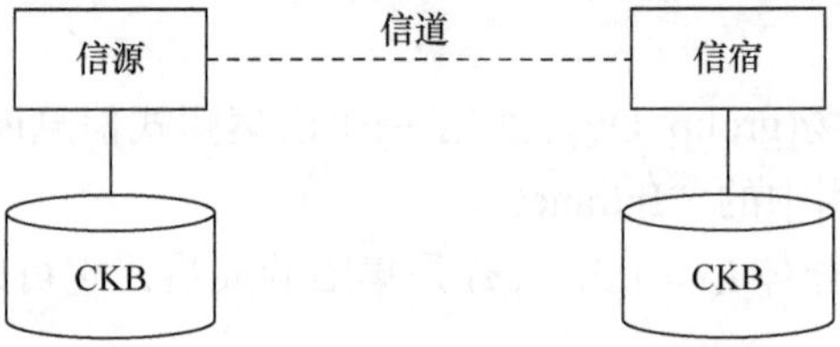

图 4.22　具有公共知识库的分布智能通信

2. 移动智能通信

移动智能通信(mobile intelligent communication，MIC)是人工智能与移动通信技术相结合的产物，如式(4.3)所示：

$$AI + MC \rightarrow MIC \tag{4.3}$$

式中，AI 为人工智能；MC 为移动通信；MIC 为移动智能通信。

按照移动通信的模式，移动智能通信可分为：全移动智能通信，指全部通信用户(信源或信宿)都是可移动的，即移动信源与信宿之间的智能通信；半移动智能通信，即部分通信用户(信源或信宿)是可移动的，如固定的信息中心或指挥中心与移动的信息采集系统或指令执行系统之间的智能通信。

3. 互动智能通信

为了解决信息“推送”的群组管理问题，以及信息状态的跟踪问题，将智能信息推拉技术与软件人相结合，采用三种与用户互动的通信方式(即通过 Email、手机短信以及简易信息聚合(really simple syndication，RSS)频道订阅)，如图 4.23 所示。智能信息推拉技术与软件人相结合，为个性化信息服务提供了一种新的研究思路。

互动智能通信框架的建立分为三个阶段。

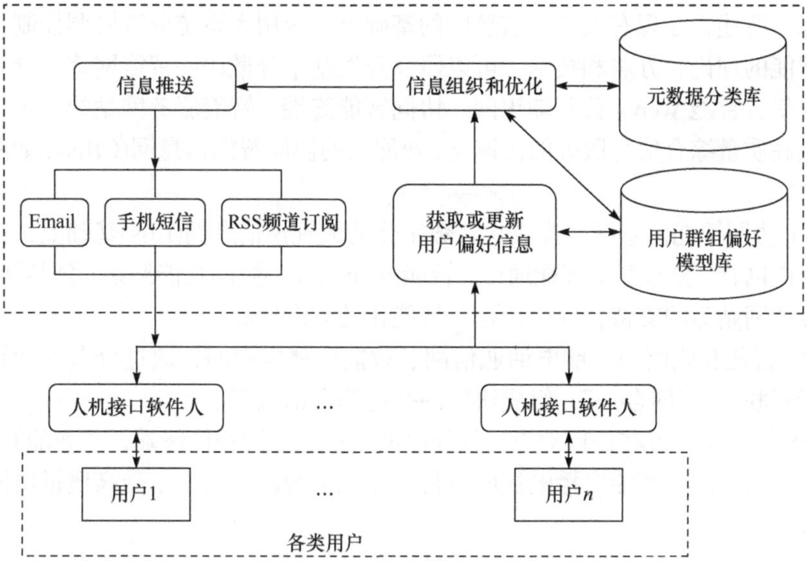

图 4.23　互动智能通信原理图

1) 建立用户群组偏好模型

使用人机接口软件人并通过多种方式获取和更新用户的偏好信息，建立用户群组偏好模型。人机接口软件人主动与用户交互，或者通过监视用户的网络操作来获取用户的兴趣，而后将用户的兴趣以一定的形式表达，建立各类用户的偏好模型，将相同类型的用户合并为一组，从而有针对性地指导信息搜索，并及时向用户主动推送所需信息，以满足不同用户的个性化需求，从而提高用户的工作效率。

2) 信息组织和优化

按照用户群组偏好模型，信息服务软件人对元数据分类仓库中的数据进行组织和优化，过滤不相干信息，给各类用户提供一个满足要求的个性化信息视图。可以为每类用户培养一个或几个信息服务软件人，这些信息服务软件人相当于用户的几种不同职能的个人信息秘书，这些信息秘书通过学习，逐渐了解用户的兴趣和偏好，并为用户提供各种不同类型的信息服务；同时，这些信息服务软件人经常不断地在网上寻找各种最新信息和变化信息，以满足用户关注变化信息的需求，减轻用户信息查询的负担，使得用户可以腾出时间进行高附加值的创造性工作。

3) 信息推送

利用用户群组偏好模型库中用户的配置信息，选择具体的推送方式，即通过 Email、手机短信或者 RSS 频道订阅，然后将这些信息按照不同的格式封装、打包，通过人机接口软件人推送给用户。同时，用户也可以进行信息反馈。

综上所述，在现有大规模信息网的基础上，应用大系统分散协调控制与广义人工智能的理论、方法和技术，可以研究开发基于分散协同智能网管、分布互动智能通信、智能 Web、公共知识网、协同智能终端、智能服务网站的，为广大用户提供高质量综合信息服务的协调化、智能化的协同智能信息网(CIIN)，如图 4.24 所示。

(1) 协同智能信息网在集成化、数字化的大规模信息网(LIN)基础上，由分散协同智能网管、分布互动智能通信、智能 Web 技术、协同智能终端、公共知识网、智能服务网站等的支持，向协调化、智能化的方向发展。

(2) 智能互联网与智能电话通信网、智能广播电视网，通过分布互动智能通信进行互联，“三网合一”，组成协同的智能综合信息网。

(3) 任何用户可在任何地点、任何时间，通过协同智能终端，与智能互联网、智能电话通信网、智能广播电视网进行分布互动智能通信，享受高质量协同智能信息服务。

(4) 各行业、各部门、各地区联网的应用信息系统、电子服务系统，通过智能互联网，可在任何时间为任何地点的用户提供协同的专业服务。

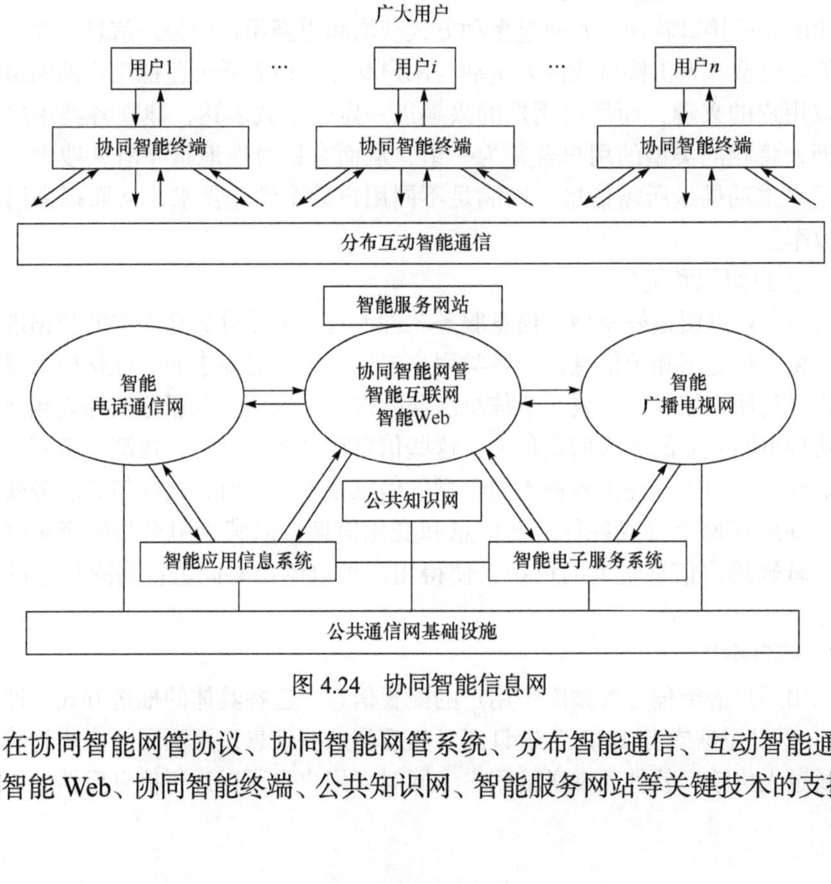

图 4.24　协同智能信息网

在协同智能网管协议、协同智能网管系统、分布智能通信、互动智能通信、协同智能 Web、协同智能终端、公共知识网、智能服务网站等关键技术的支持下，通过互联网的智能服务网站，以及联网的各种智能应用信息系统、智能电子服务系统，协同智能信息网可为广大用户提供主动、个性、友好、安全的，关于工作、生活、学习、医疗、保健、旅游等各方面的及时、快捷、高效的综合智能信息服务。

4.3.5 协同智能建模与仿真技术

1. 智能仿真技术

虽然仿真技术已广泛应用于管理领域及其他方面，但是现有的仿真技术还存在某些问题有待进一步研究与开发，例如：

(1) 模型局限性。在计算机仿真系统中主要采用数学模型，其表达能力有较大局限性，不能或难以描述管理活动过程中的某些问题和现象，如人的思维、语言和行为，社会关系、政策因素、市场心理等。

(2) 建模艰巨性。即使可用数学模型，建立和验证精确的、可信的仿真模型，也需要耗费大量人力、物力和时间。

(3) 方法局限性。常用的基于数学模型的计算机数字仿真技术主要用近似的数值解法，缺少知识推理、逻辑判断、学习训练、联想识别等智能特性。

(4) 界面单调性。通常的仿真系统的人机界面比较单调，主要是数字、图表、曲线，需要进一步改善界面的友好性、生动性，如动画展示。

(5) 结果费解性。仿真系统输出仿真结果，一般不提供关于结果的解释。仿真模型的求解过程通常对用户是不透明的，不便解释如何获得仿真结果，评估仿真结果的可信度。

为了探讨解决上述问题的新途径，需要在人工智能与仿真技术相结合的基础上，开发智能仿真技术[1]。其概念如式(4.4)所示：

$$\mathrm{AI} + \mathrm{ST} \rightarrow \mathrm{IST} \tag{4.4}$$

式中，AI 为人工智能；ST 为仿真技术；IST 为智能仿真技术；+表示“结合”；→表示“形成”。

智能仿真技术的开发途径是人工智能(如专家系统、知识工程、模式识别、神经网络等)与仿真技术(如仿真模型、仿真算法、仿真语言、仿真软件等)的集成化，如图 4.25 所示。

2. 协同智能建模与仿真技术

当前，系统建模与仿真技术正在向复杂大系统的协调化、智能化、集成化、网络化建模与仿真的方向发展，在 2009 年第四届中国系统建模与仿真技术高层论坛上提出协同智能建模与仿真(cooperative intelligent modeling & simulation,

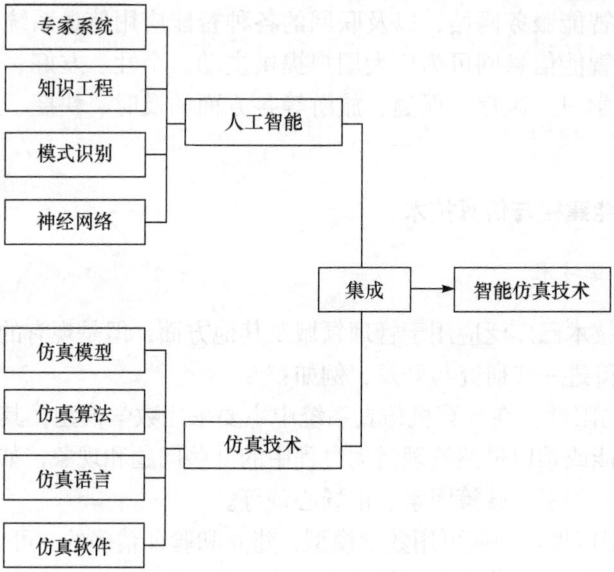

图 4.25　智能仿真技术的开发途径

CIMS)概念及理论体系[122,123]。

1) 建模与仿真技术的发展方向

建模与仿真技术的发展方向如表 4.1 所示。

表 4.1　建模与仿真技术的发展方向

比较特征	传统建模与仿真技术	现代建模与仿真技术
对象	简单、小系统	复杂、大系统
建模	数学模型(单一、常规、确定性)	广义模型(集成化模型、智能化模型)
仿真	串行、离线、静态、非实时仿真	并行、在线、动态、实时仿真
界面	文字、图形界面	智能化、集成化多媒体界面： 文字、图形、图像、物景，声音、语言， 虚拟、增强现实，智能动画、动漫等
平台	单机建模与仿真平台	网络化建模与仿真平台

2) 协同智能建模与仿真的理论基础

协同智能建模与仿真技术的理论基础是协调学，如图 4.26 所示，协调(coordination)意味着协同、协商、协力、协作、和谐。协调是工程技术、社会经济、生物生态等各领域的普遍需求和共性问题。协调学(coordinatics)研究复杂大系统中各小系统如何协同、协商、协力、协作，实现协调化的理论、方法和策略。

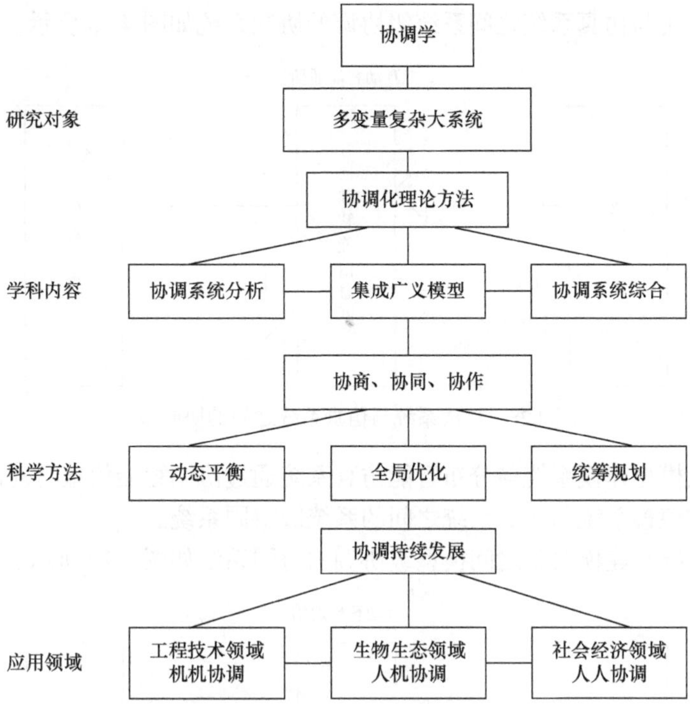

图 4.26　协同智能建模与仿真技术的理论基础

3) 协同智能建模与仿真的总体方案

为了在复杂大系统建模与仿真过程中实现人人协调、人机协调、机机协调的设计目标，根据协调化、智能化、集成化、网络化的设计思想，应用协调学的多级协调结构理论，协同智能建模与仿真技术采取三级协调总体方案，如图 4.27 所示。

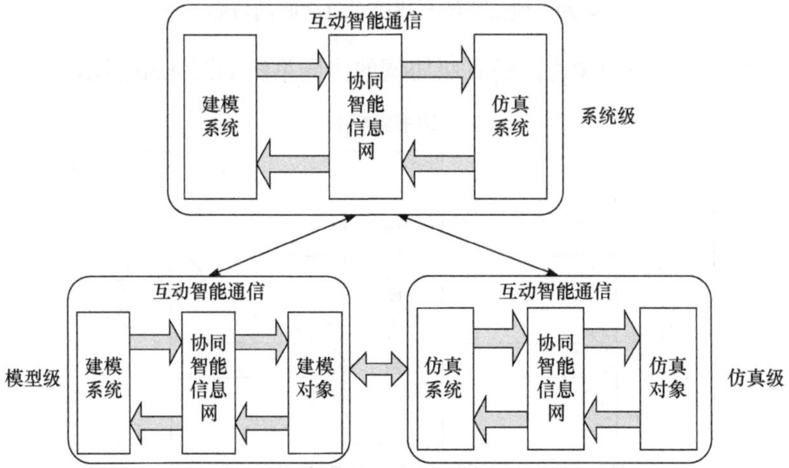

图 4.27　协同智能建模与仿真技术三级协调总体方案

建模系统与仿真系统之间系统级协调的协同系统如图 4.28 所示。

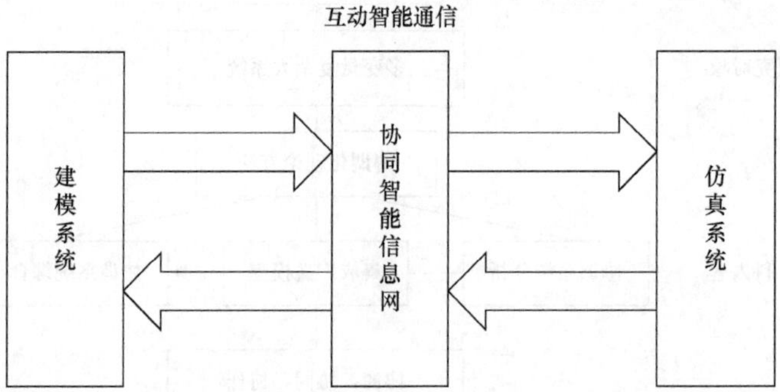

图 4.28 建模系统与仿真系统之间的协同系统

由广义模型建模系统与分布智能仿真系统通过协调智能信息网进行互动智能通信，组成建模系统与仿真系统之间的系统级协同系统。

建模系统与建模对象之间模型级协调的协同系统如图 4.29 所示。

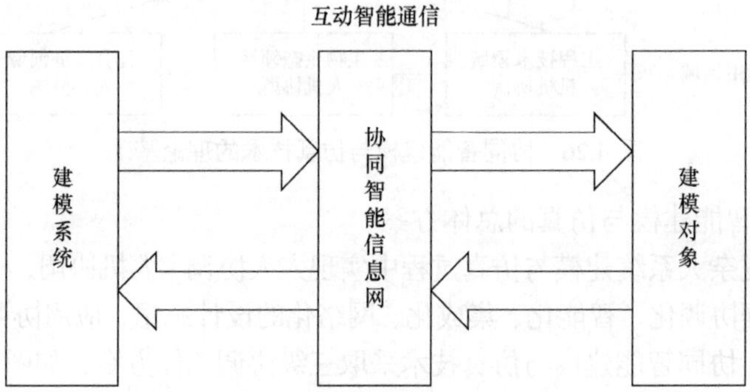

图 4.29 建模系统与建模对象之间的协同系统

仿真系统与仿真对象之间仿真级协调的协同系统如图 4.30 所示。

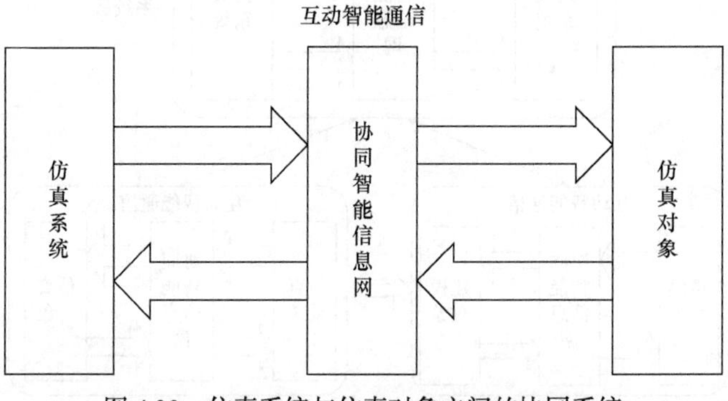

图 4.30 仿真系统与仿真对象之间的协同系统

第5章　社会最经济控制与协调智能优化调度研究

本章对社会最经济控制与协调智能正常优化调度的结构综合、体系结构、网络模型及协调优化调度算法进行系统论述。

5.1　社会最经济稳定运行协调优化调度概论

5.1.1　社会最经济协调优化调度研究意义

社会最经济协调优化调度研究意义如下：

(1) 探索适合我国国情的气田管网调度系统设计理论。从宏观的角度看，调度与管理也应属于控制的概念范围。根据我国国情，气田管网调度系统的设计思想应当是：在满足控制任务的技术性能要求的条件下设计经济代价(如设备投资、运行费用)最小的控制系统，即最经济控制系统。除了特殊的控制系统，一般情况下，不应片面追求技术性能的先进性，而不惜经济代价。

(2) 加强调度理论中的经济观念。通常，在调度理论中主要研究调度系统的技术性能，如可控性、可观性、稳定性、鲁棒性、快速性、准确性、可靠性等，而很少研究调度系统的经济性，如控制设备投资、系统运行费用等。在最优调度理论中，其目标函数往往是准确度最高、控制速度最快等技术性能的最优化，而不是经济代价最小的经济指标最优化。

(3) 利用对象耦合简化控制设备。在多变量控制系统设计中，应用协调控制原理，不是盲目地解耦，而是设法利用被控制对象中的耦合作用，简化控制机构或观测结构，节约控制设备投资，降低系统运行费用。

(4) 调度系统结构设计的需要。在调度系统设计中，首要问题是系统结构方案设计，对于多变量、大系统控制尤为重要，特别是最经济结构方案设计问题。

(5) 可控性、可观性的工程应用。可控性、可观性是控制系统的基本技术特性，也是其他技术性能得以实现的前提条件，但是如何将可控性、可观性的理论研究成果应用于调度系统工程实际中，是需要研究的问题。

5.1.2 经济目标函数与约束条件

以气田管网调度为例，不失一般性，由于经济目标函数、技术约束条件的复杂性[124,125]，气田管网最经济运行调度问题并不能套用或沿袭传统的最优气田管网调度理论[126,127]，气田管网调度系统的“经济化”是一类新的最优化问题。“最经济控制”理论研究与“低价自动化”(low cost automation, LCA)应用技术相结合，对于缩短气田管网最经济运行调度理论研究与工程应用之间的距离具有重要的意义。

1. 经济目标函数

经济目标函数用来评价气田管网调度系统的经济性。下面给出气田管网调度系统经济代价的性能指标，即经济性能的目标函数。

气田正常生产调度最经济控制是指在给定的生产技术约束条件下，使正常生产的经济目标函数最优化，以实现生产系统的经济化。

气田正常生产调度经济目标函数表示如下：

$$G_{\mathrm{e}} = \left(\frac{S_{\mathrm{p}}}{S_{\mathrm{g}}}\right) = \frac{\sum_{i=1}^{n} \alpha_i S_{\mathrm{p}}^i}{\sum_{j=1}^{m} \beta_j S_{\mathrm{g}}^j} \to \min \tag{5.1}$$

式中，S_{p}^i 为第 i 个子系统(服务)运行、维护等所需的经济代价(成本)；α_i 为其对应的权重因子；S_{g}^j 为第 j 个子系统(服务)所带来的经济收益；β_j 为其对应的权重因子。

2. 技术约束条件

技术约束条件就是如何给定气田管网调度系统的技术性能约束条件，如可控性、可观性、稳定性、准确性、快速性等。

1) 任务约束条件

(1) 总任务约束如式(5.2)所示：

$$\begin{aligned} T = \sum T_i \geqslant G_{\min} \\ T = \sum T_i \leqslant G_{\max} \end{aligned} \tag{5.2}$$

式中，T 为总任务收益；$G_{\min}$ 和 $G_{\max}$ 分别为总任务最小收益和总任务最大收益；T_i 为第 i 个子任务收益。

(2) 个体任务约束如式(5.3)所示：

$$
\begin{aligned}
T_i &\geqslant G_{\min}^i \\
T_i &\leqslant G_{\max}^i
\end{aligned}
\tag{5.3}
$$

式中，$G_{\min}^i$ 和 $G_{\max}^i$ 分别为第 i 个子任务最小收益和最大收益。

2) 资源约束条件

(1) 总资源约束如式(5.4)所示：

$$
\begin{aligned}
R &= \sum R_i \geqslant P_{\min} \\
R &= \sum R_i \leqslant P_{\max}
\end{aligned}
\tag{5.4}
$$

式中，R 为总资源量；$P_{\min}$ 和 $P_{\max}$ 分别为总资源最小供应量和总资源最大供应量；R_i 为第 i 类资源量。

(2) 个体资源约束如式(5.5)所示：

$$
\begin{aligned}
R_i &\geqslant P_{\min}^i \\
R_i &\leqslant P_{\max}^i
\end{aligned}
\tag{5.5}
$$

式中，$P_{\min}^i$ 和 $P_{\max}^i$ 分别为第 i 类资源量使用的下界和上界。

3) 技术约束条件

(1) 总技术约束如式(5.6)所示：

$$
\begin{aligned}
M &= \sum M_i \geqslant W_{\min} \\
M &= \sum M_i \leqslant W_{\max}
\end{aligned}
\tag{5.6}
$$

式中，M 为总技术产出；$W_{\min}$ 和 $W_{\max}$ 分别为总技术产出最小期望值和最大期望值；M_i 为第 i 项技术的实际产出。

(2) 个体技术约束如式(5.7)所示：

$$
\begin{aligned}
M_i &\geqslant W_{\min}^i \\
M_i &\leqslant W_{\max}^i
\end{aligned}
\tag{5.7}
$$

式中，$W_{\min}^i$ 和 $W_{\max}^i$ 分别为第 i 项技术的产出最小期望值和最大期望值。

如何设计最经济运行调度系统，在给定的技术性能约束条件下，使系统的经济目标函数“最优化”，即实现气田管网调度系统的“经济化”。

一般情况下，技术约束条件是多种形式的，如可控性、可观性条件，稳定性条件，准确度指标，快速性指标等；经济目标函数是复杂的、多目标的；控制对象特性、控制机构、观测结构、反馈装置的特性是非线性的、时变的。因此，最经济控制系统设计问题是相当困难的任务，但是可以从结构设计入手，由简到繁、先易后难，逐步求解。

5.2 社会最经济优化调度系统结构综合

5.2.1 社会最经济优化调度系统结构综合的概念

社会最经济优化调度系统结构综合是最经济优化调度系统结构设计问题，是重要的，也是简化的最经济优化调度问题。

(1) 考虑以下简化条件：只考虑调度结构 B 、观测结构 C 的结构综合问题；只考虑可控性、可观性的技术约束条件；只考虑调度设备投资最少的经济目标函数。

线性定常系统，其状态方程如式(5.8)所示：

$$\begin{cases} \dot{x} = Ax + Bu \\ y = Cx \end{cases} \tag{5.8}$$

(2) 在上述简化条件下，最经济调度问题的提法如下。

已知被调度对象特性如式(5.9)所示：

$$\dot{x} = Ax + v \tag{5.9}$$

需要设计调度结构 B 、观测结构 C ，如式(5.10)所示：

$$\begin{cases} v = Bu \\ y = Cx \end{cases} \tag{5.10}$$

① 满足可控性、可观性技术约束条件，如式(5.11)所示：

$$\text{Rank}\begin{bmatrix} B & AB & A^2B & \cdots & A^{n-1}B \end{bmatrix} = n$$

及

$$\text{Rank}\begin{bmatrix} C \\ CA \\ CA^2 \\ \vdots \\ CA^{n-1} \end{bmatrix} = n \tag{5.11}$$

使经济目标函数 G_{e} 极小化，如式(5.12)所示：

$$G_{\mathrm{e}} = (S_B + S_C) \rightarrow \min \tag{5.12}$$

式中，S_B 为调度结构 B 的设备投资；S_C 为观测结构 C 的设备投资。

② 设经济目标函数如式(5.13)所示：

$$S_B = \sum \mu_{ij} \cdot \mathrm{sym}(b_{ij}) \tag{5.13a}$$

及

$$S_C = \sum \eta_{ij} \cdot \mathrm{sym}(c_{ij}) \tag{5.13b}$$

式中，μ_{ij} 为调度单元 (b_{ij}) 的设备投资；η_{ij} 为观测单元 (c_{ij}) 的设备投资。

而符号函数如式(5.14)所示：

$$\mathrm{sym}(b_{ij}) = \begin{cases} 1, & b_{ij} \neq 0 \\ 0, & b_{ij} = 0 \end{cases} \tag{5.14a}$$

及

$$\mathrm{sym}(c_{ij}) = \begin{cases} 1, & c_{ij} \neq 0 \\ 0, & c_{ij} = 0 \end{cases} \tag{5.14b}$$

式中，b_{ij} 为调度矩阵 B 中的元素；c_{ij} 为观测矩阵 C 中的元素。

若所有调度单元的投资相同($\mu_{ij} = \mu$)、所有观测单元的投资相同($\eta_{ij} = \eta$)，则经济目标函数简化，如式(5.15)所示：

$$\$_B = \mu \sum \mathrm{sym}(b_{ij}) = \mu N(b_{ij} \neq 0) \tag{5.15a}$$

及

$$\$_C = \eta \sum \mathrm{sym}(c_{ij}) = \eta N(c_{ij} \neq 0) \tag{5.15b}$$

式中，调度矩阵 B 中非零元素 $(b_{ij} \neq 0)$ 的个数如式(5.16)所示：

$$N(b_{ij} \neq 0) = \sum \mathrm{sym}(b_{ij}) \tag{5.16}$$

观测矩阵 C 中非零元素 $(c_{ij} \neq 0)$ 的个数如式(5.17)所示：

$$N(c_{ij} \neq 0) = \sum \mathrm{sym}(c_{ij}) \tag{5.17}$$

③ 最经济优化调度结构综合问题化为“最简单优化调度结构综合”问题。在最经济调度结构综合中，已知被控对象 A 和综合调度结构 B 满足可控性条件，如式(5.18)所示：

$$\mathrm{Rank} Q_b = \mathrm{Rank}\begin{bmatrix} B & AB & A^2B & \cdots & A^{n-1}B \end{bmatrix} = n \tag{5.18}$$

使调度矩阵 B 中“非零元”的个数最少，如式(5.19)所示：

$$N(b_{ij} \neq 0) \to \min \tag{5.19}$$

在最经济观测结构综合中，已知被控对象 A、综合观测结构 C 满足可观性条件，如式(5.20)所示：

$$\text{Rank}Q_C = \text{Rank}\begin{bmatrix} C \\ CA \\ CA^2 \\ \vdots \\ CA^{n-1} \end{bmatrix} = n \tag{5.20}$$

使观测矩阵中“非零元”的个数最少，如式(5.21)所示：

$$N(c_{ij} \neq 0) \to \min \tag{5.21}$$

5.2.2 社会最经济优化调度系统结构综合方法

1) 社会最经济调度结构综合方法

应用分型可控性的概念及有关定理，可以给出最经济调度结构综合的一种方法，称为可控分型法。

由分型可控性分析可知，系统状态的可控性取决于调度结构 B 与被控对象 A 相互匹配的特性，不同的可控性分型，对调度结构 B 的依赖程度不同，对被控对象 A 中耦合的利用程度也不同。0-型可控性为最强分型，完全依赖调度结构 B 本身，不利用被控对象 A 的耦合，所需调度单元($b_{ij} \neq 0$)个数最多。($n-1$)-型可控性为最弱分型，充分利用被控对象 A 的耦合，所需调度单元个数最少。

关于社会最经济调度结构综合问题，可以证明“最少调度单元”定理。

n 维线性定常系统，在 n-型可控条件下，社会最经济调度结构的最少调度单元个数，即最经济调度矩阵 B_m 中最少非零元个数为

$$\min N_m(b_{ij} \neq 0) \geqslant \frac{n}{m+1} \text{(取整数)}$$

(1) 0-型可控。令 $m=0$，不利用对象耦合，其调度结构 B_0 最少调度单元数为 $\min N_0(b_{ij} \neq 0) = n$。

(2) ($n-1$)-型可控。令 $m=n-1$，充分利用对象耦合，其调度结构 B_{n-1} 最少调度单元数为 $\min N_{n-1}(b_{ij} \neq 0) = 1$。

这个定理给出了最经济调度结构综合的理论限度及其最少调度单元的个数的取值范围。

当分型指数 m ($0,1,2,\cdots,n-1$)增大时，利用被控对象耦合的次数增加，可以节约调度单元。例如，当 $m=1$ 时，可节约一半的调度单元，即 $\min N_1(b_{ij} \neq 0) = n/2$。

若定义节约系数 $K_e = \dfrac{\min N_0 - \min N_m}{\min N_0}$，则可得节约系数-分型指数关系曲线 $K_e = f(m)$，如图 5.1 所示。

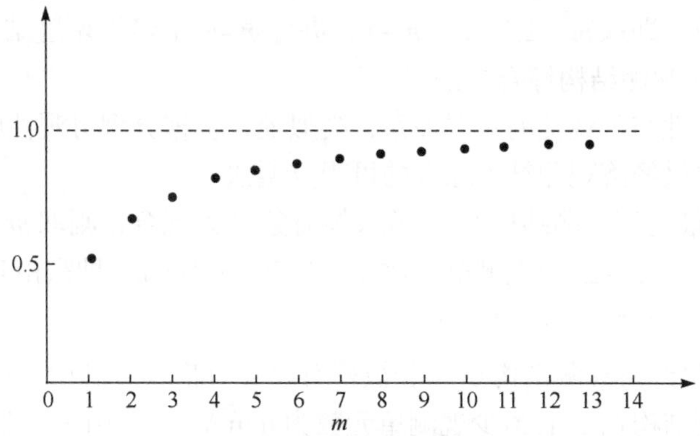

图 5.1　节约系数-分型指数关系曲线

由曲线 $K_e = f(m)$ 可见，若分型指数 m 增加，即对象耦合的利用次数增加，则节约系数增加。当 $m=1$ 时，$K_e = 1/2$，效果明显；当 $m=1\sim5$ 时，K_e 增长较快；当 $m>10$ 后，K_e 增长较慢，趋向于饱和。因此，利用被控对象中的耦合作用，可以节约调度单元。

但是，实际上可以节约的调度单元数受对象中耦合单元数的限制。可以证明，最少调度单元个数——调度矩阵 B_m 中的最少非零元个数应大于或等于对象矩阵 A 中的无耦行数，如式(5.22)所示：

$$\min N_m(b_{ij} \neq 0) \geqslant N(a_{ij} = 0) \tag{5.22}$$

式中，$N(a_{ij}=0)$ 为矩阵 A 中的无耦行数，在无耦行中，其耦合单元皆为零($a_{ij}=0$)。

根据以上讨论，可以给出最经济调度结构综合的可控分型法。

(3) 0-型最经济调度结构 B_0。若被控对象中无耦合，即对象矩阵 A 为对角线型矩阵 $A=\left[a_{ij}\right]_{n\times n}$，$a_{ij}=0,\ i\neq j$，则无耦合可利用，取 $m=0$，得 0-型最经济调度结构 B_0，其最少调度单元数 $\min N_0(b_{ij}\neq 0)=n$，即需由调度结构 B_0 用 n 个调度单元直接调度 n 个状态变量。

(4) 1-型最经济调度结构 B_1。若被控对象中有耦合可利用，则取 $m=1$(效果最明显)，得 1-型最经济调度结构 B_1，其最少调度单元数 $\min N_1(b_{ij}\neq 0)=n/2$ (取整数)，并检验 $\min N_1(b_{ij}\neq 0)\geqslant N(a_{ij}=0)$。取最少调度单元数为 $N_1(b_{ij}\neq 0)=\max\left\{\dfrac{n}{2}, N(a_{ij}=0)\right\}$。

验算 1-型可控性条件 $\mathrm{Rank}Q_{b_1}=\mathrm{Rank}\left[B_1 \quad AB_1\right]=n$，若 B_1 满足可控性条件，则 1-型最经济调度结构可以采用。

(5) m-型最经济调度结构 B_m。若 B_1 不满足可控性条件，则需要提高利用对象耦合的次数，即取 $m=2,3,4,\cdots,n-1$，进行 m -型最经济调度结构 B_m 的综合。

2) 最经济观测结构综合方法

由于可控性与可观性的对偶关系，类似地，根据分型可观性的概念及有关定理，可以给出最经济观测结构综合的可观分型法。

(1) 0-型最经济观测结构 C_0。若被控对象 A 无耦合，则取 $m=0$，得 0-型最经济观测结构 C_0，其最少观测单元数 $\min N_0(c_{ji}\neq 0)=n$，即需由观测结构 C_0 用 n 个观测单元直接观测 n 个状态变量。

(2) 1-型最经济观测结构 C_1。若被控对象 A 有耦合可利用，则取 $m=1$，得 1-型最经济观测结构 C_1，其最少观测单元数为 $\min N_1(c_{ji}\neq 0)=n/2$ (取整数)，并检验 $\min N_1(c_{ji}\neq 0)\geqslant N(a_{ji}\neq 0)$。其中，$N(a_{ji}\neq 0)$ 为对象矩阵 A 中无耦列数，在无耦列中，其耦合单元皆为零($a_{ji}=0$)。

取最少观测单元数为 $N_1(c_{ji}\neq 0)=\max\left\{\dfrac{n}{2},N(a_{ji}=0)\right\}$。验算 1-型可观性条件

$\operatorname{Rank}Q_{C_1}=\operatorname{Rank}\begin{bmatrix}C_1\\C_1A\end{bmatrix}=n$。若 C_1 满足可观性条件，则可采用 1-型最经济观测结构。

(3) m -型最经济观测结构 C_m。若 C_m 不满足可观性条件，则需提高利用对象耦合的次数，取 $m=2,3,4,\cdots,n-1$，进行 m -型最经济观测结构 C_m 的综合。

在最经济结构综合中，为了简化可控性、可观性的验算，突出结构特性，可以用被控对象的耦合信息结构阵 A_s、调度结构和观测结构的信息结构阵 B_s 和 C_s 进行结构可控性、可观性验证。

5.3 社会最经济控制与协调优化调度的体系结构

在社会大系统控制和应用领域，每个个体拥有不同的资源和能力，对于给定问题的解决方案可能超出了任何一个个体的能力，因此需要群体共享资源，彼此协调来解决问题。面向服务的社会最经济控制与协调优化调度(social-nets coordination optimization scheduling based on most economical control, MEC-SCOS)的体系结构如图 5.2 所示。

群体协调是以完成一定的任务、实现总体服务为目标的。由于总服务可以分解为不同但相关的子服务，将求解任务的个体按照子服务的关系及其所在子服务中承担的角色进行组合就形成了一个有向服务网络，称为服务网，图的节点代表服务角色及其承担的任务，存在一个根节点代表该任务组的总服务。

子服务间的关系包括顺序关系、与关系、非确定性或关系和确定性或关系，表示软件人 1、软件人 2、软件人 3 协调工作，对应的任务分别为 Task1、Task2、

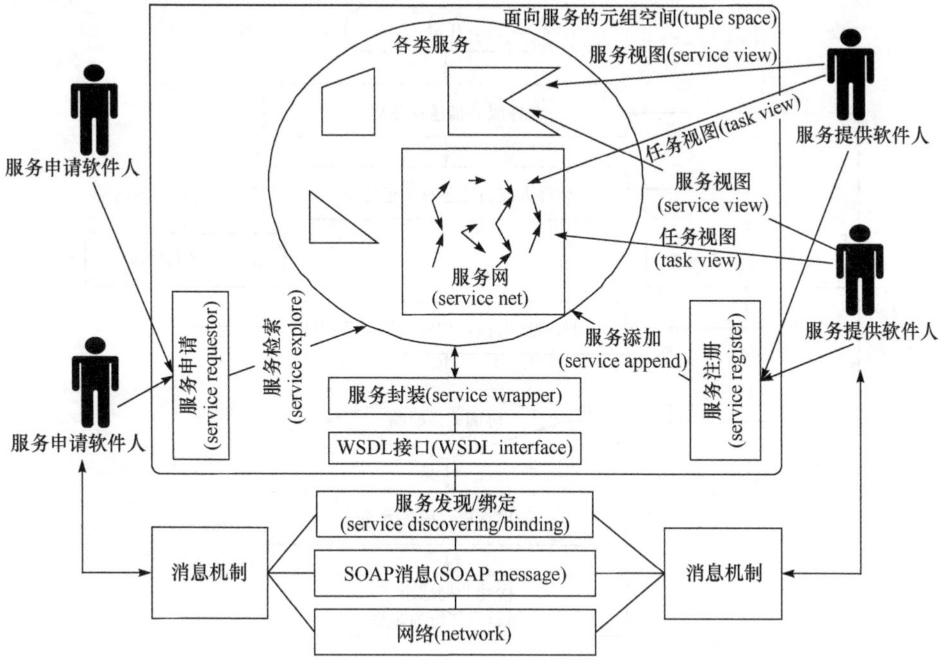

图 5.2　面向服务的 MEC-SCOS 群体协调体系结构

Task3，对应的服务进程表达式分别为 P_1、P_2、P_3。双弧线表示与关系，单弧线表示或关系。子服务间的关系描述如图 5.3 所示。

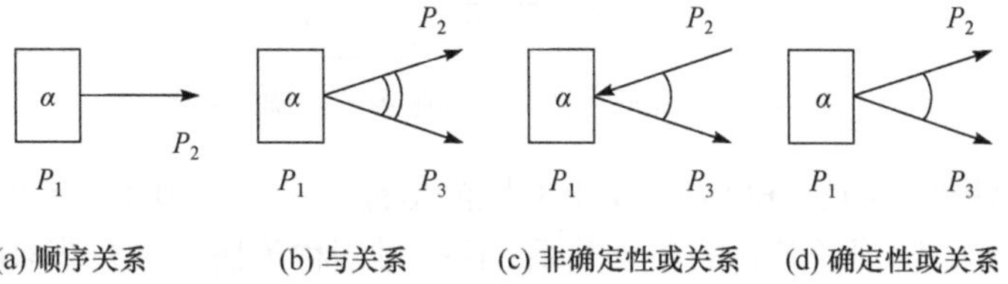

图 5.3　服务之间的关系

5.3.1　面向社会服务分解的协调控制

MEC-SCOS 在广义局部整体协调(generalized partial global planning, GPGP)机制和任务分析、环境建模和仿真(task analysis, environment modeling and simulation, TAEMS)中，引入服务共同体思想，充分发挥团队协作优势，以求高质量完成总体服务。其中，从局部到全局的服务协调流程如图 5.4 所示[128]。

(1) 软件人接到任务，形成本地任务视图(subjective task view)。

(2) 软件人交互各自的本地任务视图，发现任务间的关系。在多软件人系统中，每个软件人只能看到整个系统的一个局部任务视图，为了对系统的局部任务

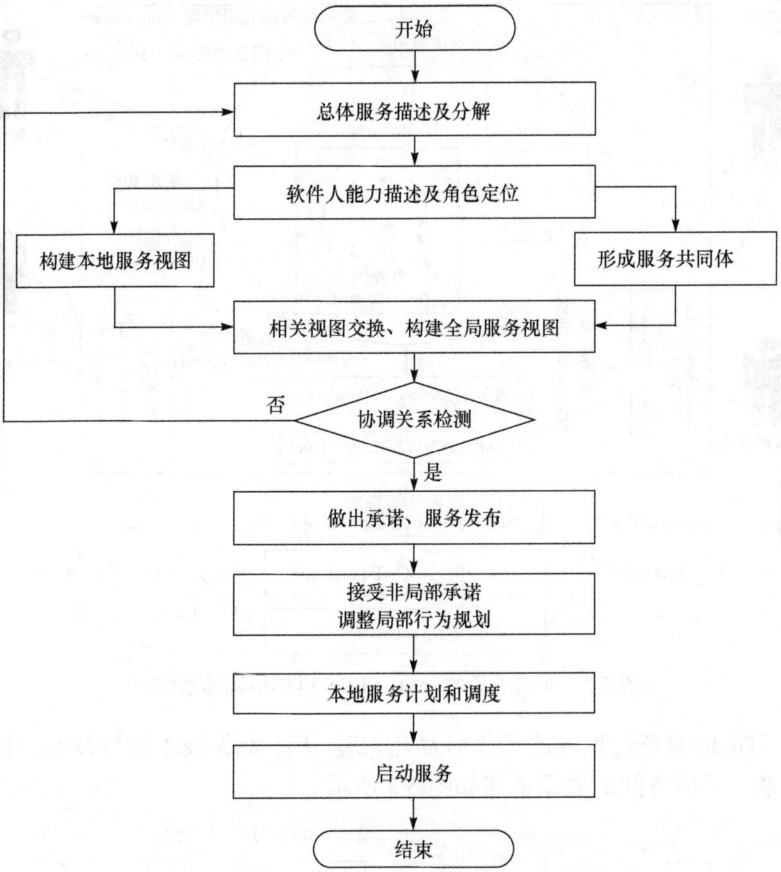

图 5.4　从局部视图到全局服务的协调流程图

进行协调，使得全局任务得以按要求的性能指标完成，必须允许软件人间进行必要的信息交换，发现任务间的相互关系，这一过程称为协调关系获取(coordination relationships detection, CRD)。

(3) 任务视图能够清晰地描述任务间的关系和软件人的能力、行为等多级别信息，进行任务分配，形成任务联盟并构成全局任务视图(global task view)。将联盟的形成问题看成集合的分割，即如何分割软件人群体集合 $N=\{SM_1, SM_2,\cdots,SM_n\}$ 为联盟 C_i，且满足下列条件：C_i 是 N 的一个分割，即 $\cup C_i=N$，且 $C_i \subseteq N$ 或 $C_i \subset N$；每个联盟 C_i 的能力消耗总和最小；每个联盟均能或最大限度地完成任务 T；联盟的成员数尽量少。

(4) 协作结果的共享。在软件人完成任务的过程中，当不能获得问题求解所需数据时，就需要交换某些软件人的中间处理结果。

(5) 冗余方法的处理。在软件人群体系统中，经常存在某些任务可由不同的软件人来完成的情况，这样就造成软件人的冗余。这里按照信用度建立一个队列，根据信用最好原则，选择确定唯一的执行软件人，其余留作备用。

(6) 软件人之间严格制约关系的处理，例如，Enable(m_1, m_2)表示在执行方法 m_2 之前方法 m_1 必须已经执行。对于这种严格制约关系，方法 m_1 必须根据本身的规划 S 产生方法 m_1 最早完成时刻和预计性能的承诺，并将该承诺通知有关被制约软件人。

(7) 软件人之间非严格制约关系的处理。非严格制约关系是指某些任务或方法的执行将对另外某些任务或方法的执行产生一定的促进或阻碍效应，非严格制约关系的处理与严格制约关系的处理类似。

5.3.2　社会服务封装

定义 5.1　社会服务元组：

Social_Service_Tuple::=<Service_Type, Service_ID, Service_Descript,
Service_Operation_Set, Service_Ontology_DB>

其中，Service_Type 为服务类型，与类型服务具有相同的服务接口和服务描述语义；Service_ID 为服务实体标识，唯一确定 MEC-SCOS 计算环境中的某一服务实体；Service_Descript 为服务描述，是一组服务属性对象，其语义由服务类型决定；Service_Operation_Set 是一个操作集，是服务所要实现的操作接口；Service_Ontology_DB 是服务本体库，包括合法的属性值、每个属性值的范围，以及属性值之间的约束和关系，用于定义软件人之间沟通的应用领域概念，存储资源的逻辑定义，其目的是进行语义层次的知识共享和重用。

定义 5.2　名字服务器：

Name_Server::=(SM_ID, Address)

名字是软件人的逻辑标识的集合，为了提供透明的通信传输，软件人只需知道其他软件人的名字即可，进行通信时由系统提供名字到地址的映射。名字服务器是存储这些软件人的名字和地址的数据库，软件人第一次运行时在名字服务器上注册相应的信息。

定义 5.3　角色：

Role::=(Role_ID, Ability, Responsibility, Access, Role_Model, Role_Relation)

其中，Role_ID 是角色的标识；Ability 是角色所具有的能力；Responsibility 是角色所必须承担的职责；Access 是角色对资源的访问权限；Role_Model 是角色所属的模型，对应于特殊应用的解决方案；Role_Relation 是与其他角色之间的关系。

角色是基于组织的软件人群体设计的中心概念，它是一个抽象的概念，用来表示在组织中一个或一组软件人所应该承担的职责和所具有的能力。一个软件人群体由多个明确了职责和权限的角色组成，从而构成了一个软件人社会。在这个社会中，承担角色的软件人各司其职。通常，角色与任务的关系是一对一的，但一个角色可以完成多个任务，且角色之间可以有一定程度的重叠。

对于每个软件人，都存在一个映射 f : SoftMans→Roles。其中，SoftMans 为软件人所组成的集合，Roles 是角色集合。为确保任务的实现，在角色分配时必须满足至少有一个软件人扮演当前角色，即有约束 $\forall r \in \text{Roles}, \exists \text{SoftMan}, \text{PlayRole}(\text{SoftMan}, r)$。

定义 5.4　交互模型：

Interact-Model::=(Interact_ID, Purpose, Initiator, Responder, Port-pairs)

交互模型表示软件人之间的交互行为，即需要与其他软件人进行协作完成任务。由于交互可以用 π 演算的端口表示，所以交互模型可以用一对互补的端口来表示。

其中，Interact_ID 表示交互协议 ID；Purpose 表示交互的目的；Initiator 表示交互的发起软件人标识；Responder 表示交互的响应软件人标识；Port-pairs 表示输入、输出端口对，如果端口为 α，则输入端口表示为 α，而输出端口为 $\bar{\alpha}$。

所有相互协调的任务按照协调模型组织在一起，通过服务包装将协调模型各层次以 Web 服务描述语言(Web services description language，WSDL)接口的形式统一对外呈现，可以通过任务视图机制将总的任务分割给各个参与者。服务提供方和请求方都是协调中的参与者，都基于 Web 服务的注册、发现、绑定机制，遵从服务描述，以可互操作的通信协议进行通信。

参与协作的服务、框架、活动等各种实体事实上都包装了 WSDL 格式的统一接口，运行时系统能从中发现以各类角色参与实体中的服务描述、消息格式、端口操作与参数类型等重要信息，并通过手工或者自动绑定到服务端口来完成相应的操作。MEC-SCOS 外在使用消息传递模式通信，邮箱负责发送和接收标准格式消息，消息处理模块负责解析消息，消息使用 XML 进行封装。

5.3.3　服务元组空间

面向服务元组空间 DS 中的每个元素称为服务元组(service tuple)，它是由实际字段和规格字段序列组成的。服务元组的标识与选择是通过对其域值匹配(称为模板，template)来完成的，而不是通常所采用的地址选择方法。

MEC-SCOS 以服务元组空间为核心提供进程间的同步和通信，对服务元组提供以下三种基本操作原语。其中，e 是服务元组变量，t 是模板，$\text{System} = \{[P, \text{DS}] \mid [P \in \text{Service\_process}, \text{DS} \in \text{Service\_based Tuple Space}]\}$。

(1) 操作原语 out(e):

$$[\text{out}(e).P,\text{DS}] \to [P,\text{DS} \oplus e] \tag{5.23}$$

(3) 操作原语 in(t):

$$\frac{\exists e \in \text{DS}: e \nabla t}{[\text{in}(\vec{x}).P,\text{DS}] \to [P[e \mid \vec{x}],\text{DS}-e]} \tag{5.24}$$

(3) 操作原语 read(t):

$$\frac{\exists e \in \text{DS}: e \nabla t}{[\text{read}(\vec{x}).P,\text{DS}] \to [P[e \mid \vec{x}],\text{DS}]} \tag{5.25}$$

在上述三种基本操作原语中，out(e) 是非阻塞操作，in(t) 和 read(t) 是两种可能阻塞的操作。out(e) 是把服务元组 e 写入(用符号 $\oplus$ 表示)服务元组空间；in(t) 是从服务元组空间中取出(用符号“→”表示)和 t 相匹配(用符号 ∇ 表示)的服务元组 e；read(t) 是从服务元组空间中读取服务元组，其和 in(t) 的区别是 read(t) 只是复制和 t 相匹配的服务元组 e 而不是取出。

5.4 社会最经济运行协调优化调度网络模型

5.4.1 基本概念

1) 社会最经济服务网与灵巧服务工作流

定义 5.5　社会最经济服务网可用一个六元组表示，MEC-SN $=(V,A,L,U,D,T)$。其中，V 为节点集；A 为弧集；$L,U:A\to R$ 分别为弧上的(容量下界、上界)权函数；$D:V\to R$ 为顶点上的权函数(供需量)；T 是时间片变量。N 上 t 时刻的一个服务流(service flow) x^t 是指从弧集 A 到 R 的一个函数，即对每条弧 $(i,j)\in A$ 赋予一个实数 x_{ij}^t (称为弧 (i,j) 的流量)，如果流 x^t 同时满足流量守恒和容量约束两个条件，如式(5.26)和式(5.27)所示：

$$\sum_{j:(i,j)\in A} x_{ij}^t - \sum_{j:(j,i)\in A} x_{ji}^t = d_i^t,\quad \forall i \in V\,(\text{流量守恒条件}) \tag{5.26}$$

$$l_{ij} \leqslant x_{ij}^t \leqslant u_{ij},\quad \forall (i,j)\in A\,(\text{容量约束条件}) \tag{5.27}$$

则称 x^t 为灵巧服务工作流(feasible service work-flow, FSWF)。至少存在一个灵巧服务工作流的网称为社会最经济服务网(social feasible service flow network, SFSFN)，可具体细分为以下三种情况。

(1) 当 d_i^t >0 时，在 t 时刻有 d_i^t 个单位的流量从网络外部流入该节点，因此在 t 时刻顶点 i 称为供应节点(supply node)或源节点(source node)，由许多源节点构成

的集合记为 $S_p=\{i \mid d_i^t>0\}$。

(2) 当 $d_i^t<0$ 时，在 t 时刻有 d_i^t 个单位的流量从该节点流出到网络外部或被网络吸收，因此在 t 时刻顶点 i 称为需求点(demand node)或汇节点(sink node)，由许多汇节点构成的集合记为 $S_i=\{i \mid d_i^t<0\}$。

(3) 当 $d_i^t=0$ 时，在 t 时刻顶点 i 称为转运点(transshipment node)或平衡点，由许多转运节点构成的集合记为 $T_r=\{i \mid d_i^t=0\}$。

此外，对于可行服务流网络，必定满足式(5.28)的条件约束：

$$\sum_{i\in V} d_i^t=0 \tag{5.28}$$

即所有节点上的供需量之和为 0 是网中存在可行工作流的必要条件。

2) 路工作流服务与环工作流服务

定义 5.6 社会最经济服务网络中的流 $x^t:A\to R$，其中，如果 N 中存在一条从源节点 i_0 到汇节点 j_0 的有向路径 $\mathrm{Path}(i_0,j_0)^t$，使得式(5.29)和式(5.30)成立：

$$0\leqslant v=x_{ij}^t\leqslant u_{ij},\quad \forall(i,j)\in \mathrm{Path}(i_0,j_0)^t,\ i_0\in S_p,\ j_0\in S_i \tag{5.29}$$

$$x_{ij}^t=0,\quad \forall(i,j)\in A\setminus \mathrm{Path}(i_0,j_0)^t,\ i_0\in S_p,\ j_0\in S_i \tag{5.30}$$

则称 x^t 为路流服务(path flow service)；v 称为该路流的流值(流量)，记为 $x_{\mathrm{Path}(i_0,j_0)}^t(v)$。当 v=0 时，称该路流为零路流服务，否则称为非零路流服务。

同样，若 N 中存在一个有向环 Cycle(环中不含源节点或汇节点)，使得式(5.31)和式(5.32)成立：

$$0\leqslant v=x_{ij}^t\leqslant u_{ij},\ \forall(i,j)\in \mathrm{Cycle}(i_1,i_i)^t,\ i_1\in T_r \tag{5.31}$$

$$x_{ij}^t=0,\ \forall(i,j)\in A\setminus \mathrm{Cycle}(i_1,i_i)^t,\ i_1\in T_r \tag{5.32}$$

则称 x^t 为环工作流服务(cycle flow service, CFS)；v 称为该环工作流的流值(流量)，记为 $x_{\mathrm{Cycle}(i_1,i_i)}^t(v)$。当 v=0 时，称该环流为零环工作流服务，否则称为非零环工作流服务。

3) 工作流服务的经济评价因子(代价/收益)

定义 5.7 路工作流服务经济评价因子：

$$\mathrm{Sp\_rate}(x_{\mathrm{Path}(i_0,j_0)}^t(v))=\frac{S_p(x_{\mathrm{Path}(i_0,j_0)}^t(v))}{S_g(x^t(v))},\quad i_0\in S_p,\ j_0\in S_i \tag{5.33}$$

定义 5.8 环工作流服务经济评价因子：

$$\mathrm{Sc\_rate}(x^t_{\mathrm{Cycle}(i_1,i_1)}(v)) = \frac{S_{\mathrm{p}}(x^t_{\mathrm{Cycle}(i_1,i_1)}(v))}{S_{\mathrm{g}}(x^t(v))}, \quad i_1 \in T_{\mathrm{r}} \tag{5.34}$$

定义 5.9　源节点(生产)经济评价因子：

$$\mathrm{Source\_rate}(i) = \frac{S_{\mathrm{p}}\left(\sum_{i_0=i} x^t_{\mathrm{Path}(i_0,j_0)}(v)\right)}{S_{\mathrm{g}}(x^t(v))}, \quad i_0, i \in S_{\mathrm{p}}, \quad j_0 \in S_{\mathrm{i}} \tag{5.35}$$

定义 5.10　汇节点(消费)经济评价因子：

$$\mathrm{Sink\_rate}(j) = \frac{S_{\mathrm{p}}\left(\sum_{j_0=j} x^t_{\mathrm{Path}(i_0,j_0)}(v)\right)}{S_{\mathrm{g}}(x^t(v))}, \quad i_0 \in S_{\mathrm{p}}, \quad j_0, j \in S_{\mathrm{i}} \tag{5.36}$$

4) 供气量与输气量

定义 5.11　节点 x 的输入集：

$$I(x) = \{y \in N : (y,x) \in B\} \tag{5.37}$$

定义 5.12　节点 x 的输出集：

$$O(x) = \{y \in N : (x,y) \in B\} \tag{5.38}$$

定义 5.13　所有进气站点集：

$$I(G) = \{x \in N : I(x) = \varnothing\} \tag{5.39}$$

定义 5.14　所有输气站点集：

$$O(G) = \{x \in N : O(x) = \varnothing\} \tag{5.40}$$

定义 5.15　节点 y 的总输入气量：

$$f_+(y) = \sum_{x \in I(y)} f(x,y) \tag{5.41}$$

定义 5.16　节点 x 的总输出气量：

$$f_-(x) = \sum_{y \in O(x)} f(x,y) \tag{5.42}$$

定义 5.17　G 的总供气量：

$$f_+(G) = \sum_{x \in I(G)} f_-(x) \tag{5.43}$$

定义 5.18　G 的总输气量：

$$f_-(G)=\sum_{x\in O(G)} f_+(x) \tag{5.44}$$

显然有式(5.45)和式(5.46)成立：

$$f_+(x)=f_-(x)=f(x) \tag{5.45}$$

$$f_+(G)=f_-(G)=f(G) \tag{5.46}$$

5) 管道及其承输因子

定义 5.19　管道(x,y)在气田管网中的承输因子：

$$\mathrm{Sup}_G(x,y)=f(x,y)/f(G),\ \ x,y\in\mathbf{N},0\leqslant \mathrm{Sup}_G(x,y)\leqslant 1 \tag{5.47}$$

定义 5.20　气田管网中的节点承输因子：

$$\mathrm{Sup}_G(x)=\sum_{y\in O(x)}\mathrm{Sup}_G(x,y)=\sum_{x\in I(x)}\mathrm{Sup}_G(y,x) \tag{5.48}$$

定义 5.21　管道(x,y)对所邻接点输出的承输因子：

$$\mathrm{Sup}_O(x,y)=\mathrm{Sup}_G(x,y)/\mathrm{Sup}_G(y),\ \ x,y\in\mathbf{N} \tag{5.49}$$

定义 5.22　管道(x,y)对所邻接点输入的承输因子：

$$\mathrm{Sup}_I(x,y)=\mathrm{Sup}_G(x,y)/\mathrm{Sup}_G(x),\ \ x,y\in\mathbf{N} \tag{5.50}$$

显然有下列关系式(5.51)～式(5.54)成立：

$$\sum_{y\in O(x)}\mathrm{Sup}_O(x,y)=1 \tag{5.51}$$

$$\sum_{x\in I(y)}\mathrm{Sup}_I(x,y)=1 \tag{5.52}$$

$$\mathrm{Sup}_O(x,y)=\mathrm{Sup}_I(x,y)\cdot\mathrm{Sup}_G(y)/\mathrm{Sup}_G(x) \tag{5.53}$$

$$\mathrm{Sup}_I(x,y)=\mathrm{Sup}_O(x,y)\cdot\mathrm{Sup}_G(x)/\mathrm{Sup}_G(y) \tag{5.54}$$

6) 管线路径及其承输因子

从 x 到 y 的管线路径，记作$[x, y]$，可表示为一组节点的序列$x_1,\cdots,x_j,\cdots,x_n$ $(1\leqslant j\leqslant n)$，其中有 $x=x_1$，$y=x_n$ 且 $(x_i,x_{i+1})\in B$，$1\leqslant i\leqslant n-1$。

定义 5.23　管线路径$[x_1, x_n]$对相邻节点输出的承输因子：

$$\mathrm{Sup}_O[x_i,x_n]=\sum_{i=1}^{n-1}\mathrm{Sup}_O(x_i,x_{i+1}),\ \ x_i,x_{i+1}\in\mathbf{N} \tag{5.55}$$

定义 5.24　管线路径$[x_1, x_n]$对相邻节点输入的承输因子：

$$\mathrm{Sup}_I[x_i,x_n]=\sum_{i=1}^{n-1}\mathrm{Sup}_I(x_i,x_{i+1}),\ \ x_i,x_{i+1}\in\mathbf{N} \tag{5.56}$$

定义 5.25　管线路径$[x,y]$在气田管网中的承输因子：

$$\mathrm{Sup}_G[x,y]=\mathrm{Sup}_G(x)\cdot\mathrm{Sup}_O[x,y]=\mathrm{Sup}_I[x,y]\cdot\mathrm{Sup}_G(y),\ \ x,y\in\mathbf{N} \tag{5.57}$$

7) 连接及其承输因子

从 x 到 y 的所有管线路径$[x,y]$的集合，构成从 x 到 y 的连接，表示为$\langle x,y\rangle$。$\langle x,y\rangle$可以认为是图 G 的一个由节点 x 和节点 y 关联的子图。

定义 5.26　连接$\langle x,y\rangle$对相邻节点输出的承输因子：

$$\mathrm{Sup}_O\langle x,y\rangle=\sum_{[x,y]\in\langle x,y\rangle}\mathrm{Sup}_O[x,y],\ \ x,y\in\mathbf{N} \tag{5.58}$$

定义 5.27　连接$\langle x,y\rangle$对相邻节点输入的承输因子：

$$\mathrm{Sup}_I\langle x,y\rangle=\sum_{[x,y]\in\langle x,y\rangle}\mathrm{Sup}_I[x,y],\ \ x,y\in\mathbf{N} \tag{5.59}$$

定义 5.28　连接$\langle x,y\rangle$在管网中的承输因子：

$$\mathrm{Sup}_G\langle x,y\rangle=\sum_{[x,y]\in\langle x,y\rangle}\mathrm{Sup}_G[x,y],\ \ x,y\in\mathbf{N} \tag{5.60}$$

5.4.2　气田管网流量平衡条件

在约束条件中，首先考虑的是在任一时间区间内，所有集输节点上必须满足流量平衡条件，如式(5.61)所示：

$$Q_i^l-R_i^l-F_i^l-\sum_{j\in I_i}q_{ij}^l=0 \tag{5.61}$$

式中，Q_i^l 为井站气源在节点 i 的第 l 个时间区间的供气量(直接供应量)；R_i^l 为节点 i 在第 l 个时间区间用户用气量；F_i^l 为管网在节点 i 的第 l 个时间区间内的压力消耗造成的气流量消耗；I_i 为节点 i 相邻的节点标号的集合；q_{ij}^l 为管段 ij 中在第 l 个区间的气流量。

5.4.3　气田管网天然气流动规律方程

气井地层渗流规律[124]方程如式(5.62)所示：

$$P_{Ri}^2-P_{\mathrm{wf}i}^2=\alpha_iQ_{\mathrm{sc}i}+\beta_iQ_{\mathrm{sc}i}^2\quad 或\quad Q_{\mathrm{sc}i}=C_i(P_{Ri}^2-P_{\mathrm{wf}i}^2)^n \tag{5.62}$$

天然气井筒垂直管流方程如式(5.63)所示：

$$P_{\mathrm{wf}i}^2 = P_{\mathrm{wh}i}^2 \mathrm{e}^{\frac{0.0683\gamma_{\mathrm{g}}H}{TZ}} + 1.324\times10^{-18}\frac{f\left(TZQ_{\mathrm{sc}i}\right)^2}{d_i^5}\left[\mathrm{e}^{\frac{0.0683\gamma_{\mathrm{g}}H}{TZ}} - 1\right] \tag{5.63}$$

式中，$P_{\mathrm{wh}i}$ 为天然气井筒垂直管气压。

天然气通过节流针阀(气嘴)的流动方程如式(5.64)所示：

$$Q_{\mathrm{sc}i} = \frac{4.066\times10^3 P_{1i} d_i^{\,2}}{\sqrt{\gamma_{\mathrm{g}}TZ}}\sqrt{\left(\frac{P_{2i}}{P_{1i}}\right)^{\frac{2}{K-1}} - \left(\frac{P_{2i}}{P_{1i}}\right)^{\frac{K+1}{K}}\frac{K}{K-1}} \tag{5.64}$$

天然气在集输管道中的流动可以采用 Weymouth、Panhandle-A、Panhandle-B、Beggs-Brill、Integrated 以及修正的 Beggs-Brill 方程等多种方程进行描述，考虑到新场气田集输管网为气田内部管网，由于线路短以及制管工艺因素影响，选择 Weymouth 方程计算可得

$$Q_{\mathrm{sc}j} = 0.0037\frac{T_j}{P_j}d^{2.667}\left[\frac{P_{1i}^2 - P_{2i}^2}{\overline{Z}\gamma_{\mathrm{g}}L_j\overline{T}}\right]^{\frac{1}{2}} \tag{5.65}$$

式中，T_j 和 P_j 分别为第 j 条管线起点入口处天然气温度(K)和压力(MPa)值；$\overline{Z}$ 和 $\overline{T}$ 分别为第 j 条管线各处采样点天然气压缩系数和温度均值(K)。

上述式(5.62)～式(5.65)中各符号代表的意义，如表 5.1 所示。

表 5.1　符号说明

符号	意义	符号	意义
i,j	下标，$i,j\in\mathbf{N}$	$Q_{\mathrm{sc}i}$	气井产气量(万 m³/d)
C_i	天然气价格(元/m³)	$Q_{\mathrm{sc}j}$	地面输气量(10⁴m³/d)
P_{Ri}	地层压力(MPa)	T	天然气温度(K)
P_{1i}	节流前压力(MPa)	α_i	层流效应系数(10⁻⁴MPa · d/m³)
P_{2i}	节流后压力(MPa)	K	天然气绝热指数
f	摩阻系数	β_i	紊流效应系数((10⁻⁴MPa · d/m³)²)
L_j	输气管线长度(km)	d_i	输气管线内径(m)
Z	天然气压缩系数	γ_{g}	天然气相对密度
$P_{\mathrm{wf}i}$	井底流动压力(MPa)	H	气井井口至产层中部深度(m)

5.5　社会服务最经济运行协调优化调度算法

5.5.1　分解-协调引理

引理 5.1　在可行社会服务最经济运行网中，t 时刻任何一个可行服务流对应的服务元组空间 DS 一定可以划分为若干个路径集(path set)、流值 $x^t(v)$ 可知的(稳定)路流服务元组(path service tuple)和若干个(稳定)环流服务元组(cycle service tuple)，如式(5.66)所示：

$$x^t(v) = \sum_{\substack{i_0 \in S_{\mathrm{p}} \\ j_0 \in S_{\mathrm{i}}}} x^t_{\mathrm{Path}(i_0, j_0)}(v) + \sum_{i_1 \in T_{\mathrm{r}}} x^t_{\mathrm{Cycle}(i_1, i_i)}(v) \tag{5.66}$$

并有：非零路流服务元组对应的有向路径从一个(或多个)源节点指向一个(或多个)汇节点；至多有 $m+n$ 个路流服务元组和环流服务元组为非零流，且其中至多有 m 个环流服务元组为非零流，其中 m 是 N 中的节点数目，n 为 N 中边的数目。

证明　记可行流为 x^t，设 i_0 是可行服务流网中的一个源节点，则存在弧$(i_0, i_1) \in A$ 使得 $x_{i0,i1} > 0$。如果 i_1 是网络中的一个汇节点，则找到了一条从一个源节点指向一个汇节点的有向路径；否则从 i_1 出发，重复上述过程，直到找到一个汇节点或再次遇到前面已经经过的某个顶点时，即直到下列两种情况之一出现。

情况 1：找到一条从一个源节点 i_0 指向一个汇节点 i_k 的有向路径 Path，如式(5.67)所示：

$$v^t(\mathrm{Path}) = \min\{d_{i_0}, -d_{i_k}, \min\{x^t{}_{i,j} \mid (i,j) \in \mathrm{Path}\}\} \tag{5.67}$$

如果 $\dfrac{\partial \mathrm{Sp\_rate}(x^t_{\mathrm{Path}(i_0,i_k)}(v))}{\partial t} \approx C_P$ (其中 C_P 是可由用户根据需求设定的一个路服务经济指标常数)，则构造了一个流值为 v^t(Path)、路径集为 Path 的非零(稳定)路流服务元组(Path_Service_Tuple)。将其写入 DS 中，如式(5.68)所示：

$$\begin{aligned}&[\mathrm{out}(\mathrm{Path\_Service\_Tuple}(v^t(\mathrm{Path}))).P, \mathrm{DS}] \to \\ &[P, \mathrm{DS} \oplus \mathrm{Path\_Service\_Tuple}(v^t(\mathrm{Path}))]\end{aligned} \tag{5.68}$$

此时，在网中重新定义，如式(5.69)～式(5.71)所示：

$$d_{i_0} = d_{i_0} - v^t(\mathrm{Path}) \tag{5.69}$$

$$d_{i_k} = d_{i_k} + v^t(\mathrm{Path}) \tag{5.70}$$

$$x_{ij} = x_{ij} - v^t(\text{Path}), \quad \forall (i, j) \in \text{Path} \tag{5.71}$$

否则：从源节点 i_0 重新开始，如果 i_0 遍历完毕，则重新从另一源节点 i_0' 开始，即 $i_0 = i_0'$。

情况 2：找到一个有向环 Cycle，如式(5.72)所示：

$$v^t(\text{Cycle}) = \min\{x_{ij} \mid \forall (i, j) \in \text{Cycle}\} \tag{5.72}$$

如果 $\dfrac{\partial \text{Sc\_rate}(x^t_{\text{Cycle}(i_1,i_1)}(v))}{\partial t} \approx C_C$ (其中 C_C 是可由用户根据需求设定的一个环服务经济指标常数)，则构造了一个流值为 v^t(Cycle)、路径集为 Cycle 的非零(稳定)环流服务元组(Cycle_Service_Tuple)。将其写入 DS 中，如式(5.73)所示：

$$\begin{aligned} &[\text{out}(\text{Cycle\_Service\_Tuple}(v^t(\text{Cycle}))).P, \text{DS}] \to \\ &[P, \text{DS} \oplus \text{Cycle\_Service\_Tuple}(v^t(\text{Cycle}))] \end{aligned} \tag{5.73}$$

此时，在网中重新定义，如式(5.74)所示：

$$x_{ij} = x_{ij} - v^t(\text{Cycle}), \quad \forall (i, j) \in \text{Cycle} \tag{5.74}$$

否则：从源节点 i_0 重新开始，如果 i_0 遍历完毕，则重新从另一源节点 i_0' 开始，即 $i_0 = i_0'$。

对重新定义的网，重复上述过程，直到所有顶点变成转运点(平衡点)。然后，对重新定义的网找到一个至少有一条出弧上的流量为正的顶点，继续重复上述过程，这时只有情况 2 会出现，即获得一个非零(稳定)环流服务元组，重复上述过程，直到定义的流 x 成为零流，最后可以按照汇节点对路流服务元组进行合并。

由问题的实际意义，易知：当 N 中的所有节点均为自耗节点时，才会出现至多有 m 个环流服务元组为非零流的情形；同理当 N 中的所有节点均为自耗节点，且均是源节点和汇节点时，才会出现 $m+n$ 个路流服务元组和环流服务元组为非零流的情形。其中 m 是 N 中的节点数目，n 为 N 中边的数目。

证毕。

上述引理是将 Ford-Fulkerson 的流分解算法[125,126]推广到多源、多汇的情况，并加入了时间片 t 因素对流服务稳定性约束，这在实际应用中显得非常重要。例如，在气田采输管网调度过程中，保证天然气的平稳采输是一个重要的技术指标。在正常情况下，如果管网中总有频繁的大流量变更，可能会增加生产成本，引起流量控制类设备的损坏，严重的会造成生产秩序的混乱，带来不必要的经济损失。

根据上述引理的构造性证明，得到一种 MEC-SCOS 的分解协调算法。下面结合气田采输管网调度的应用实例，对 MEC-SCOS 的分解协调算法进行详细阐述。

5.5.2　分解-协调算法

对于非零路气流服务，气井或井站是服务提供方，天然气用户是服务申请方，集输站场或管线等是服务的约束条件或中介；而非零环气流服务是一种特殊的自产自销式(或消耗式)服务。

算法在实际操作中，要遵循“大者优先”原则，其具体解释为先高压管线气井组，后低压管线气井组；产气量大的气井所在进气点优先，按产气量对进气点建立一个源节点集合 InitSet(Gas-Station, S_p)；输气量大的管线所在管道优先，按输气量对管线建立一个管线容量约束矩阵 InitNetFlux(vedge[i][j])；用气量大的用户所在输配站点优先，按用气量对用户(或输配站)建立汇节点集合 InitSet(Gas-User, S_i)，输配站集合 InitSet(Tran-node, T_r)。

```
Algorithm for MEC-SCOS
  {
InitSet(Gas-Station, Sp);
 //初始化源节点、汇节点、传送节点集合
InitSet(Tran-node, Tr);
InitSet(Gas-User, Si);
InitNetflux(X, the flux constraint of vedge[i][j]);
//初始化管线流量约束矩阵
InitPathSet();
InitCycleSet();
//初始化路径服务和环服务集合
InitDS();
//初始化面向服务的元组空间
while (GetNode(Sp, &i0)≠∅)do {
PUSH(Path, i0);
k=1;
GetNode(Si∪Tr, &ik);
while (xi0,ik≠0) do {
   if (ik∉Path) then Push(Path, ik)
       else {
          Cycle←Path;
       v(Cycle) = min{xij |∀(i, j) ∈ Cycle};
```

$$\text{if }\left((v^t(\text{Cycle}) = 0) \,\|\, \left(\frac{\partial \text{Sc\_rate}(x^t_{\text{Cycle}(i_1,i_1)}(v))}{\partial t} \approx C_c\right)\right)\text{then exit;}$$

```
[out(Cycle_Service_Tuple(vt(Cycle))).P, DS] → [P, DS ⊕ Cycle_Service_
Tuple(vt(Cycle))];
```

```
while (i, j∈Cycle) do
 // 搜索从 i0 到 ik 的环服务
x_ij = x_ij - v^t(Cycle);
print(Cycle);
PathSet = PathSet ∪ Cycle;
Cycle = ∅; }
        if  ik∈ Si then {
           print(Path);
         v^t(Path) = min{d_i0, -d_ik, min{x_i,j |(i, j) ∈ Path}};
if ((v^t(Path) = 0) || ∂Sp_rate(x^t_Path(i0,ik)(v))/∂t ≈ Cp) then exit;
d_i0 = d_i0 - v^t(Path);
d_ik = d_ik + v^t(Path);
[out(Path_Service_Tuple(v^t(Path))).P, DS] → [P, DS ⊕ Path_Service_
Tuple(v^t(Path))];
     while (i, j∈Path) do
//搜索从 i0 到 ik 的路径服务
          x_ij = x_ij - v^t(Path);
PathSet = PathSet ∪ Path;
Path = ∅; }
                   else { i0← ik ;
                          k=k+1;
                          GetNextNode(Si ∪ Tr, &ik);}
   }
  if (∃i0 ∈ Sp && Σ_{ik∈Tr∪Si} x_{i0,ik} = 0) then Delete-Node(Sp, i0);
 //删除没有输出流的源节点
  if (∃j0 ∈ Si && Σ_{ik∈Tr∪Sp} x_{ik,j0} = 0) then Delete-Node(Si, j0);
 //删除已满足条件的汇节点
 if (∃tr0 ∈ Tr && Σ_{ik∈Tr∪Sp} x_{ik,tr0} = 0 && Σ_{ik∈Tr∪Si} x_{tr0,ik} = 0) then Delete-
Node(Tr, tr0);
 //删除满负载的传输节点
}
}
```

由于 MEC-SCOS 的分解-协调算法是在 2F 算法基础上增加了时间维，采用邻接表作为基本存储结构，空间复杂度为 $O((N+E)\,T)$，时间复杂度为 $O(|N|^2|E|)$，其中 N 是网中节点数，E 为网中边数。

MEC-SCOS 路气流服务与环气流服务协调分解的物理意义是：所有的非零环流之和就对应于整个管网的实时动态储气量 D_Q；源节点对所经路径求和即是其对应井站最优合理产气量 P；汇节点对所经路径求和即是其对应(用户)的最佳供气量 Q。

5.5.3　算法实例

图 5.5 是某气田气井(站)集输网络物理模型示意图(为简化问题，只考虑几个典型的井站：Source1 在 t 时刻的采气工作制度是 20(气量单位是 10^6/d)，Source2 在 t 时刻的采气工作制度是 8(气量单位是 10^6/d)，Source3 在 t 时刻的采气工作制度是 6(气量单位是 10^6/d)；两个用户 Sink1 在 t 时刻的用气工作制度是 17(气量单位是 10^6/d)，Sink2 在 t 时刻的用气工作制度是 14(气量单位是 10^6/d)；6 个集输站点或称为阀室：Tran-node1、Tran-node2、Tran-node3、Tran-node4、Tran-node5、Tran-node6；相关的管线分布如图 5.5 所示。那么，如何合理安排调度方案，才能保证气田管网的安全经济运营呢?

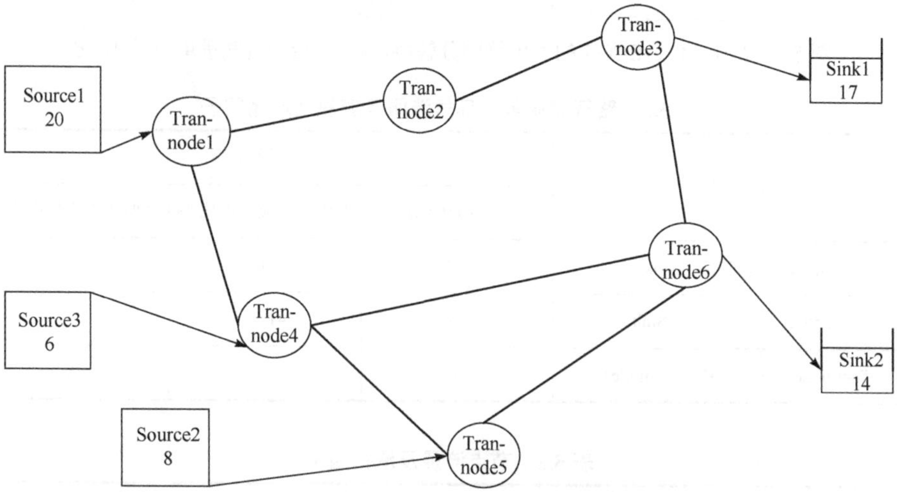

图 5.5　某气田气井(站)集输网络物理模型示意图(气量单位是 10^6/d)

5.5.4　算法运行结果

图 5.6 是基于 MEC-SCOS 的数字气田采输管网分解协调的调度结果。整个气田管网的气流分解协调为两个路气流服务(Source1 ⇢ Sink1 和 Source2、3 ⇢ Sink2，采输流量分别为 17(气量单位是 10^6/d)、14(气量单位是 10^6/d))以及一个环气服务流(Tran-node1 ⟶ Tran-node2 ⟶ Tran-node3 ⟶ Tran-node6 ⟶ Tran-node4 ⟶ Tran-node1)。其中 Sink3 为一个虚拟的汇节点，表示相

应的环气流服务对天然气的消耗，即管网的自耗气流量，其消耗流量为 3(气量单位是 10^6/d)。各个路气流服务、环气流服务和节点的承输因子分别如表 5.2 和表 5.3 所示。

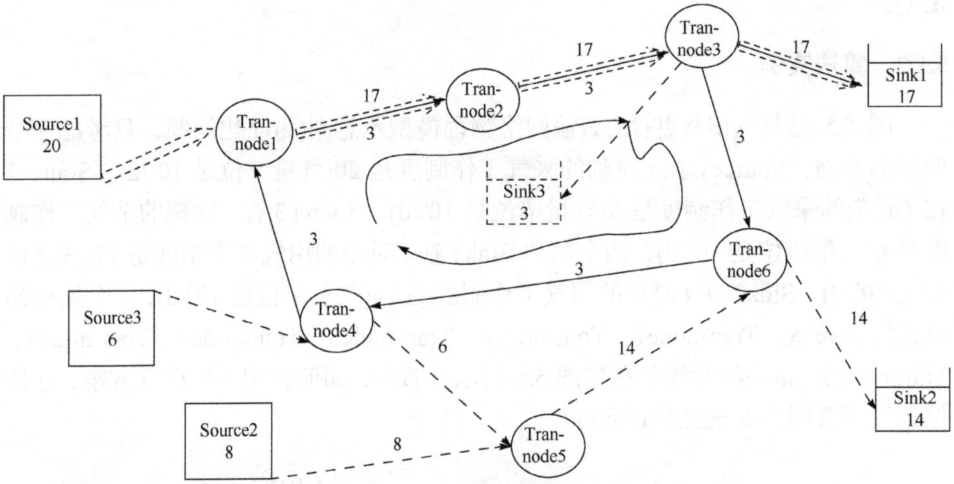

图 5.6 基于 MEC-SCOS 的气田管网分解协调的调度结果(气量单位是 10^6/d)

表 5.2 路气流服务、环气流服务流量及承输因子

服务名称	流量及占比		
	流量/(10^6/d)	路服务供应量占比/%	环服务供应量占比/%
Source1 ⇢ Sink1	17	50	—
Source2、3 - - - -→ Sink2	14	41.12	—
Tran-node1 ——→ Tran-node1	3	—	8.88

表 5.3 节点流量及承输因子

节点名称	流量及占比			
	流量/(10^6/d)	供气比/%	用气比/%	传输率/%
Source1	20	58.82	—	—
Source2	8	23.53	—	—
Source3	6	17.65	—	—
Sink1	17	—	50	—
Sink2	14	—	41.18	—

续表

节点名称	流量及占比			
	流量/(10^6/d)	供气比/%	用气比/%	传输率/%
Sink3	3	—	8.82	—
Tran-node1	20	—	—	58.82
Tran-node2	20	—	—	58.82
Tran-node3	20	—	—	58.82
Tran-node4	9	—	—	26.47
Tran-node5	14	—	—	41.18
Tran-node6	17	—	—	50

5.5.5 应用效果

1) MEC-SCOS 与案例匹配、专家推理的效果比较

停气检修，管网输气的总进气量减少，根据天然气调度管理工作流程，运用 MEC-SCOS 模型进行气田管网调度分析，与文献[124](我国油、气田现有的方法)中提出的利用决策支持系统进行案例匹配、专家推理两种方法的实验数据对比分析结果，如表 5.4 所示。

表 5.4 三种方法处理 Source3 停气的管网调度结果对照(气量单位：10^6/d)

站点		处理方法及误差							
		正常情况	故障后	案例匹配		专家推理		MEC-SCOS	
				结果	误差	结果	误差	结果	误差
进气点	Source1	35	196.9	200	3.1	200	3.1	198.7	1.8
	Source2	362	0	0	0	0	0	0	0
	Source3	100.5	91.1	105.93	14.83	107	15.9	92.6	1.5
	Source4	298	344.2	337.04	−7.16	398	53.8	350.9	6.7
	Source5	306	397.2	390	−7.2	400	2.8	395.3	−1.9
	Source6	85.3	79	85.84	6.84	100	21	92.5	13.5
	Source7	61.4	67	61.3	−5.7	81.4	14.4	70.2	3.2
	小计	1248.2	1175.4	1180.11	4.71	1286.4	111	1200.2	24.8

续表

站点		处理方法及误差							
		正常情况	故障后	案例匹配		专家推理		MEC-SCOS	
				结果	误差	结果	误差	结果	误差
用气户	Sink1	182.5	160.5	182.5	22	180	19.5	178	17.5
	Sink2	129.9	129.3	122.3	−7	129.9	0.6	130.1	0.8
	Sink3	134.7	149.2	131.26	−17.94	134.7	−14.5	145.9	−3.3
	Sink4	195.3	164.3	189.13	24.83	195.3	31	158.6	-5.7
	Sink5	108.7	83.2	100.43	17.23	97.3	14.1	90.2	7
	Sink6	88.9	87.3	80.6	−6.7	88.9	1.6	86.3	−1
	小计	840	773.8	806.22	32.42	826.1	52.3	789.1	15.3
合计		408.2	401.6	373.89	−27.71	460.3	58.7	411.1	9.5

注：表中的数值符号“−”或省略的“+”分别表示供气量“小于”或“大于”需气量。

从表 5.4 可以看出，运用 MEC-SCOS 进行数字气田采输管网协调优化调度(调度总误差为 9.5(气量单位是 10^6/d)，比起案例匹配、专家推理两种方法，总体调度经济指标有较大的改善)，无需大量的历史案例，也可减少专家推理过程中大量的人工参与，而且根据式(5.47)～式(5.60)，相关承输因子的计算结果，能对管网整体采输气量影响的大小做出判断，可方便地识别出气田管网中(井站—阀室—管线—集输站点—用户)的关键服务(流)，从而加以重点监护，并且克服了案例匹配的不足，为调度专家科学决策提供可视化依据。此外，MEC-SCOS 算法本身就是从子服务(流)协调动态产生的角度设计的，所以也便于气井工作制度的制定和生产调度指令的快速下达。

案例匹配成功的情况下，调度总误差绝对值为 27.71(气量单位是 10^6/d)。根据故障地点、故障类型、最近时间、事故处理周期等匹配条件，选用距离最近的一天 Source3 发生故障这一案例，通过人机对话，对重要节点的参数根据实际情况调整后进行了匹配。其特点是需要大量的多种工况下的历史案例，适合于常规事故的处理，对于突发事故，难以匹配成功。

专家推理调度总误差为 58.7(气量单位是 10^6/d)。根据人机对话，选取气源事故、Source3、停气检修这条专家知识，对所涉及的需要调整的气源、用户，可根据实际生产情况重新进行优先级别的排列或改变相关条件值进行推理。其特点是精度高，但需要大量的人工参与，不适合于应急调度。

2) MEC-SCOS 与 ReO 的效果比较

MEC-SCOS 与油气田行业专用软件工具 ReO 生成的气田管网正常优化调度

方案的仿真结果对比表明(图 5.7)，两者数据相差不大，压力差值在 0～0.4MPa，节点流量的吻合情况更好，说明 MEC-SCOS 生成的数字气田可视化管网正常优化调度方案是可信的，能够指导气田的生产。

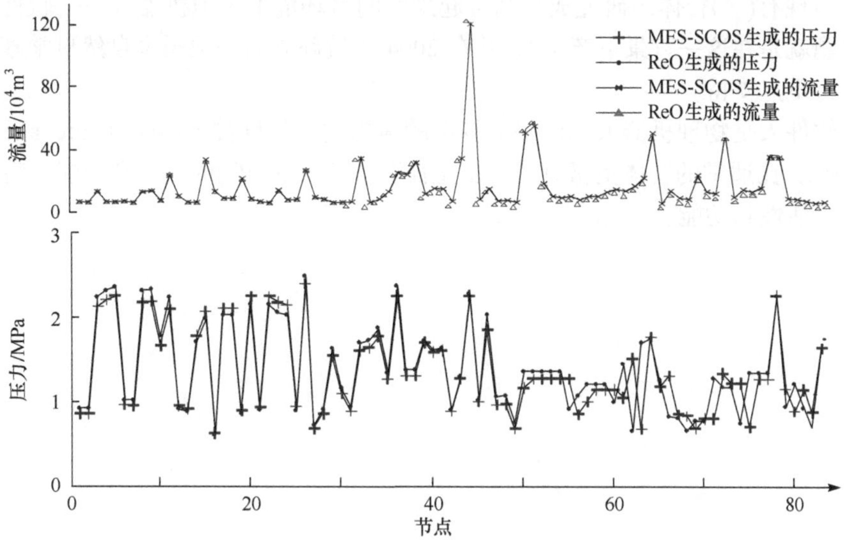

图 5.7　MEC-SCOS 与 ReO 软件生成的调度方案仿真对比结果

值得注意的是，MEC-SCOS 克服了 ReO 的一些不足：ReO 是离线仿真工作方式，参数设置多，只有少数高级专业人员才会使用，并且生成调度方案的时间周期长(需要几周)，很难适用于气田管网实时生产调度；而 MEC-SCOS 模型生成气田管网正常优化调度方案是在线工作模式，界面友好，普通工作人员就会使用，可实时生成调度方案，非常适用于气田管网的正常优化调度，与此项研究相关的科技攻关项目已通过科技部的验收，目前运行情况良好。

3) 相关工作分析

从群体协调问题的本质来看，任务的分配、调度应是一致、连贯的，而合同网协议割裂了任务间的联系，使得解决方案比较片面，协调性能和任务完成的质量达不到最优，并且增大了任务失败的可能性。GPGP 是以任务环境为分析中心的协调理论的一个重要实现，它很好地实现了该理论的可计算性，具有领域无关性和可扩展性，然而，GPGP 也有不足之处，即没有考虑任务联盟和群体效应，也没有提供语义层次的互操作。

纵观多智体领域中的协调机制研究，它们大都专注于理论模型的建立，智体的功能模型相对固定和单一，一旦任务剧增，则难以应付。因此，系统需要智体具有“克隆”功能，即复制一个相同或功能相似的智体，来处理异常情况。此外，当业务变动时，很难适应变化的环境，随着时间的推移，系统就会变得不好用或不可用，所以需要为此添加进化功能；在进行“克隆”的同时，应具有一定的遗传性和变异性，可把智体的优点继承下来，而把不适应系统的功能去掉，优胜劣汰，才能保证系统的常青性。于是，自然想到：能否将人工生命、人工社会研究方法与现有(多)智体的研究成果结合起来？网络环境下虚拟机器人——软件人研究课题就是在这一背景下产生的,并在 2004 年被确立为一项国家自然科学基金项目进行重点支持。

软件人是物理机器人在网络世界中的虚拟化，是软件智体(software agent)的发展[41]，比通常的智体更富有“人工生命”(artificial life)的活性和功能，特别是拟人的活性和功能。

第6章 社会服务协调智能异常应急调度研究

社会服务异常应急调度是一个复杂的认知过程[128,129]，例如，气田管网调度涉及油气开发、储运集输等相关知识的综合利用和知识的多层次融合以及知识的创新，这一过程可作为复杂大系统或复杂网络控制问题。基于大系统智能管理的理论和方法，刻画气井生产数据流程，建立数据跟踪体系，分析纠正生产数据，发现异常；通过分析历史生产数据，建立气田管网应急调度的科学体系和相应典型案例，为调度决策提供科学依据。按照大系统的目标和调度任务要求，根据资源和环境条件，实现管网应急调度的最优化、协调化、智能化。

6.1 社会服务协调智能异常应急调度系统总体结构

基于案例树智能构建与检索的社会服务智能协调异常应急调度系统由知识管理子系统和案例推理子系统两部分组成，如图 6.1 所示。

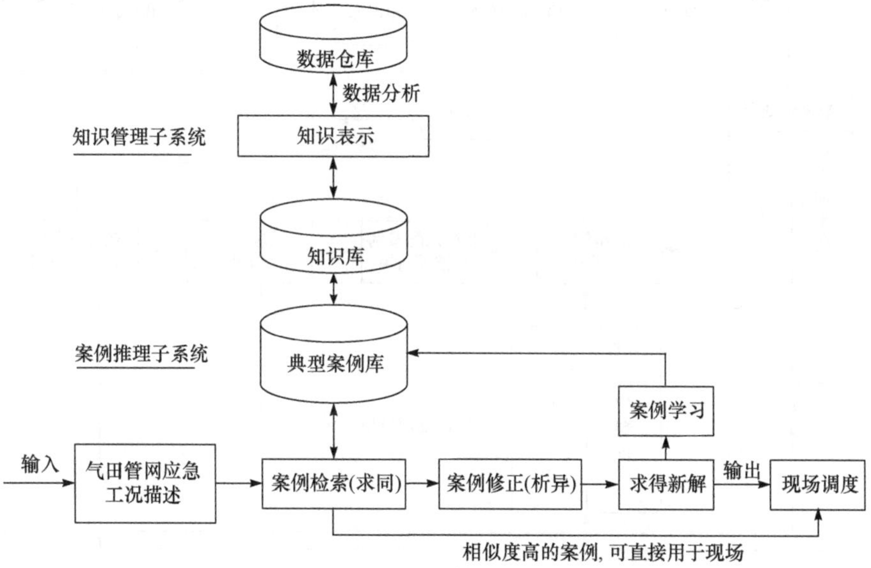

图 6.1　基于案例树推理社会服务应急调度的系统结构

图 6.1 中，知识管理子系统对存放在社会服务信息系统数据仓库中的有关社会服务安全应急调度的大量原始数据进行分析和挖掘，使这些原始数据能表达成知识的形式，存储在知识库中。知识库既表达为案例库的形式，存放各种类型的经济运行安全应急调度案例；同时也作为社会服务运行调度知识管理系统，为用户提供有关社会服务安全应急调度的辨识和测度。

案例推理子系统主要完成社会服务应急调度案例的推理过程，是系统的核心部分。它根据社会以往的服务运行状况和发生的社会服务安全应急调度，对当前欲求解的新问题提供可能解。案例推理子系统的基本功能结构如图 6.2 所示。

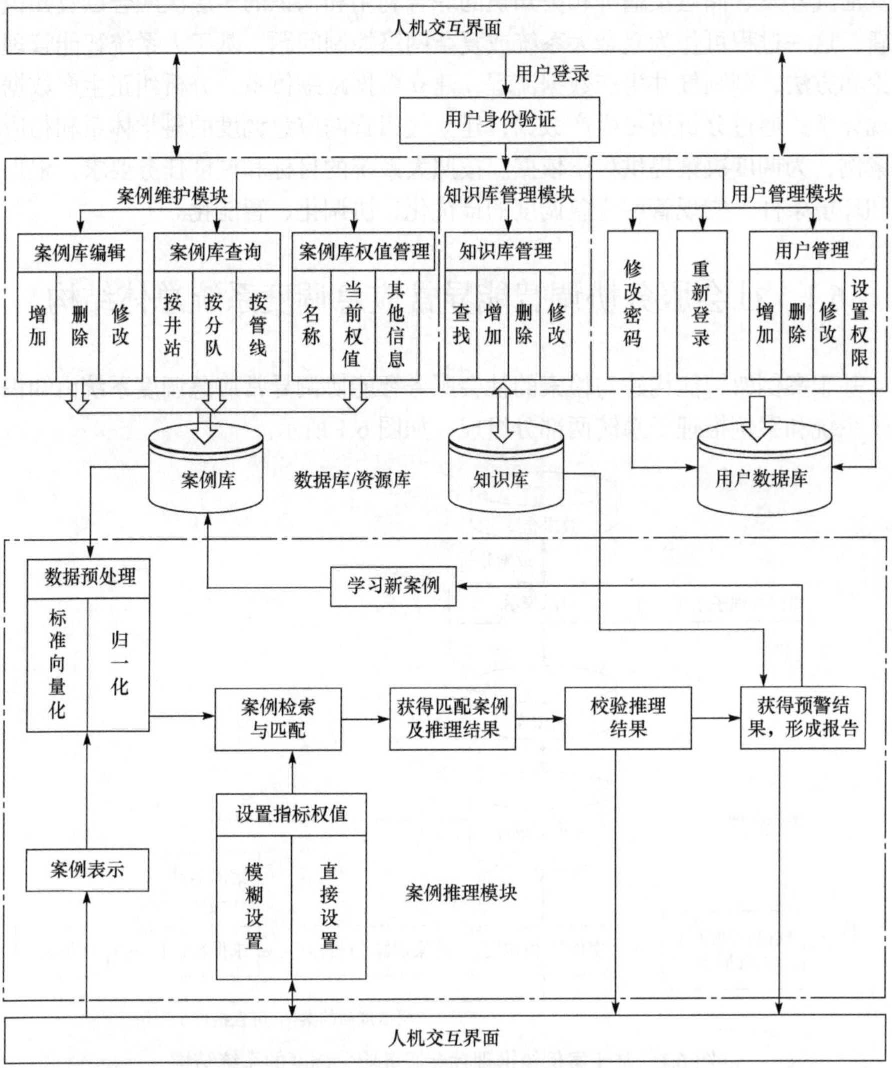

图 6.2　案例推理子系统的基本功能结构示意图

在图 6.2 中，第一个点画线框中所列子系统聚焦于系统的基础服务，具体包括案例维护模块、知识库管理模块和用户管理模块。其中，案例维护模块主要完成对社会服务应急调度案例库的管理和维护工作，有效的案例管理能显著提高案例推理的效率和质量。知识库管理模块主要用来存储和查询气田各类社会服务应急的对策，既可供案例维护模块和案例推理模块进行深层开发，也可满足各类用户共享有关社会服务应急调度管理信息的需要。在图 6.2 中，第二个点画线框中所列案例推理模块用来完成案例推理的全部流程，属于系统的核心模块，直接关系到气田能否成功对社会服务应急进行调度。

6.1.1　案例的搜集和整理

案例推理的成效很大程度上取决于案例库的规模和库中案例的质量。因此，构建基于案例树智能推理的社会服务应急调度系统，首要问题是建立包括大量社会服务应急调度案例的案例库，存储较为完备的有关社会服务安全应急调度的知识和信息，并对案例进行必要的分析和整理。从时间序列分析，社会服务应急调度的出现经历了“潜伏期”、“发作期”和“恶化期”；从空间要素分析，社会服务应急调度源于气井、井站和管线等几个方面。只有依据社会服务安全应急调度形成的时间序列和空间要素，构建一个四维时空的案例搜集和分类体系，才能在扩大案例库容量的同时优化所存储案例的质量，全方位、多角度地监测管网运行情况。

6.1.2　社会服务智能协调异常应急调度案例的知识表示

采用框架法的知识表示方法来表示社会服务安全应急调度案例，如表 6.1 所示。

表 6.1　应急调度案例结构框架

应急调度案例编号：××××	(应急调度案例的名称)框架名：××××
槽 1. 安全应急调度信息描述 侧面 1：应急调度发生的背景； 侧面 2：应急调度简介； 侧面 3：应急调度发生时的气田管网内外部环境	
槽 2. 安全应急调度特征描述 侧面 1：应急调度的警情(指标 1；指标 2；…)； 侧面 2：应急调度的警源(指标 1；指标 2；…)； 侧面 3：应急调度的警兆(指标 1；指标 2；…)； 侧面 4：应急调度的警度(指标 1；指标 2；…)	
槽 3. 安全应急调度结果集 侧面 1：应急调度发生的过程； 侧面 2：应急调度延续的时间； 侧面 3：应急调度造成的损失	

续表

应急调度案例编号：××××	(应急调度案例的名称)框架名：××××
槽 4. 安全应急调度对策 侧面 1：应急调度的主要思路； 侧面 2：应急调度的层次； 侧面 3：应急调度的具体操作流程	

框架法的知识表示方法适合于将某特定时期的社会服务安全指标、行为知识和专家经验等有机结合起来。采用框架法的知识结构描述方法，将所搜集到的应急调度案例存储到一系列相互关联的数据库中，利用关系型数据库的索引技术，可以方便地建立案例索引。

根据社会服务网络运行的特点和社会经济调度专家日常调度及管理经验，从住户、楼层街道、社区、乡镇、县市逐级构建相应的应急调度案例库和专家知识库，然后利用智能信息推拉技术自底向上构建整个城市的应急调度案例库。

6.1.3　"求同"——案例树的智能检索

社会服务网络应急调度的关键是在案例库中检索到与当前求解问题"最相似"的案例，从而求得当前问题的警源、警兆、警度和防警对策等。因此，在确定了案例的知识表示方法以后，设置的检索方法是否适当，对于社会服务网络应急调度的成败至关重要。

在现有各种案例推理的检索算法中主要采用三种方法：最近相邻法、归纳索引法以及知识导向检索法。社会服务网络应急调度案例既没有突出的特征指标将管网预警案例聚类，并以决策树组织案例进行检索，也难以形成一系列完整的知识规则对案例进行区分以动态更改，与新问题匹配。

针对社会服务网络应急调度的特点，本节设计了一种集成知识导向检索与最近相邻法的智能检索的推理机制，具体的算法描述如式(6.1)所示：

$$\text{Similarity}(T,S)=\sum_{i=1}^{n} f(T_i,S_i)\cdot w_i \tag{6.1}$$

式中，T 是目标案例；S 是来源案例；n 是案例属性个数；i 是每个属性；f 是案例间属性的相似度函数；w_i 是属性 i 的权重；Similarity(T, S)是目标案例与源案例的总匹配度。

设置指标权重可以采用多种方法，如专家评判法、遗传算法、神经网络、粗糙集法等。本原型系统采用专家评判法作为指标权重设定的方法，主要是考虑到气田管网调度领域专家经验的重要性。在对当前欲求解问题的案例检索中，不同的属性指标权重对结果的影响程度各不相同。可采用德尔菲法或层次分析法

(AHP)，由专家根据经验确定各属性指标的权重，使案例的检索可以在一定经验知识的引导下进行。根据求解问题的各属性指标对案例库中现有案例的偏离度以及指标的权重，可计算得到该问题与案例库中现有的各个案例的综合偏离量。若求解问题与某个现有案例的综合偏离变量小于预先预定的阈值，则将现有的案例存储到优化后的案例集，对当前欲求解的新问题是否会发生引发管网运行安全应急预警提供可能解。

利用最近相邻法中的线性匹配计算公式计算相似度，如式(6.2)所示：

$$\text{Similarity}(T,S)=\sum_{i=1}^{n}\left(1-\frac{|T_i-S_i|}{2}\right)\cdot w_i \tag{6.2}$$

案例的推理过程就是案例的学习和调整过程,它是实现管网应急调度的核心。

6.1.4　构建社会服务网络平稳监测案例与预警的指标体系

在形成社会服务网络平稳监测与预警信息之前，必须借助一套灵敏的统计指标体系，即监测与预警指标体系，并取得系统运行状态的资料。在对这些资料进行加工分析的基础上，探测随着采输进程的推进，管网采输平稳的变化趋势，寻求相应的对策。选择原则有：综合性，即要求预警指标具有高度的概括性，能准确灵敏地反映社会服务网络供需平稳问题，揭示社会网络服务供需平稳本质；互补性，即要求指标体系内的各个指标能相互联系、相互补充，一个统计指标往往只能描述某一方面，因此预警指标要真正起到“显示器”、“指示灯”的作用，就必须互为补充，客观全面地反映社会网络服务供需平衡，揭示各问题之间的内在联系；可操作性，即要求每一指标都能有精确的数值表现。

下面以数字气田管网采输调度为例，进行详细剖析。

在监测与预警指标体系的选择原则上，综合考虑了指标的综合性、互补性和可操作性，确定管网采输平稳监测与预警的指标体系。该指标体系由七个指标构成，分别为采输处日采气量、管网日用气量、高压管网日实时运行压力(高压管网中主要的几个干线)、高压管网日实时运行流量(高压管网中主要的几个干线)、低压管网日实时运行压力(低压管网中主要的几个干线)、低压管网日实时运行流量(低压管网中主要的几个干线)、采输处每日输差(几个重要的输差监测点每日数据)。

随着采集输井站和用户不断增多，以及天然气管网的不断延伸、扩张，天然气采输配管网系统内部的采输差越来越难以控制。由于不能随时监控整个管网系统的运行状况，当每日采气量与输气量出现较大差异时，往往不能及时判断哪一条管线或与哪一个用户之间出现了采输差,这不仅造成了计量人员工作上的被动，还可能蒙受难以估计的经济损失。

图 6.3 和图 6.4 是某气田管网一段时间内两个路气服务流(Source1 ----► Sink1 和 Source2、Source3 ------► Sink2)的采输平稳评价曲线，能方便地给出每个服务流对系统整体可靠性的影响大小，从而克服了气田采输管网传统可靠性评估方法的不足，这可以为寻找影响输差的潜在因素以及为输差控制提供决策依据。

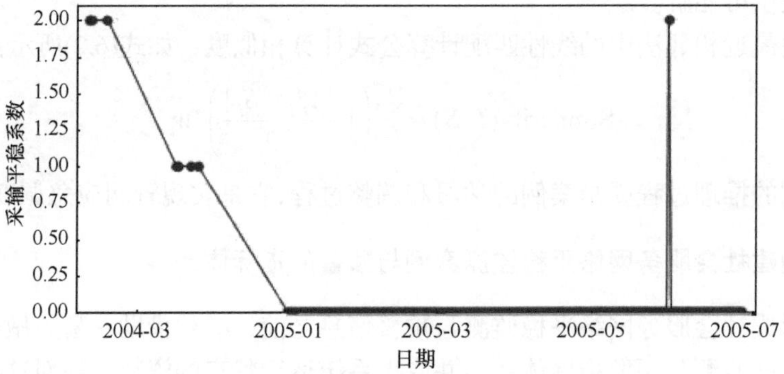

图 6.3　数字气田管网采输平稳评估机制(按月份)

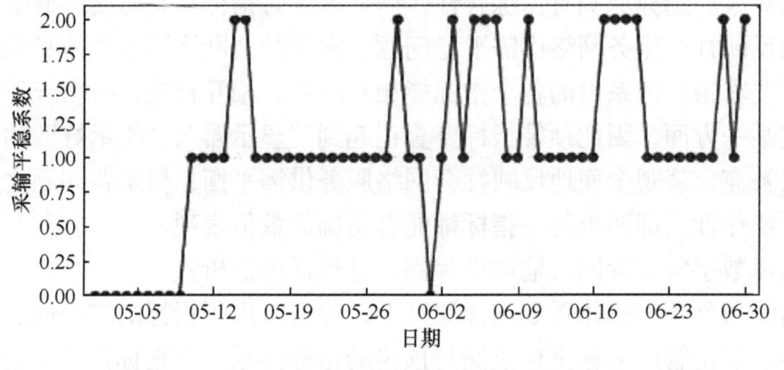

图 6.4　数字气田管网采输平稳评估机制(按天)

6.1.5　“析异”——案例的调整策略

案例推理的学习是指从案例库中不断获得新知识和改进旧知识的过程。一般来说，比较容易解决的问题通过系统自学习完全可以得出新问题的解，案例推理的学习分为成功学习和失败学习两种。若检索后的相似案例的解经过调整或修正，能够作为当前欲求解问题的解，则视为推理成功[130]。若当前欲求解问题与旧案例的最大相似度高于预先设定的阈值，则当前欲求解的问题案例不加入案例库中，否则作为新案例加入案例库中(即成功学习)；反之，若当前欲求解问题与旧案例的最大相似度低于预先设定的阈值，或最大相似度高于预先设定的阈值，但相似案例的解不适合作为当前欲求解问题的解决方案，则视为推理不成功。虽然推理不完全成功，但能给出当前欲求解问题的近似解或次优可接受解，则将当前欲求解的问题作为新案例加入案例库中，否则不加入案例库中(即失败学习)。

利用最近相邻法中的语义距离计算公式计算差异度，如式(6.3)所示：

$$\text{Difference}(T,S)=\sqrt{\sum_{i=1}^{n}w_i\cdot(T_i-S_i)^2} \tag{6.3}$$

系统检索到的案例一般与实际要解决的问题并非完全一致，这需要对备选案例进行调整，分析其差异。当系统匹配出一系列相似案例时，就会选择一个较高相似度的案例来调整，从而得到实际问题的解。案例调整的成功与失败需要借助评价函数来验证。若一个硬性约束不能被修补或评价函数非常低，则案例的调整是失败的，此时需要对案例做进一步修补，案例只有通过不断地调整与修补才能适用。

6.2　基于案例树联想推理的事故应急调度推理模型

6.2.1　解决思路

本系统根据气田实际生产环境的动态性和多目标性，提出一种基于智能自律分散系统分解-协调应急调峰方案[131,132]。它将系统分解并且模块化，把整个气田生产分成各个不同的环节(或模块)，然后对需要重新变更计划调度的环节进行快速分析，将案例推理和专家知识两者有机地结合起来，制订出合理的计划调度方案，从而较好地解决上述气井生产工作制度的问题。

在气井生产中，获取最大利润和保证安全生产的最大目标、合理优化的计划调度策略是保证气田取得上述目标的关键。当一个气井确立了其工作制度后，就按照预先设定计划方案进行生产。然而，在实际生产环境中，气井生产系统经常受外部随机事件的干扰，如设备故障、地质条件变化、管网运行状态等。如何及时调整计划，制定合理的优化调度策略，使气井生产尽快按照预先的计划调度策略完成任务，是当前气田生产急需解决的问题。

6.2.2　应急调度推理模型的两级结构

气田管网(复杂大系统)S 根据生产流程与组成管网的各部分的功能分解成一定数量的子网(各采气分队所属区片子系统) $S_i(i=1,2,\cdots,N)$ 。对规模小、参数向量少的子网(各采气分队所属区片子系统)局部求解。因为各子网(子系统)S_i之间相互关联，单独优化的解不等于总体的最优解，而且还可能相互间有冲突。为此，引进协调向量 $G_i(x_1,x_2,\cdots,x_n)$ ，用 $S_i(G_i(x_1,x_2,\cdots,x_n))$ 代替 S_i。

基于智能自律分散系统分解-协调基于案例树联想推理的气田管网应急调度(CTAR-PES)调峰系统由基础级和协调级两级组成，如图 6.5 所示。

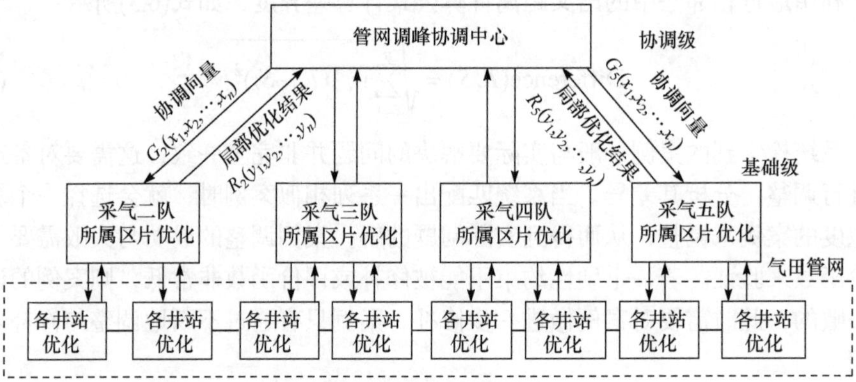

图 6.5　基于智能自律分散系统分解-协调的 CTAR-PES 调峰中的两级结构

这样，基础级(第一等级)在给定的协调向量 $G_i(x_1, x_2, \cdots, x_n)$ 下，独立地求各子系统的最优解，优化结果送至上一级。

第二等级是协调级，为解决各子系统相互间配合，调节协调向量 $G_i^{k+1} = G_i^k + \Delta G_i^k$。此时不必顾及各系统具体模型。经过多次迭代计算，使协调参数达到 G_i^*，系统满足

$$[S_1(a), S_2(a), \cdots, S_n(a)]\Big|_{a=G_i^*}$$

的解为大系统 S 的解。

6.3　基于案例树联想推理的事故应急调度实现算法

6.3.1　CTAR-PES 计算存储结构

管网调峰的计算机存储结构采用“树”结构，其定义与描述采用“树”的递归定义。

程序段 6.1：

```
GasNetTree={
{
GatherGasTeam_SubTree1,
Knowledge Base
},
{
```

```
GatherGasTeam_SubTree2,
Knowledge Base
},
{
GatherGasTeam_SubTree3,
Knowledge Base
},
{
GatherGasTeam_SubTree4,
Knowledge Base
},
{
TransportGasTeam_SubTree5,
Knowledge Base
}
}。
```

其中，Knowledge Base 表示气田管网调峰调度的相应节点的知识库，存放相应管理层的调度知识和下级节点的实时调峰能力及具体调峰方案；管网调度管理“树”中各相邻层节点间遵循智能自律分散系统的智能数据驱动和消息传送机制；“树”中每个节点具有“自律”功能。

6.3.2 CTAR-PES 核心算法

CTAR-PES 分解-协调调峰方案如图 6.6 所示。

CTAR-PES 分解-协调调峰方案生成算法如下。

(1) 自底向上构建管网调峰“管理树”FromBottomShape(SchedulingTree)。

① 气井工作制度调整跟踪机制。

```
/*为气井建立相应的气井跟踪历史表*/
/*根据气井跟踪历史表分析与总结，实时向上级节点推送本气井的产气调整范围*/
HistoryAnalisys(GasWellProduceSchedule);
IntelligentPUSH(GasWellNodeSchedulingRange);
```

② 井站供气能力跟踪与自我评价机制。

```
/*实时总结与分析本井站所辖气井的调峰能力与相应的方案*/
/*向上级节点推送 */
SumUP(AllGasWell,SchedulingData);
IntelligentPUSH(SchedulingData);
```

③ 片区调峰能力实时预估。

```
/*实时总结与分析本片区所辖气井站的调峰能力与相应的方案*/
```

```
/*向上级节点推送*/
SumUP(AllGasStation,SchedulingData);
IntelligentPUSH(SchedulingData);
```

④ 井队所辖子管网的气量调增、调减能力与相应方案申报制度。

```
/*实时总结与分析本队所辖片区的调峰能力与相应的方案*/
/*向上级节点推送*/
SumUP(AllGasArea,SchedulingData);
IntelligentPUSH(SchedulingData);
```

⑤ 川西管网的调气能力实时预估。

```
/*实时总结与分析川西采输处所辖管网的调峰能力与相应的方案*/
/*形成调峰方案*/
SumUP(AllGasSubNet,SchedulingData);
Procedure(NetGasSchedulingPlan);
```

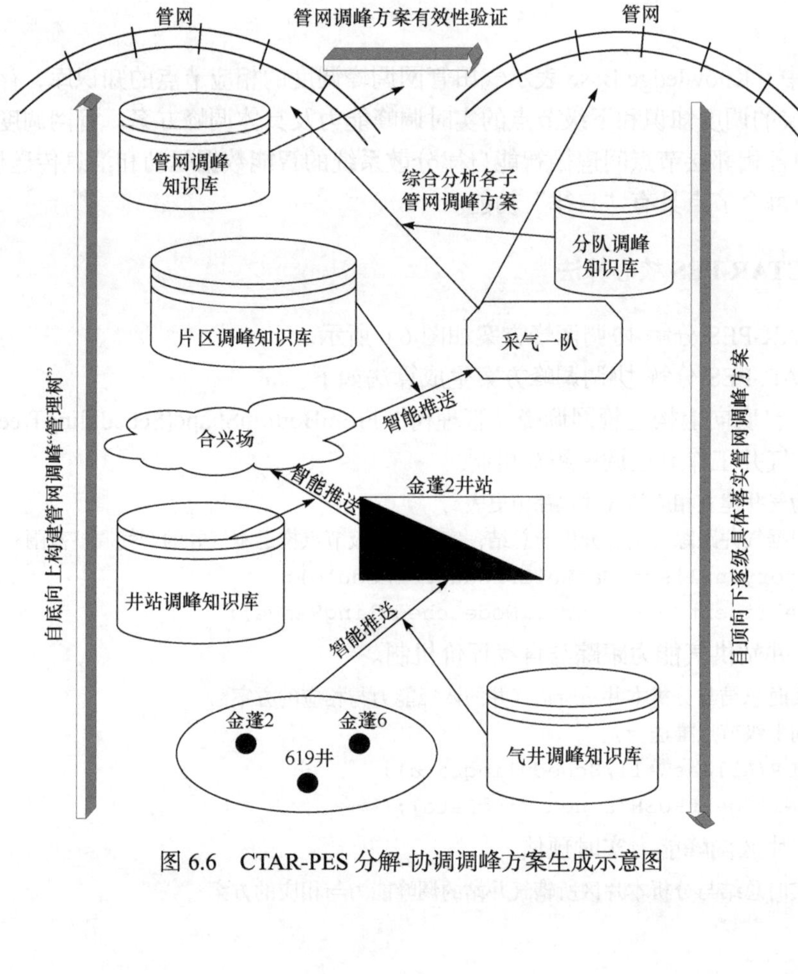

图 6.6　CTAR-PES 分解-协调调峰方案生成示意图

(2) 应用 MEC-SCOS 算法证实管网调峰方案的有效性。

```
ProveRight(NetGasSchedulingPlan);
```

(3) 自顶向下逐级具体安排与落实管网调峰方案。

```
FromUPCarryOut(NetGasSchedulingPlan);
```

6.3.3　应急调度实现流程

基于案例树联想推理的管网应急调度系统构建机制如图 6.7 所示，流程如下。

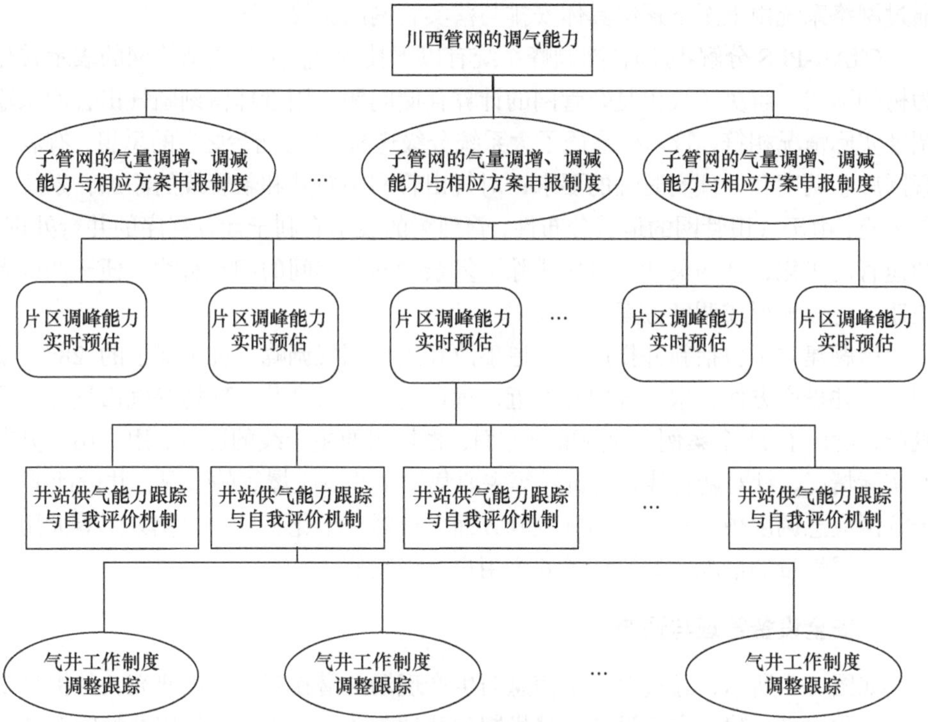

图 6.7　基于案例树联想推理的分解-协调管网调度示意图

首先，气井工作制度调整跟踪机制为每个气井建立相应的气井跟踪历史库，库表结构(表 6.2)包括井号、所属片区、所属分队、原工作制度、调增量、调减量、原因等，根据气井自身的分析与总结，实时向上级的节点(井站)推送本气井的产量调整范围。

表 6.2　气井跟踪历史库表结构

井号	所属片区	所属分队	原工作制度	调增量	调减量	原因	日期	备注

然后，井站通过供气能力跟踪与自我评价机制，实时总结与分析本井站所辖气井的调峰能力，向上级节点(片区)推送本井站可调整的产气量范围。

接着，片区实时分析与总结所管辖范围内井站的调峰能力，并形成片区的调峰方案，向上级节点(分队)推送。

分队再根据下级节点推送的调峰能力，实时分析形成分队自身的调峰方案，并向上级节点(川西管网)推送。

最后，通过实时总结与分析各分队的调峰能力，形成总的调峰调度方案，并通过网络系统由上至下逐级具体安排与落实管网的调峰方案。

CTAR-PES 分解-协调管网调峰系统有以下技术优点：将复杂管网的表示转化为树的形式，解决了气田复杂管网的计算存储问题；用管理树刻画气田管网采输调度实际情况相符，管理树渗透了大系统分级递阶、“分而治之”的思想，有利于管网应急调度和处理实时性的要求；对气田管网中新井和新管线的添加，系统容易扩充；由于气田管网的地域分布性，管理树的表示有利于计算程序的并行处理，加速管网优化；结构灵活，自然排除了复杂管网节点间的相互影响，便于调度者快速、有效地形成调度方案。

课题建立了包括新井投产、管道事故和用户用气调峰三种工况下的 28 个案例。新井投产方面，根据气田开发近、远期规划，对马井、新场等气田气井大量投产，设计了 11 个案例；管网事故方面，根据川西主干线的连接、用户用气分布的实际情况，针对新青线、新黄线等主要集输干线发生爆管的情况，共设计了 11 个管网应急调度预案；用户用气调峰方面，针对美丰化工厂、川化集团等大用户调减不同气量的情况，共设计了 6 个用户调峰案例。

6.3.4 安全设备管理与预警

如图 6.8 所示，通过对安全信息与生产现场的潜在安全隐患研究，从提高安全信息化水平、建立安全设备预警机制和井站应急三方面提高气田井站安全辅助决策能力。

气田生产现场很多设备属于强制性安全检定设备，包括安全阀、分离器等，通过将设备检定记录信息保存到计算机，并通过智能判断，对设备强检时间报警，可以杜绝压力容器超期服役，加强检定的准确性。建立了防雷装置检测、安全阀检定、压力容器检测等的信息电子记录与报警判断。

通过每天自动搜索井站设备仪器信息库，当发现设备的使用期限已到时，发出设备更换的通知，当发现设备的检修日期已到时，发出设备检修通知，以实现对生产、安全设备使用时间超限等安全隐患的自动报警。

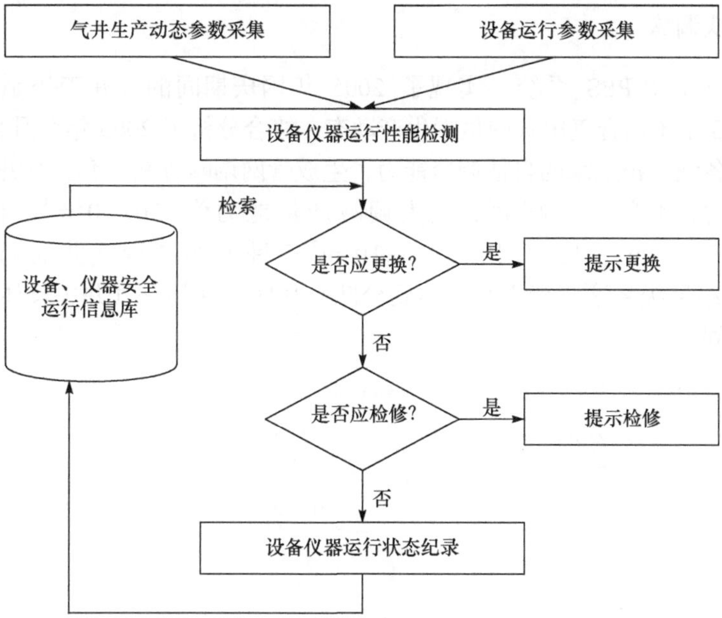

图 6.8　设备报警识别机制图

6.4　应用实例

6.4.1　新井投产

下面以马井气田新井投产 20 万 m^3 气量为例，检验基于案例树推理的管网应急调度结果的可靠性。

基于应用试点建立案例库，通过案例树推理技术，生成“马井气田新井投产 20 万 m^3 气量”的调度结果，即由于马井气田进气节点邻近大用户，新井投产对整个管网系统压力影响不大，整个川西管网气量增加 $18\times10^4m^3/d$。

气源调度方案为新井投产后，分别往青白江方向的气量增加 $12\times10^4m^3/d$，往彭州方向的气量增加 $8\times10^4m^3/d$。其中：玖源化工供气量增加 $2\times10^4m^3/d$，美丰化工厂供气量增加 $3\times10^4m^3/d$，广汉华雒供气量增加 $1\times10^4m^3/d$，广汉天然气公司供气量增加 $0.7\times10^4m^3/d$，龙莽二分厂增加 $0.5\times10^4m^3/d$，齐福站高补低增加 $0.5\times10^4m^3/d$，齐福站输彭州方向的量减少 $1\times10^4m^3/d$，彭州站往军乐阀室反输 $0.5\times10^4m^3/d$，齐福站到彭州站沿途供气量增加 $3\times104m^3/d$，彭州供智捷化工厂气量增加 $2\times10^4m^3/d$，彭州供成煤的量增加 $1.5\times10^4m^3/d$，134 输旌阳天然气公司增加 $2.5\times10^4m^3/d$。

6.4.2 国庆调峰

利用 CTAR-PES 系统，实现了 2005 年国庆期间的气井工作制度调峰。CTAR-PES 系统结合气田管网最近生产动态，综合分析了 2005 年 9 月 29 日由气井到分队各级呈报上来的自估调峰能力，生成管网调峰方案三套。气井已达到最大生产能力，无产量上调空间；最大调减产量能力为 $20\times10^4m^3$，根据实际情况按 $10\times10^4m^3$、$15\times10^4m^3$、$20\times10^4m^3$ 三种方案进行气井的调峰调度，并通过网络逐级将这三套方案下达到分队—片区—井站—气井去具体执行各自的调峰计划。

第 7 章　社会控制正常优化与异常应急协调机制研究

从本质上看，社会服务优化控制与异常应急协调机制应归属于控制系统的自稳定性、自适应性及自组织性方面的研究问题的具体化。

7.1　基于知识的社会正常优化与异常应急自稳定协调控制

自稳定调度系统(self-stabilization scheduling system，SSSS)，是具有“自稳定”特性，能在对象特性、环境条件不确知、不确定的情况下，自动寻找稳定运行状态的调度系统，也可称为“自寻稳定”调度系统，或“自稳定”调度系统。

生物控制系统，特别是人体控制系统，能够适应某些环境条件的变化，保持系统的正常的、稳定的生理状态，具有自稳定特性。在控制论、生物控制论、工程控制论中，对生物控制系统的自稳定、自适应机理进行过研究，并试图将这些概念引用到工程控制中来，设计和建造工程的自稳定、自适应系统。

因此，为了实现协调智能调度系统的稳定化，需要研究非传统的稳定性分析与综合的新方法、新技术。基于知识的正常优化与异常应急调度自稳定协调系统原理如图 7.1 所示。

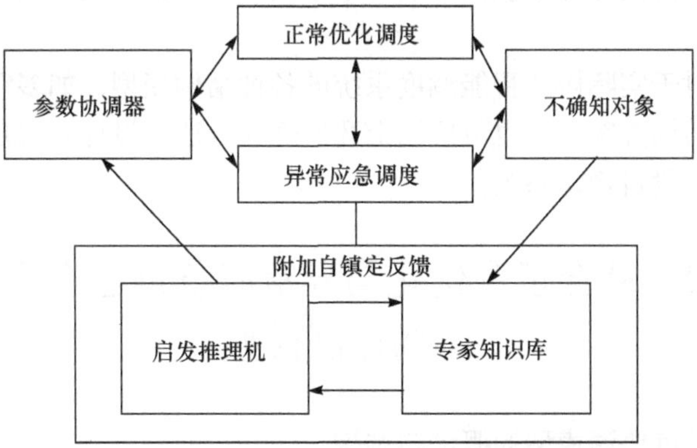

图 7.1　基于知识的正常优化与异常应急调度自稳定协调系统原理

为了将上述基于知识的启发搜索(启发推理)自稳定原理应用于协调智能调度系统，可根据协调智能调度系统的控制结构方案，分不同层次或级别进行自稳定递阶控制。

协调智能调度系统普遍采用递阶控制结构方案，例如，二级递阶控制系统的自稳定递阶控制，如图 7.2 所示。

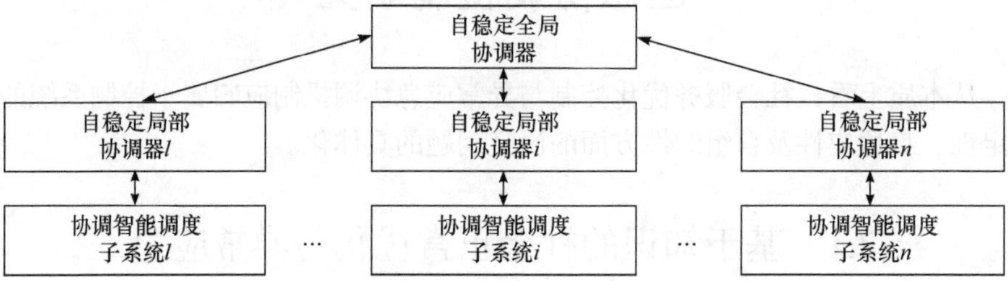

图 7.2 协调智能调度系统自稳定递阶控制

7.1.1 自稳定局部协调器

对下级各子系统($i=1,2,\cdots,n$)分别应用基于知识的启发搜索自稳定原理，设计相应的自稳定局部协调器，自动寻求各子系统的局部稳定状态。由于子系统规模较小，有助于简化自稳定局部协调器的设计与实现，提高自稳定递阶控制启发搜索的成功概率，缩短寻稳过程时间。

7.1.2 自稳定全局协调器

上级采用自稳定全局协调器，利用关于协调智能调度系统协调原则、协调策略的感发知识，对基本协调器的可调参数进行启发搜索，在各子系统局部实现自稳定的基础上，寻求协调智能调度系统的全局稳定状态，实现协调智能调度系统的全局自稳定。协调器并不直接控制各子系统，因此自稳定协调器的设计和实现也得以简化。

类似地，对于实际协调智能调度系统的各种结构变型，如多级控制、多层控制、多段控制结构方案等，也可应用上述原理和方法，设计和实现多级自稳定、多层自稳定和多段自稳定系统。

7.2 社会正常优化与异常应急自适应调度协调控制模型

7.2.1 自适应调度协调模型的概念与结构

自适应的概念来自生物科学，主要指生物，特别是人，在外部环境和条件变化的情况下，保持生物内部环境稳定与生理状态正常的性能，是生物控制系统的优越性之一。

学者在控制论、生物控制论中研究了机器和生物控制系统的适应性问题。在工程控制论、控制理论中研究了工程控制系统中的自适应控制系统[31,36]。

自适应调度系统能在其运行环境或条件变化的情况下，保持调度系统稳定及调度功能正常。其中，自适应调度器能适应被调度对象及环境条件的变化，修正调度器的参数或结构，以保持调度系统的稳定性和正常调度功能。

在协调智能调度系统中，主要研究基于调度对象的数学模型、自适应控制器的设计方法与实现技术，以及自适应控制系统的分析与综合问题。

这里，我们的兴趣是将自适应的概念引入复杂调度系统广义模型化中，研究自适应协调智能调度模型的问题。

自适应调度模型的概念是具有拟人自适应功能的模型，自适应调度模型能在调度对象特性或模型运行环境条件变化的情况下，修正模型的结构或参数，保持模型与调度对象的拟合程度正常。

因此，自适应调度模型应具有两方面的适应能力：①适应与跟踪调度对象特性的变化；②适应模型运行环境条件的变化。

这里的“运行环境条件”是指：除被调度对象，其他影响模型的外界因素，如模型的目的和用途、模型的评价准则、建模信息来源及干扰等。

对于同一个调度对象，不同的目的和用途，可采用不同的模型，如定性模型或定量模型。对模型拟合程度的要求也有所不同，如不同精度、不同粒度。

7.2.2　自适应调度协调模型的结构方案

自适应调度协调模型的一般结构方案如图 7.3 所示。自适应调度模型由三部分组成：

(1) 模型本体。模型本体可以是数学模型、知识模型或网络模型，都应是可修正的，如数学模型的参数或表达式结构可校正，知识模型的知识库可增、删、改，网络模型的连接系数或拓扑结构可调整。

(2) 适应器。适应器接受拟合度的反馈信息与环境条件变化的信息，制订适应策略与方法，对模型本体进行修正，以保持模型与调度对象的拟合度最好或满意，即拟合误差最小或在许可范围之内，且符合环境条件的新要求。

(3) 拟合度评估。根据模型的目的和用途，以及对模型精度、粒度的要求，采用公认的或用户认可的评估准则，对模型与调度对象的输出的拟合度进行评估，给出拟合度的评估结果，如拟合误差的数据，拟合度高，拟合误差小；反之，拟合误差大，拟合度低。

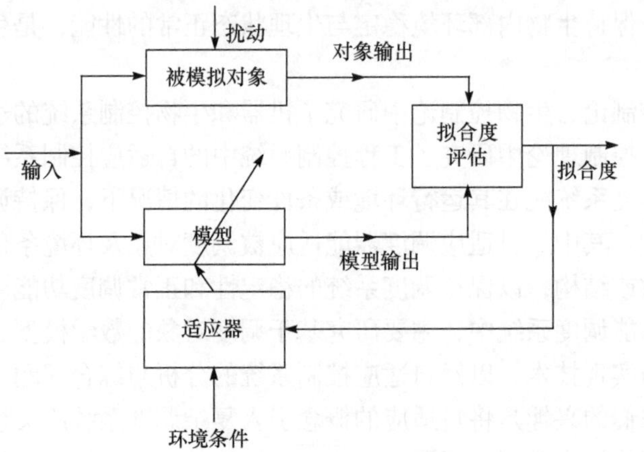

图 7.3　自适应调度协调模型的一般结构方案

对于数学模型，其输出有定量数据，拟合度评估可给出定量结果，如拟合误差数值。对于知识模型，其输出为定性推理结论，这时拟合度的评估可采用模糊评判、专家评分等方法。

在图 7.3 中表示的被模拟对象，可以是人或物，也可以是控制者或调度对象，其输出受对象特性变化及扰动的影响。

7.2.3　自适应调度协调模型的方法与类别

为了使模型具有适应性能，需要研究下列三方面的方法：

(1) 调度对象及环境信息获取方法。当调度对象及环境是被动系统时，如机器设备，采用辨识和观测的方法获取信息，自动观测或人工观测调度对象的输出或状态及环境条件的影响因素，可以用在线、实时的观测、辨识，也可以用离线、非实时的观测、辨识，经过滤波、整形、变换后，获得有用信息。

当调度对象及环境是主动控制系统(人或人群)时，如专家或专家组，可以采用人机交互式或专家调查方法获取信息，如德尔菲法。

(2) 模型与调度对象的拟合度评估方法。当模型本体为数学模型或网络模型时，其输出为定量数据，则可采用拟合误差作为拟合度评估的依据，利用系统辨识(system identification, SI)中的有关方法进行评估，如最小二乘法。

当模型本体为知识模型或网络模型时，其输出为定性结论，如关于疾病诊断的结论及处方意见。这时，可采用模糊评判或专家评分方法进行拟合度评估。

(3) 模型的修改或校正方法。当模型本体为数学模型时，如传递函数、状态方程(微分方程或差分方程)、代数方程等，可以采用类似于自校正调节器或控制器的方法，对模型的参数或结构进行校正，例如，改变传递函数中的传递系数、时间常数或积分、微分、延时作用，改变状态方程中 A、B、C、D 矩阵元素的数值或矩阵的阶次、非零元素的分布特性。

若模型本体为知识模型，如产生式系统的知识库，则可以利用知识库管理系统，通过知识同化、知识顺应技术，对规则库、事实库进行增、删、改。必要时，也可修改产生式系统的控制策略。

若模型本体为神经网络模型，如多层感知机模型，则可以调整突触连接的权系数、神经元模型的动作阈值或改变突触连接的拓扑结构、感知机的层数。

根据上述讨论，自适应调度协调模型的类别如图 7.4 所示。

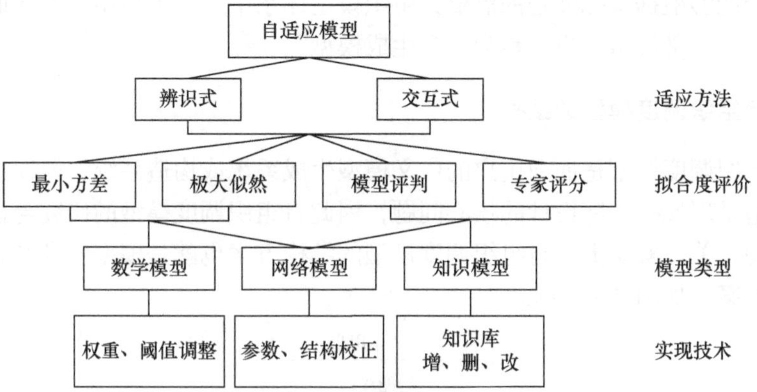

图 7.4　自适应调度协调模型的类别

7.3　社会正常优化与异常应急自组织调度模型

7.3.1　自组织与自组织调度模型

自组织是生物有机体的重要特性和功能。事实上，生物的生长、发育过程就是典型的自组织过程，任何活的生物有机体，都是具有自组织功能的生物控制系统[36]。

自组织，就是系统自行提高其组织化程度的过程，组织化程度的提高意味着系统中各种元件、部件相互关系更紧密，各元、部件的运动更有秩序，即有序度提高，混乱程度降低。而有序化程度的提高，有助于系统整体功能的实现，有序化是面向系统的整体活动目的而进行的自组织过程。

例如，人的神经系统就是典型的自组织系统。神经突触连接的可塑性，其连接强度可变，因此神经网络具有柔性结构，其突触连接方式是灵活的，连接的紧密程度是可变的。当某个神经网络处于非工作状态时，例如，当人处于睡眠状态时，眼睛的视网膜神经网络不工作，其神经突触连接方式是随意的，连接强度也较低，整个网络的组织化程度、有序化程度都较低。而当眼睛注视某种景物或文字、图像时，视网膜神经细胞之间的突触连接方式和强度，将根据所注视的目标的模式的需要，进行有序化的调整，以便将目标模式映射在视网膜上，即视网膜神经网络中的各种神经细胞，按视网膜的有目的活动的需要，而组织起来。

这里将自组织概念引入复杂调度系统模型化中，是为了解决广义模型的自组织问题，即模型构造问题。例如，集成模型的自组织问题，根据用户对实际问题的求解需要，将适用的数学模型、知识模型、结构模型集成起来，构造面向用户问题的广义模型。

自组织调度模型，就是具有自组织功能的模型体系或模型系统。自组织调度模型系统能够根据实际问题的需要，组织模型体系中的有关模型，构成面向实际问题需要的广义模型，也可称为“自生成模型”。

7.3.2 自组织调度模型的结构

自组织调度模型是面向用户的广义模型生成系统或构造系统，而模型生成或模型构造是现代模型库设计的核心问题，因此自组织调度模型的研究与模型库的设计密切相关。实质上，自组织调度模型的结构方案也就是模型库及其管理系统的设计方案，如图 7.5 所示。

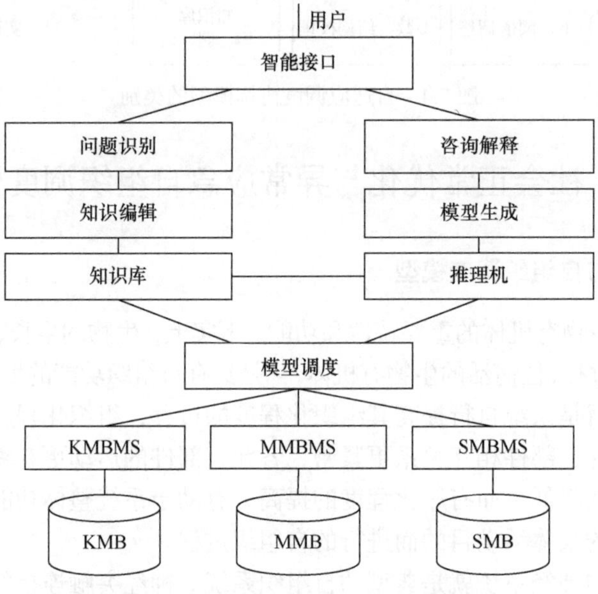

图 7.5 自组织调度模型结构方案

这里，知识模型是指用产生式规则、谓词逻辑等知识表达方法描述的知识模型，主要是定性知识。数学模型是指用各种数学方程，如微分方程、代数方程、差分方程、积分方程等，以及其他数学表达式描述的数学模型，主要用于定量分析，包括静态模型、动态模型。结构模型是指用图论中各种网络图、有向图或无向图，描述系统结构关系的网络模型，可描述定性关系，也可描述定量关系(赋值图)。当然，还可以包括其他模型，如神经网络模型。

在图 7.5 中，各符号表示的意义如下：

(1) KMB——知识模型库(knowledge model base)；

(2) KMBMS——知识模型库管理系统；

(3) MMB——数学模型库(mathematic model base)；

(4) MMBMS——数学模型库管理系统；

(5) SMB——结构模型库(structure model base)；

(6) SMBMS——结构模型库管理系统。

在图 7.5 所示的自组织调度模型设计方案中，核心部分是模型组织专家系统，它由下列部分组成：

(1) 知识库。用于存取和管理两方面的知识：①模型用途词典，包括各模型库中存储的模型名、用途、应用条件等知识；②问题求解方法，包括各种典型问题、基本问题求解的方法及可用的模型知识。

(2) 推理机。用于进行模型组织的推理，如模型与问题匹配，将待求解的问题与库中的模型进行匹配；模型的组合规划，即将适用于待求解问题的模型按问题求解规划进行组合。

(3) 问题识别。用于对用户的问题进行识别，将实际问题分解为基本问题或变换为典型问题，可通过智能接口用人机交互方式进行问题识别。

(4) 知识编辑。用于对知识库进行增删、修改、扩充、更新，通过知识同化与知识顺应，对知识库进行维护。

(5) 模型生成。用于根据推理结果，实现模型连接，生成面向用户实际问题的应用广义模型，并调用模型所需数据。

(6) 咨询解释。用于向用户提供关于模型应用知识的咨询服务，解释广义模型生成的依据及应用条件。

因此，上述自组织调度模型是由模型组织专家系统对模型库进行调度管理，生成用户的应用模型的广义调度模型系统。

7.4　社会正常优化与异常应急自诊断协调控制模型

贝叶斯网络被认为是目前非精确知识表达与推理领域内最有效的理论模型之一。Mahadevan 等将贝叶斯网络应用于结构系统的可靠性评估[133]。贝叶斯网络在电力(电网)系统已经有了成功的应用，例如，Yu 等建立了互联系统可靠性评估的贝叶斯模型，用来计算互联系统电力不足的概率[134]；文献[135]提出了一种双层同构贝叶斯网络模型进行配电网的可靠性评估和再评估。

充分考虑气田生产本身的特点，针对气田采输管网调度的实时性、动态性和复杂性，贝叶斯网络用于复杂大系统故障分析过程中存在的信息不完备和不确定性，当中间节点众多、依赖关系复杂时，求解难度会随着网络节点的增加呈指数级增加，成为 NP 困难问题，在前期工作的基础上[136]，本书将任务、资源的时间约束有效区间[最早开始时间，最晚结束时间]引入贝叶斯推理网络的最强依赖算法中，以便加快此类相关问题求解的运算速度[137]。仿真实验结果分析表明了系统及算法的有效性，可用于气田管网调度的生产实际中[138,139]。

7.4.1 协调智能调度故障自诊断网络结构

贝叶斯网络由网络结构和条件概率分布两部分组成。$B_s=(V,E)$是有向无环图(贝叶斯网络结构)，其中，V是节点集，节点 v_i 的值域记作 $\mathrm{val}(v_i)$；E 是有向边集；每一条边表示节点之间的直接依赖关系，而依赖程度由条件概率决定；每一个节点 v_i 都有相应于该节点的父节点(parent node)集 $\pi(v_i)$和条件概率分布表。在具体应用时，贝叶斯网络结构的构造是要根据具体问题的知识原理，将直接相互依赖的变量之间用有向线段连接，形成网络结构；贝叶斯网络的条件概率分布表可以通过专家指定或通过学习得到。贝叶斯网络是满足 Markov 条件的，即若节点的父节点取值状态给定，则该节点的取值将独立于所有非子孙节点。对于节点总数为 N 的贝叶斯网络，网络结构取决于如下一组条件独立性假设，如式(7.1)所示：

$$P(v_i \mid v_1,\cdots,v_{i-1},v_{i+1},\cdots,v_N)=p(v_i \mid \pi(v_i)),\quad i=1,2,\cdots,N \tag{7.1}$$

由此条件独立性假设及概率的链式法可知，联合概率分布如式(7.2)所示：

$$P(V)=\prod_{i=1}^{N} p(v_i \mid v_1,\cdots,v_{i-1},v_{i+1},\cdots,v_N)=\prod_{i=1}^{N} p(v_i \mid \pi(v_i)) \tag{7.2}$$

若给定条件满足独立性假设，并且各节点在其父节点所有可能取值下的条件概率分布已知，则可以求出联合概率分布。

贝叶斯网络根据问题自身特点和变量之间直接影响的局部性，使用条件独立性的假设，把对联合概率测度的计算或确定，分解为对若干局部条件概率测度的确定。若限定每个节点最多有 k 个可能的父节点，而且每个节点最多有 m 个取值状态，则确定联合概率最多只要计算或指派 $N(m^k-1)$ 个概率，这样大大减少了计算量。

贝叶斯网络的每个节点 v_i 可以看成属性变量，每一条边表示两个节点间直接的单向概率依赖关系，依赖程度取决于条件概率的参数，两个节点没有边连接则表示两个节点没有直接的单向依赖关系。贝叶斯网络不仅是一个图模型，而且还是一种知识表达模型，语义清晰、易于理解。利用贝叶斯网络所确定的联合概率分布，可计算出任何感兴趣事件发生的概率，进行因果推理、诊断推理和支持推理。

用网络结构中的节点可以表示故障诊断领域中的故障征兆和故障原因，在节点间的有向连接弧表示征兆与原因之间可能的因果关系。故障征兆和故障原因的状态多为二元状态，即其取值只为 1 或者 0，分别表示相应的故障和征兆是否出现。故障原因和故障征兆各自构成两个样本集，且两个样本集中的元素是相互独立的，即故障之间或故障征兆之间无必然的因果关系。但是这并不意味着它们相互排斥，即一条天然气采输管线可以同时发生几种不同的故障，同样多个故障征兆的出现也是正常的。

根据故障征兆与故障原因之间的因果关系，可以用有向弧线将相关的节点联系起来，构成贝叶斯网络的有向无环图结构。图形化的结构可以更加清晰地表达领域专家对设备故障状态的认知，符合人类的思维形式。

贝叶斯每一节点都附有与该变量相联系的条件概率分布函数，若变量是离散的，则它表现为给定其父节点状态时该节点取不同值的条件概率表 CPT。CPT 表明了故障原因与故障征兆之间的概率依赖关系，是对故障诊断知识进行定量描述。由此可见，贝叶斯网络可以对故障诊断领域数据变量间潜在的关系进行定性、定量的描述，其图形结构指定了一组条件关系独立关系声明和用于刻画概率依赖强度的条件概率的数值。贝叶斯网络表示因果过程的总体结构，因此可看成拥有许多不同组合的一个抽象知识库。它的语义可以从两个方面来理解：其一是将网络看成一种联合概率分布的表示，即贝叶斯网络完整紧凑地表示了网络中各变量的联合分布概率：其二是将网络看成条件独立关系声明集合的一种表示。这两种观点实质上是等价的，而且在贝叶斯网络的表达、学习、推理算法中得到了统一。

下面来举个例子具体说明贝叶斯网络的推理原理。图 7.6 是一条天然气采输管线故障的贝叶斯网络图。

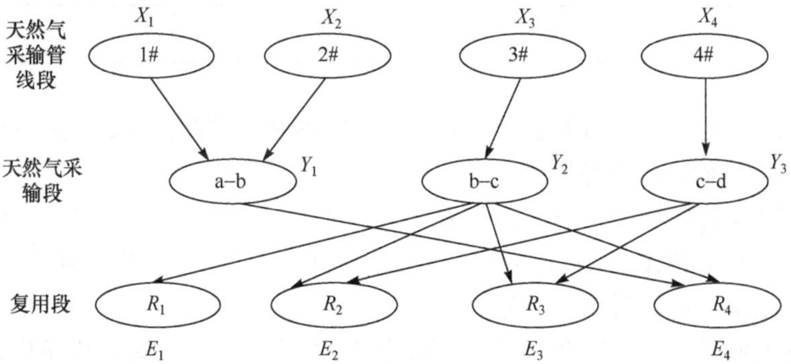

图 7.6　一条天然气采输管线故障的贝叶斯网络图

图 7.6 对应的先验概率、条件概率如表 7.1～表 7.4 所示。

表 7.1　天然气采输管线故障的先验概率

故障类型	设计内容不完善 X_1	设计错误 X_2	图纸供应不及时 X_3	设计规范使用不当 X_4
先验概率	0.02	0.02	0.04	0.005

表 7.2　天然气采输 Y_1 故障的条件概率表

X_1	X_2	Y_1 故障
故障	故障	0.95
故障	正常	0.95
正常	故障	0.95
正常	正常	0.1

表 7.3　天然气采输 Y_2 故障的条件概率表

X_3	Y_2 故障
故障	0.95
正常	0.1

表 7.4　天然气采输 Y_3 故障的条件概率表

X_4	Y_3 故障
故障	0.90
正常	0.1

例 7.1　在某个时间段内，天然气采输段 R_2 和 R_3 同时上报告警，指示 R_2 和 R_3 复用线路故障，求故障原因。

$$P(X_3 \mid e_3,e_4)=\alpha P(X_3,e_3,e_4)=\alpha P(X_3)P(Y_2 \mid X_3)P(e_3 \mid Y_2)P(e_4 \mid Y_2)=(0.99,0.01)$$

$$P(X_4 \mid e_3,e_4)=\alpha P(X_4,e_3,e_4)=\alpha P(X_3)P(Y_3 \mid X_3)P(e_3 \mid Y_3)P(e_4 \mid Y_3)=(0.88,0.12)$$

分析结果，可以看出，故障根源是 X_3。

根据上面的论述，以及天然气故障的状态信息及关联关系，以条件概率表示诊断过程中故障各状态之间、状态与故障原因之间的不确定性定量关系，建立了用于故障诊断的贝叶斯网络一般框架，如图 7.7 所示。它包括两个基本事件层，即故障征兆层、故障层，这两个事件层之间具有直接的因果关系。

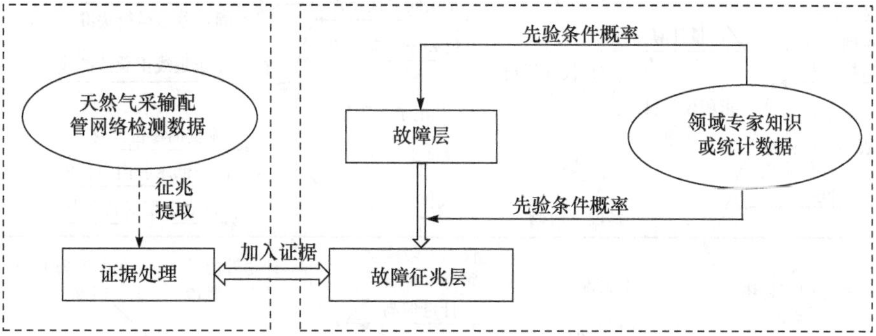

图 7.7　天然气故障模型

在确定好贝叶斯网络的拓扑结构后，需要解决的是利用贝叶斯网络进行故障诊断时的各种先验信息和证据的获取，结合图 7.7 可以做出如下说明：

(1) 贝叶斯网络所需的先验条件概率信息可以由该领域专家或者通过数据统计分析的方法给定。这是因为对于同一类设备，网络的条件概率值反映的是一种固有的因果信息。也就是说，网络不同层次之间的概率相关性较为稳定，它不会随着个体的差异而发生较大的变化。

(2) 贝叶斯网络推理时所需要的证据信息可以由对设备进行实时在线监测或者由便携式测试系统获取的设备运行状态数据中提取出来的特征，经过证据信息处理环节获得，也可以由现场技术人员给定。

可以看出，贝叶斯网络进行故障诊断需要设定的只是先验条件概率信息，而在这里先验条件概率信息主要来源于专家或者现场经验总结，它是从事天然气采输配管网络故障诊断的工作、科研人员长期学习与实践积累下来的宝贵知识，是对故障机理的描述和解释，类似于专家系统“知识库”中的诊断知识。图 7.8 是天然气采输配管网的故障鱼形图，图中线条的粗细表示发生故障的概率大小。在实际诊断过程中，专家和现场技术人员往往也是依据从机组运行状态中提取出来的特征数据来对机组状态做出判断的，这些特征数据即贝叶斯网络诊断时的证据信息。由此可以看出，用贝叶斯网络进行故障诊断完全符合人类习惯的思维方式。

7.4.2　用于协调智能调度故障诊断的时间约束型最强依赖推理算法

当贝叶斯网络结构和条件概率给定时，基于贝叶斯网络的概率推理算法就是在某些网络节点 V_e 的取值状态为 e 情况下，计算出其余节点各取值状态的概率分布，即要计算后验概率分布 $p(V\mid V_e=e)$。此时，称 V_e 为证据节点，e 是证据。采

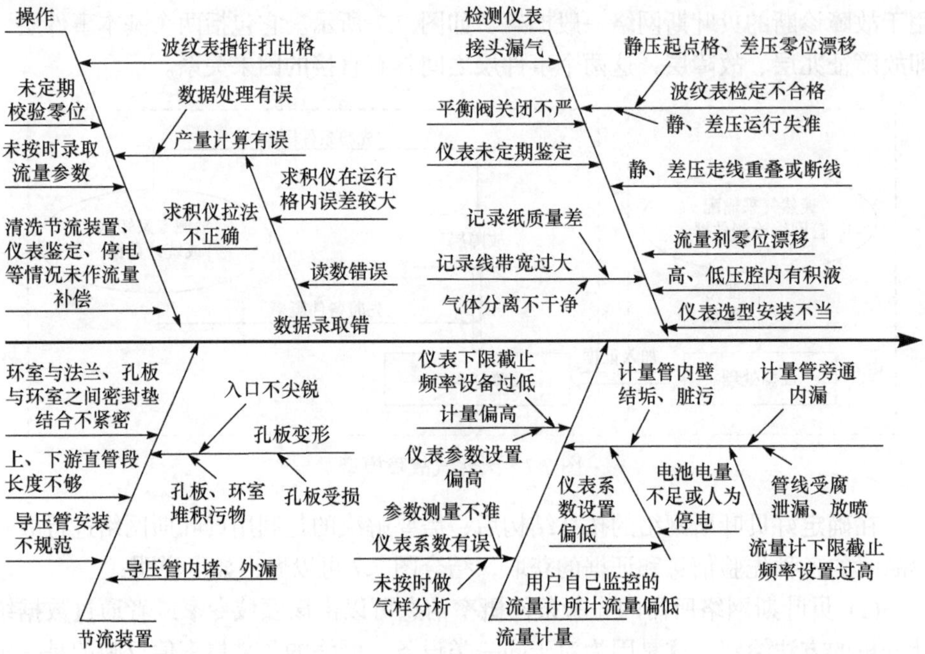

图 7.8　天然气网络故障分析鱼形图

用贝叶斯网络进行精确推理的计算复杂度很高，尤其是节点个数多的情况。有很多近似推理算法来解决这个问题，这里采用一种基于概率传播和更新的贝叶斯网络推理算法，该算法由 Pearl 提出。这里引入气田管网调度中分配给相应角色任务的[最早开始时间，最晚结束时间]约束受限资源与风险评价概率因子。

约束资源与风险评价因子概率更新是通过信息传播机制来实现的，传播证据对有关网络节点的影响，生成每个点的后验概率分布 $p(v \mid V_e = e)$，v 表示网络中任一节点。来自其某父节点的信息称为 v 的 π 信息，记为($\pi v(v\,p)$)；来自其某子节点的信息称为 v 的 λ 信息，记为($\lambda v(v\,c)$)。当证据产生时，节点首先接收并综合来自所有父节点和所有子节点的信息，得到该节点的总 π 信息和总 λ 信息。然后，将这些总信息分别传播给节点的所有父节点和所有子节点。节点 v 关于证据的后验概率分布 $p(v \mid V_e = e)$就是该节点的总 π 信息和总 λ 信息的乘积的常数倍，如式(7.3)所示：

$$p(v \mid V_e = e) = \alpha\, \pi(v)\lambda(v) \tag{7.3}$$

上述算法是个递归运算过程，具体步骤如下：

(1) 根据任务分解结构得到各自任务，选择相应任务的[最早开始时间 $T_{\min}$，最晚结束时间 $T_{\max}$]区间。

(2) 初始化。定义根节点的总的 π 信息为该节点的先验概率，每个叶节点总

的 λ 信息为 1。在证据传播到来之前，对于网络中其他非证据节点，其总的 π 信息初始化成先验概率，总的 λ 信息初始化为 1。

(3) 消息生成。当证据 e 产生时，e 所对应的节点变成证据节点，证据节点集 V_e 中的每个节点的总的 π 信息和总的 λ 信息分别变成：当 $V_e = e$ 时，$\pi(V e)=1$；否则 $\pi(V_e)=0$；当 $V_e = e$ 时，$\lambda(V_e) = 1$；否则 $\lambda(V_e)= 0$。在这轮概率传播与更新中，V_e 不接收任何信息。

(4) 计算各非证据节点的消息。设 v 是网络中的任一节点，它有 k 个父节点和 l 个子节点，如果每个父节点发送一个消息给 v，每个子节点发送一个消息给 v，则总的 π 信息和总的 λ 信息分别如式(7.4)和式(7.5)所示：

$$\pi(v) = p(v \mid \pi(v))\prod_{i=1}^{k}\pi_v(v_{pi}) \tag{7.4}$$

$$\lambda(v) = \prod_{i=1}^{l}\lambda_v(v_{ci}) \tag{7.5}$$

(5) 传播新的 λ 消息 $\lambda v(v_{pi})$ 给 v 的父节点 v_{pi}，由于 v_{pi} 可能有多个子节点，其 λ 计算如式(7.6)所示：

$$\lambda_{v_{pi}}(v) = \sum_{v}\lambda(v)p(v \mid \pi(v))\prod_{n\neq i}\pi_v(v_{pn})\,,\quad i=1,2,\cdots,k \tag{7.6}$$

(6) 传播新的 π 消息 $\pi_{v_{ci}}(v)$ 给 v 的子节点 v_{ci}，如式(7.7)所示：

$$\pi_{v_{ci}}(v) = \pi(v)\prod_{n\neq i}\lambda_v(v_{cn})\,,\quad i=1,2,\cdots,l \tag{7.7}$$

(7) 网络中每个节点生成的后验概率分布如式(7.8)所示：

$$p(v \mid v_e = e) = c\pi(v)\cdot\lambda(v) \tag{7.8}$$

其中，c 是归一化系数。

7.4.3　基于贝叶斯推理的协调智能调度故障自诊断子系统设计

本子系统采用“.bys”文件格式来存储贝叶斯网络数据。贝叶斯网络的数据可以分为 3 个部分，分别为贝叶斯网络图结构、贝叶斯节点描述、贝叶斯节点先验概率表。文件的结构也对应了这三部分数据，贝叶斯节点描述也就是贝叶斯网络中节点的名称列表。邻接矩阵只能存储图的结构，并不能存储节点名称，因此需要一个单独的数据结构来实现，如图 7.9 所示。

假设有一个贝叶斯网络图，它有 3 个节点，按邻接矩阵中一维下标顺序分别对应的名称为 AAA、BBB、CCC，则它的存储结构为 AAA\nBBB\nCCC\n。也就是说，将节点名称按回车键进行间隔排列，在系统实现过程中，也就是进行字符

<table>
<tr><td>inodeCount</td><td>pNode</td><td rowspan="2">邻接矩阵</td><td rowspan="2">节点名称连接字符串</td><td rowspan="2">节点先验概率表</td></tr>
<tr><td colspan="2">Graph结构</td></tr>
<tr><td colspan="3">贝叶斯网络图结构</td><td>贝叶斯节点描述</td><td>贝叶斯先验概率表</td></tr>
</table>

图 7.9　文件结构

串分词操作。由此可以得到三部分的所有数据结构，而文件结构就是按照这三部分的数据依次排列而成的。打开文件时，先读取 inodeCount 值，然后计算贝叶斯网络图结构的大小，读取贝叶斯网络图结构数据，并调整 pNode 节点指向邻接矩阵。然后读取贝叶斯节点描述，将名称连接字符串分词并存储。最后确定每个节点的先验概率表。

界面是软件与用户交互的最直接的层，界面的好坏决定用户对软件的第一印象。而且设计良好的界面能够引导用户自己完成相应的操作，具有吸引用户的直接优势。设计合理的界面能给用户带来轻松愉快的感受和成功的感觉。正是按照这样的原则，设计了基于贝叶斯(推理)网络的故障诊断系统人机界面。

(1) 协调智能调度故障自诊断子系统主界面如图 7.10 所示。在主界面中用户能够在窗体上鼠标右击弹出菜单，选择相应的功能。

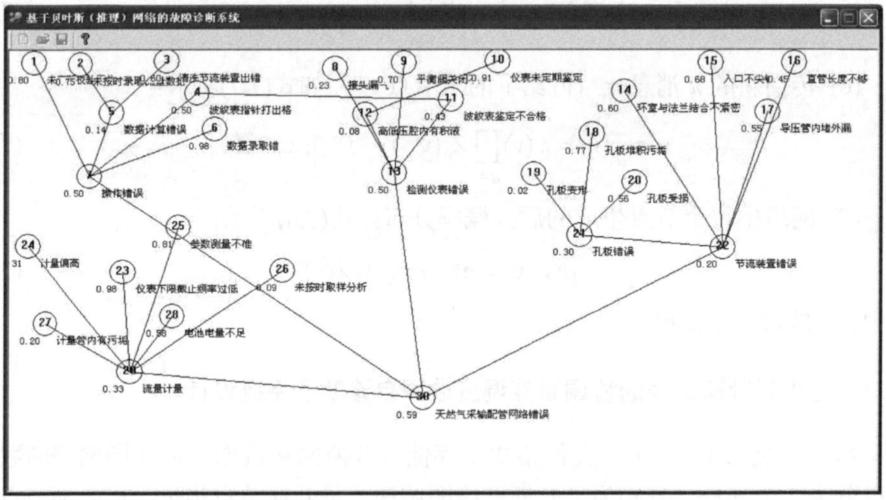

图 7.10　协调智能调度故障自诊断子系统主界面

(2) 协调智能调度故障自诊断子系统菜单界面如图 7.11 所示。菜单界面直接与各个功能模块相连接，使用户能够更好地使用本软件。

(3) 协调智能调度故障自诊断子系统添加节点对话框如图 7.12 所示。

(4) 协调智能调度故障自诊断子系统配置节点关系对话框如图 7.13 所示。

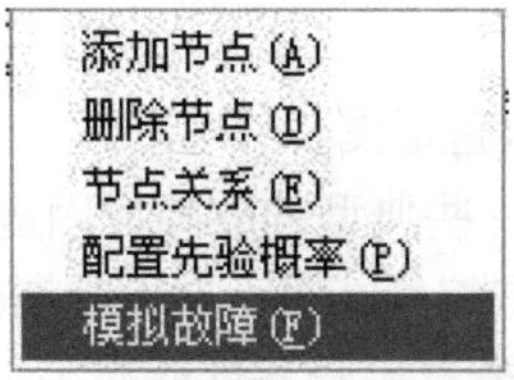

图 7.11　协调智能调度故障自诊断子系统菜单界面

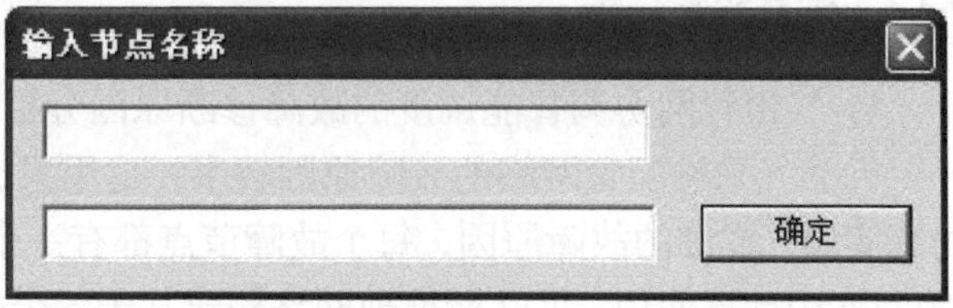

图 7.12　协调智能调度故障自诊断子系统添加节点对话框

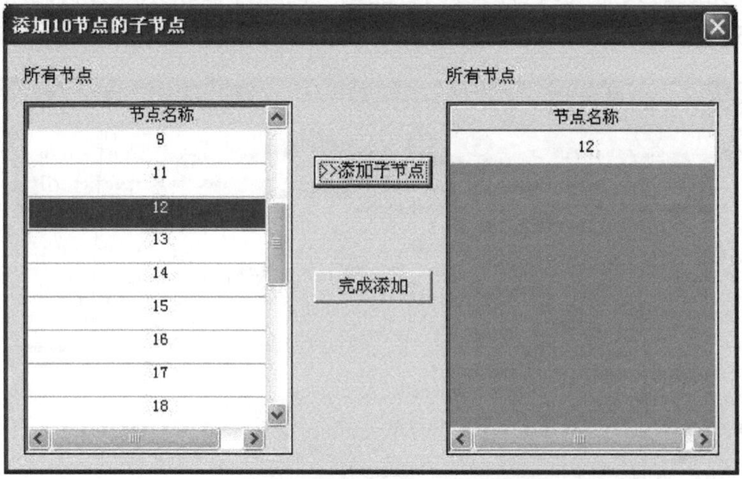

图 7.13　协调智能调度故障自诊断子系统配置节点关系

(5) 协调智能调度故障自诊断子系统配置先验概率对话框如图 7.14 所示。

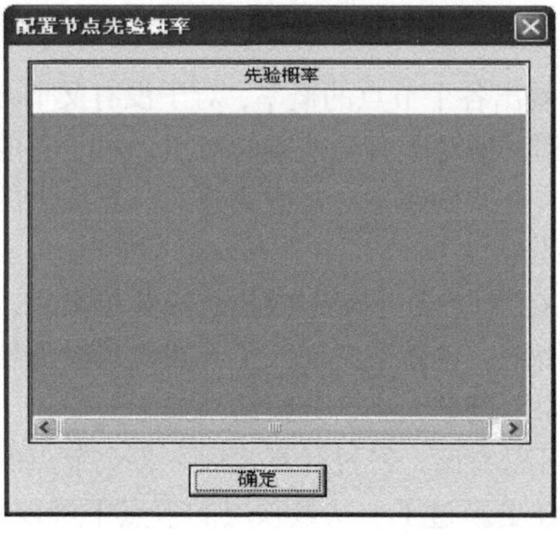

图 7.14　协调智能调度故障自诊断子系统配置先验概率对话框

7.4.4　仿真实验分析

1) 气田管网协调智能调度的故障诊断原因分析网络(鱼形图)

天然气采输配管网络的故障原因较多，这里只选择一些典型的故障原因进行仿真实验。详细的故障原因，每个故障节点都有一个节点编号，便于在贝叶斯(推理)网络中计算使用。贝叶斯推理网络构建基于各个故障节点先验条件概率表，而先验条件概率表又和故障节点之间的关系密不可分。所以建立故障节点之后，可以按节点关系建立一个贝叶斯网络图。但由于节点众多，而节点关系又比较复杂，配置完成的天然气田管网协调智能调度的故障诊断原因分析网络(鱼形图)如图 7.15 所示。

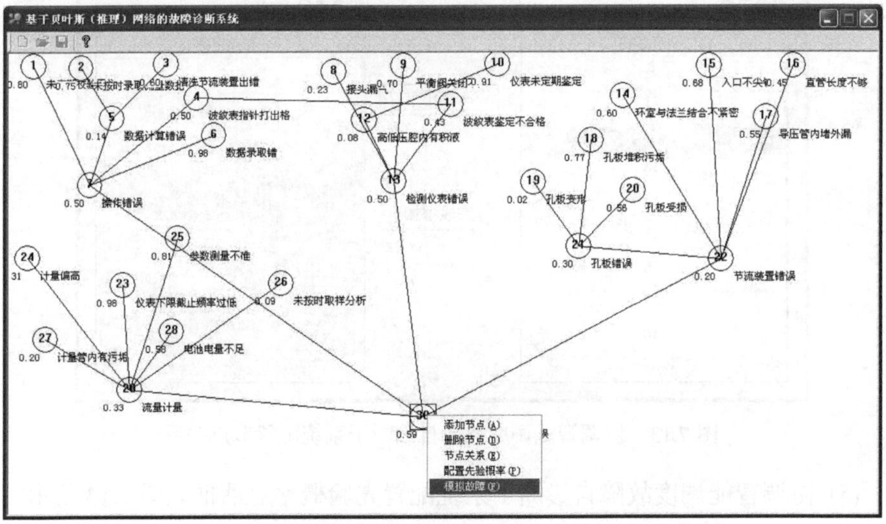

图 7.15　天然气采输配管网络故障原因分析网络图(推理前)

在图 7.15 中可以看出各个节点的概率，对于没有父节点的节点，这个概率就是配置时候的先验概率，但对于有父节点的节点，由于它的先验条件概率表数目与父节点数目相关，节点的概率是由全概率公式计算而出的。

2) 仿真实验结果分析

如图 7.15 所示，在节点 30 上双击模拟故障菜单之后，系统就开始计算贝叶斯网络中其他节点的概率。也就是说加入了天然气采输配管网络已经发生故障的证据下，其他节点的原因概率大小，分析结果如下。

(1) 从图 7.16 中可以看出，经过计算之后，各个节点的概率变为红色，这是说明该节点的概率已经更新过了。从最顶层的节点中可以看出节点 9 的概率为 0.93，最大，可以推断出此次天然气采输配管网络的故障是由节点 9 引发的，也就是说有 93%的概率是因为平衡阀关闭不严而导致故障的发生。

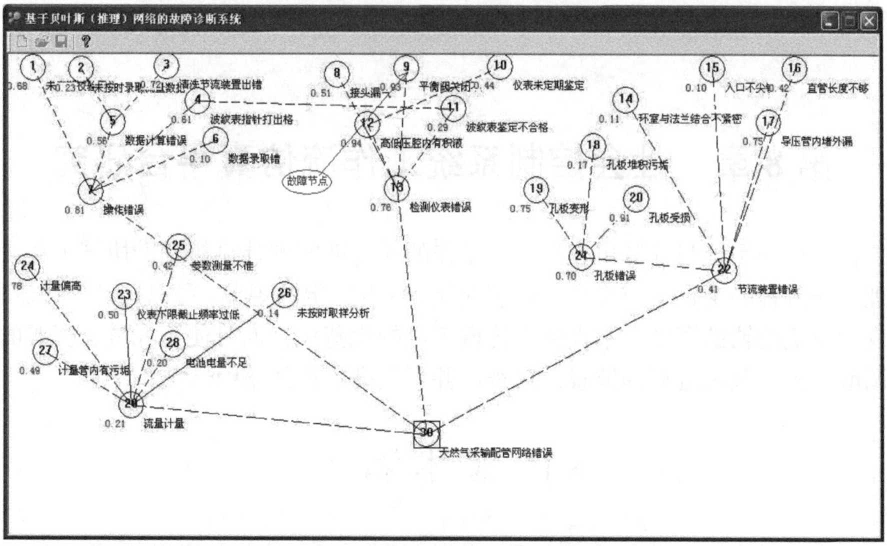

图 7.16　天然气采输配管网络故障原因图(推理后)

(2) 在图 7.16 中, 可以看出节点 4 在此贝叶斯网络图中是一个较特殊的节点, 因为其他节点到节点 30 的路径都是唯一的, 但节点 4 到节点 30 的路径有 4→7→30、4→11→18→30 两条。按照引入任务、资源的时间约束有效区间[最早开始时间, 最晚结束时间]参数的最强依赖算法, 只需要比较这两条路径权值的大小, 选择一条权值较小的路径, 而在最强依赖算法中, 权值就定义为概率的大小。

第 8 章　社会控制系统工作流仿真平台研究

社会控制系统与计算机支持协同工作的融合能实现计算机辅助协同工作，能实现工作流程的全自动或半自动管理功能。依据特定的规范，可以定制工作流程，实现计算机的辅助调度，不仅便于协调工作的规范化，而且便于人员、资源的合理调度配置，调度流程的监督，审查，并可提高工作效率[140-144]。

8.1　基 本 概 念

工作流是指以活动与活动之间变化的过程所表示的业务流程[145,146]。这一概念主要针对企业生产组织及办公日常工作中具有固定执行流程的一类活动，如车间中零件的加工、办公中的公文审批等。提出工作流这一概念的目的是通过将工作分解成定义良好的任务、角色，按照一定的规则和过程来执行这些任务并对它们进行监控，达到提高办事效率、降低生产成本、提高企业生产经营管理水平和企业竞争力的目的。

工作流技术是计算机支持的协同工作的一部分，它在工作流概念的基础上，结合计算机和网络技术来实施流程调度、流程分析和流程再调度。实际上，业务过程管理这一课题自工业革命以来已被人们从经济学、社会学、机械工程学和工商管理学等不同角度进行过各种深入的研究和阐述。工作流技术的出现为企业的过程组织管理和流程的优化工作提供了先进的理论及技术手段，因此也得到了广泛的重视和研究，获得了长足的发展。如今，工作流技术已被成功应用于图书馆、医院、保险公司、银行等行业的电子商务、电子政务等领域[147]，极大地加快了业务流程的处理速度，提高了业务组织水平。

协调智能调度系统与计算机支持协同工作的融合系统是用来支持社会控制系统业务流程调度、执行及监控的信息系统。因此，实施社会控制系统与计算机支持协同工作的融合技术的关键是设计一套完整且通用的工作流管理系统。根据国际工作流管理联盟(WfMC)所提出的工作流参考模型，工作流管理系统的功能主要包括如下三个方面：

(1) 工作流流程定义功能。工作流管理系统应为用户提供一个可定义工作流业务流程的工具供用户按照自己的需要，将实际的业务流程转化为计算机可处理的工作流模型。

(2) 工作流运行功能。工作流管理系统通过其核心组件工作流引擎解析用户所建立的工作流模型，调度及分发工作流任务，完成流程的自动流转与执行。

(3) 与用户及应用程序的交互功能。工作流管理系统应向用户提供任务管理器以完成与工作流用户和计算机应用程序的交互及数据传递。

综上所述，协调智能调度系统与计算机支持协同工作的融合系统是一种面向工作流的软件，其主要功能是将正确的信息在合适的时间内传递给正确的人(或计算机应用程序)，而非执行具体的业务流程任务，因此社会控制系统与计算机支持协同工作的融合系统是一种可以应用于各种场合的通用软件。

8.1.1　协调智能调度工作流

协调智能调度工作流相关的基本概念，遵照 WfMC 的术语规范予以阐述。

1) 业务流程(business process)

业务流程是在一个功能结构界定好的组织中，为了业务目标或测流目标而相互联系到一起的一组相关联的程序或活动。业务流程通常都与业务目标或是业务关系相联系。

2) 流程定义(process definition)

流程定义是一种业务流程的形式化描述，支持自动操作，可通过建立模型或由工作流调度系统制定形成流程定义。流程定义主要包括流程起始、终止的活动关系网络，以及关于个体行为的信息，如组织成员、与过程相关的数据和应用。简言之，流程定义指出了哪些任务需要被执行、以何种次序来执行、执行中需要何种数据等流程规则。

3) 活动(activity)

活动是对在一个流程中组成一个逻辑步骤的一项工作的描述[147]。活动分为手工操作活动和系统自动处理活动两类。活动是工作流引擎所能调度的最小单元，要求有人或者机器的参与才能完成执行。

4) 自动处理活动(automated activity)

自动处理活动是指可由计算机通过工作流管理系统在业务流程中自动执行的活动。

5) 手工操作活动(manual activity)

手工操作活动是指业务流程中必须通过人工操作才能执行的活动，这种活动包含在流程定义之中，但是其结果并不能通过工作流得到，而需要人工参与。

6) 流程实例(process instance)

流程实例是指实际运行中包含相关数据的一个具体流程。一个流程实例可以认为是一个流程定义的实例化，也可以认为是一个流程的单独线程，它由工作流调度系统依据流程定义创建、管理、终止。

7) 活动实例(activity instance)

活动实例是指运行的流程实例中的活动，它也由工作流调度系统创建并管理。

8) 工作任务(work item)

工作任务是指流程实例中一个活动所需处理的工作。通常一个活动可以生成一个或多个需要由用户来完成的工作任务。活动也可能只需要调用相关应用即可处理，这时就不产生需要由用户来完成工作任务。

9) 工作流调度系统

工作流调度系统是指一种能定义、创建和调度工作流的系统，主要包含三种功能：在流程建立阶段的建模功能，即完成工作流过程和相关活动的定义；在流程执行阶段的控制功能，即执行工作流过程，完成活动调度、任务分发和流程流转；在流程运行阶段的人机交互功能，即在各种活动执行过程中实现用户与应用工具之间的数据交互。

以上这些基本概念之间的相互关系可以用图 8.1 来总结。

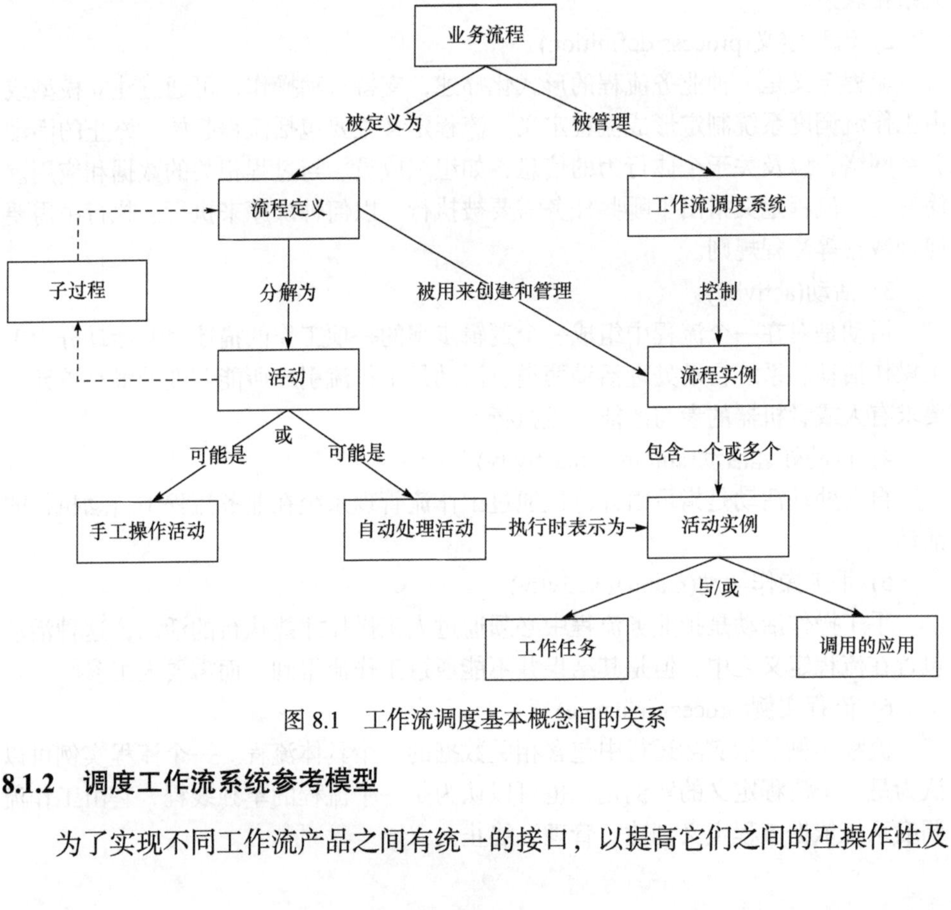

图 8.1　工作流调度基本概念间的关系

8.1.2　调度工作流系统参考模型

为了实现不同工作流产品之间有统一的接口，以提高它们之间的互操作性及工作流相关应用程序的开发，制定了工作流的统一相关规范和标准，WfMC 推出规范工作流产品的标准为工作流参考模型(图 8.2)。它明确了这个结构中的各个接口，使得工作流产品可以在不同的水平进行互操作。从逻辑上来看，工作流参考模型主要由工作流执行服务和围绕它的外部接口所构成。

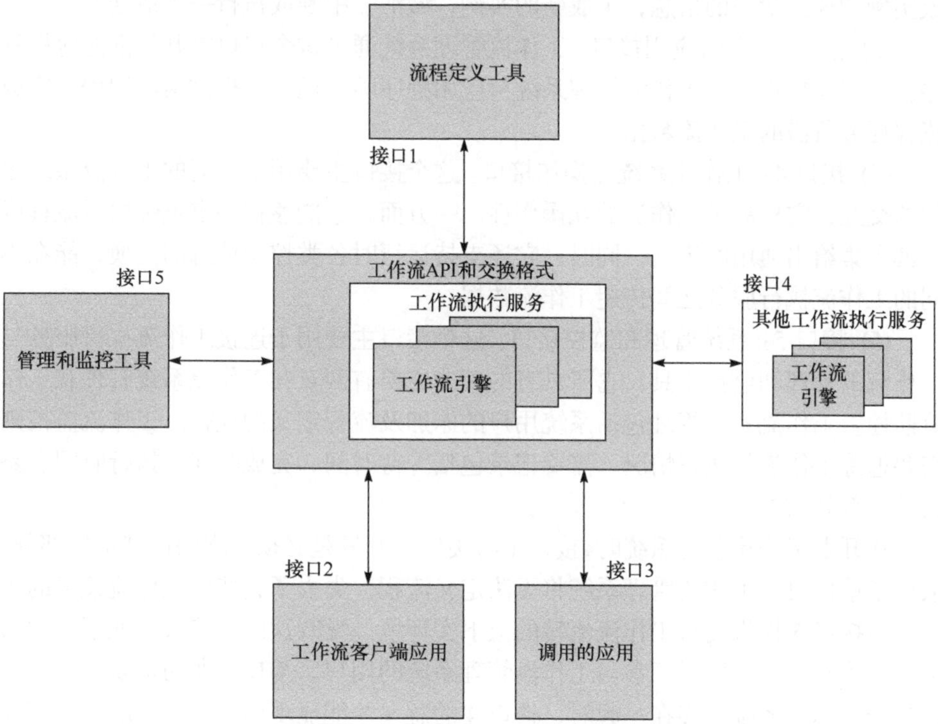

图 8.2　WfMC 调度工作流参考模型

工作流执行服务使用一个或者多个工作流引擎，这些引擎为流程实例化及激活时的运行环境，负责解释和激活部分或全部的流程定义，并与处理各种活动所需的外部资源进行交互。工作流执行服务是工作流调度系统的核心部件。

围绕工作流执行服务的接口，即 WAPI——工作流 API 和交换格式(workflow API and interchange)，它可以视为一组构件，工作流系统通过这些构件被访问，同时这些构件规范了工作流控制软件及其他系统组件之间的交互。工作流参考模型中的 5 个接口分别如下。

(1) 接口 1：工作流流程定义及交换接口。这个接口位于流程定义工具与工作流执行服务之间，主要用于为工作流引擎加载和部署流程定义。工作流引擎通过这个接口解析流程定义。这个接口的具体功能为打开、关闭一个链接以获取工作流的流程定义；打开、创建及保存一个流程定义。

(2) 接口 2：工作流客户端应用程序接口。在要求有人员参与的活动中，任务列表处理程序负责与用户进行交互。它既可以作为工作流管理产品的一部分，也可由其他开发商进行开发。任务管理还可以集成到一般的桌面办公应用程序中，为用户提供统一任务管理系统。这个接口的具体功能为打开和关闭一个链接以生成实例和任务状态的信息，生成新的实例，激活、中断或执行一个活动。

(3) 接口 3：激活应用接口。工作流管理系统通过这个接口打开外部的应用程序。它主要负责建立工作流管理系统与应用程序间的通信，提供给应用程序完成流程任务所需的工作流数据。

(4) 接口 4：工作流系统互操作接口。这个接口主要用于不同的工作流系统之间的交互，它提高了工作流的互操作性。一方面，它能够在一定范围内对流程或者其子集给出通用的定义，同时，它还支持运行时各类控制信息的交换，能在不同的工作流执行服务之间传递工作流数据。

(5) 接口 5：系统管理和监控接口。这个接口主要用于连接工作流执行服务与工作流的管理和监控工具。它所具有的功能主要有两点：工作流系统管理和工作流监控。工作流系统管理包括系统用户的添加及流程定义的执行。工作流监控则需要追踪工作流的执行情况，需要记录包括等待时间、完成时间、执行时间、路由等一系列数据。

在开发工作流管理系统时，接口 1 与接口 5 开发是必须实现的最基本的部分。缺少了接口 1，工作流管理系统将无法定义流程，失去了其使用工作流技术的优点。而接口 5 提供支持工作流流转的上下文环境。没有这两个接口，就不能称为工作流管理系统。而对于参与工作流管理系统的用户，接口 2 尤为重要。当需要把多个工作流系统连接在一起时，接口 4 的意义才能显现出来。当标准的工作列表处理器功能不足而需要开发集成的应用程序时，接口 3 才会发挥作用。

值得注意的是，在这 5 个接口中，许多功能是两个或者多个接口服务共用的，因此应该将 WAPI 作为一个通过 5 个功能领域支持工作流管理功能的统一的服务接口，而不是 5 个单独的接口。

8.2 基于广义算子模型的调度工作流构建

为了提高协调智能调度系统的运行效率，规范系统结构，需要解决协调智能调度系统的模型化问题，以便能够对系统进行定性与定量、静态与动态、结构与功能的系统分析，从而对协调智能调度系统的技术性能、应用效果进行评价，对协调智能调度系统的现有结构进行规范，对系统的运行状态进行估计，对协调智能调度系统的未来发展进行预测，并能根据协调智能调度系统的模型，设计出结构、性能、运行状况更好的协调智能调度系统。因此，在智能算子模型的基础上，构建智能操作模型的六种组织方式(串行处理、并行合取、并行析取、反向推理、双向推理、回溯控制)，然后利用智能算子模型和上述基本组织方式构建协调智能调度系统所需的各种复杂的智能操作模型。本节还将利用广义算子方法以及构建的智能操作模型的六种组织方式，建立多级、多段、多层系统的多重广义算子模型，从而清晰地表达问题求解的信息处理流程，进行协调智能调度系统的设计。

本节所建立的智能操作模型的六种组织方式以及集团式、联盟式、市场式协调智能调度系统的多重广义算子模型，是从第 5～7 章进行的应用系统开发工作中提取和抽象出来的协调智能调度系统的模型描述，它是后面章节工作的重要理论基础，可以对今后的协调智能调度系统的设计、开发、运行、分析和评价起到指导作用，以使协调智能调度系统得到更好的应用。因此，研究智能操作模型以及协调智能调度系统多重广义算子模型的建立具有十分重要的理论价值和应用意义。

应用大系统控制论所建立的智能操作模型的六种组织方式以及应用多重广义算子方法，建立协调智能调度系统的多重广义算子模型，其意义和用途在于以下三个方面：

(1) 新的知识表达方法。广义算子或广义操作模型是协调智能调度系统的一种新的知识表示方法，它不同于状态空间表达，而是突出了过程性、控制性知识。

(2) 知识信息流的外部功能模型。便于描述协调智能调度系统中的知识信息流，知识处理过程中的输入-输出关系是协调智能调度系统的外部功能模型。

(3) 优化协调智能调度系统的设计。应用本节建立的多重广义算子模型，可以更好地理解、描述和表达协调智能调度系统，从而将其更好地应用于智能调度系统的设计与开发。

8.2.1　智能算子与智能操作

在人工智能系统中，利用知识推理求解各种问题，需要向智能系统输入有关问题的知识信息，通过相应的知识信息处理的智能操作过程，产生所要求的输出响应。可以将传递函数的概念引申到人工智能领域和自律分散系统中来，提出智能操作模型的概念，如图 8.3 所示。

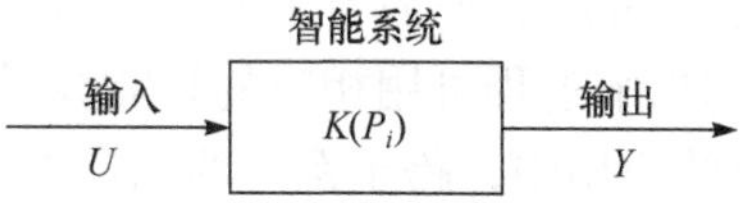

图 8.3　智能操作模型

在图 8.3 中，符号表示的意义如下：

(1) $K(P_i)$ 为智能操作；

(2) P_i为智能算子，$i=1,2,\cdots,n$；

(3) Y为输出；

(4) U为输入。

1) 智能算子

智能算子是智能系统中的各种基本智能操作单元，如式(8.1)所示：

$$P_i \cdot u_i \to y_i,\ i=1,2,\cdots,n \tag{8.1}$$

式中，P_i为第i种智能算子；y_i为第i种单元输出响应；u_i为第i种单元输入信息；n为有限正整数。

智能算子模型(8.1)表示智能算子P_i作用于输入u_i，产生输出y_i。符号“→”表示输入信息u_i通过智能算子的操作而产生输出响应y_i，具有“产生”的含义。因此，智能算子P_i是有向算子，智能算子模型$(P_i \cdot u_i \to y_i)$表示“若$P_i \cdot u_i$则y_i”的条件语句，是基本的智能操作模型。

2) 智能操作

智能操作$K(P_i)$是智能算子P_i的有序集，如式(8.2)所示:

$$K(P_i) \cdot U \to Y \tag{8.2}$$

式中，$K(P_i)$为智能操作；P_i为智能算子，$i=1,2,\cdots,n$；Y为输出响应：U为输入信息。

智能操作模型(8.2)表示智能操作$K(P_i)$施加于输入信息U，产生输出响应Y。它描述了智能系统的知识信息处理功能。

智能操作$K(P_i)$是复合的有向智能算子，它是由智能系统中有关的智能算子，为实现特定的智能操作，将输入U转换为输出Y，而组织起来的智能算子的有组织、有目的性的有序集合。

8.2.2 智能操作模型的基本组织方式

智能操作模型$K(P_i)$可由智能算子模型P_i构成，这里给出智能操作模型的六种基本的组织方式。

1) 串行处理

复杂大问题的求解过程可以分解为若干简单子问题的求解过程的“串行处理”。其中，每个子问题的求解过程可用相应的智能算子模型描述。

例如，在子系统集成的应用中，跨子系统的用户查询处理的串行处理过程如图 8.4 所示。

其中，子过程的智能算子模型如式(8.3)所示：

$$P_i \cdot U_i \to Y_i,\ i=1,2,\cdots,n \tag{8.3}$$

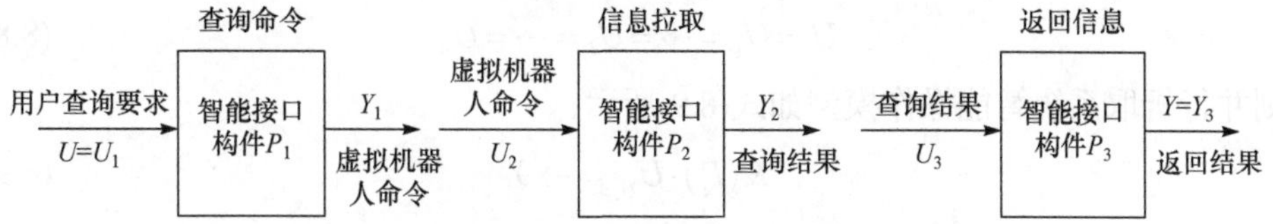

图 8.4　跨子系统的用户查询处理的串行处理过程

串行处理系统的智能操作模型如式(8.4)所示：

$$K(P_i)\cdot U \to Y \tag{8.4}$$

若串行条件如式(8.5)所示：

$$Y_i \to U_{i+1},\ \ i=1,2,\cdots,n-1 \tag{8.5}$$

则智能操作如式(8.6)所示：

$$K(P_i)=P_n *\cdots * P_i *\cdots * P_1 \tag{8.6}$$

串行处理系统的智能操作 $K(P_i)$ 是其中各串行的智能算子 $P_n, P_{n-1}, \cdots, P_1$ 的有序广义积(∗)。表示依串行的先后次序，对输入(U)施加智能算子 $P_1,\cdots,P_i,\cdots,P_n$ 而产生输出(Y)。

2) 并行析取

若原问题可以变换成若干同构问题或同态问题并行处理，则任一同构问题或同态问题的解决，都等价于或蕴含着原问题的解决。例如，在子系统集成应用中的某工序成本统计分析的多重查询，涉及多个子系统之间的查询，其并行处理过程如图 8.5 所示。

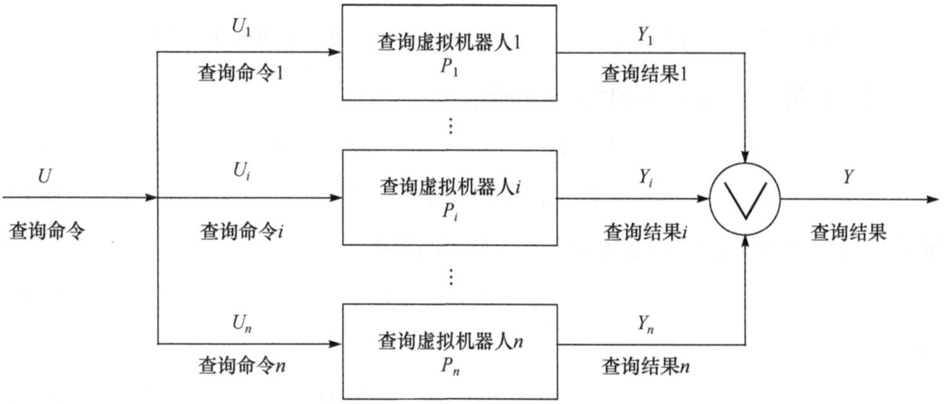

图 8.5　某工序成本统计分析多重查询的并行析取

若并行析取条件如式(8.7)和式(8.8)所示：

$$Y=Y_1 \vee \cdots \vee Y_i \vee \cdots \vee Y_n \tag{8.7}$$

$$U = U_1 = \cdots = U_i = \cdots = U_n \tag{8.8}$$

则并行析取系统智能操作模型如式(8.9)所示：

$$K(P_i) \cdot U_{析取} \to Y \tag{8.9}$$

而

$$K(P_i) = P_1 \vee \cdots \vee P_i \vee \cdots \vee P_n \tag{8.10}$$

即并行析取系统的智能操作为各并行子系统智能算子的析取。

3) 并行合取

若大问题可分解为若干子问题并行处理，则所有子问题的解决蕴涵着或等价于大问题的解决，例如，第 6 章的智能多库协调调度系统中，智体移动路线的并行合取过程如图 8.6 所示。

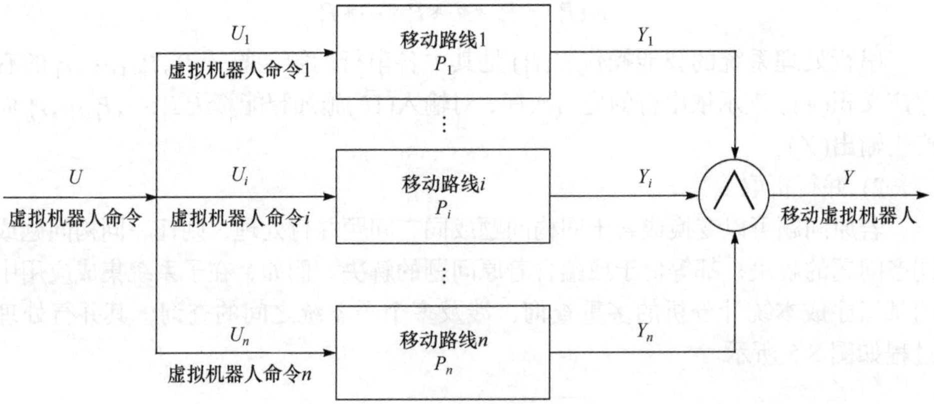

图 8.6　智能多库协调调度系统中网络虚拟机器人移动路线的并行合取过程

若并行条件如式(8.11)和式(8.12)所示：

$$U = U_1 = \cdots = U_i = \cdots = U_n \tag{8.11}$$

$$Y = Y_1 \wedge \cdots \wedge Y_i \wedge \cdots \wedge Y_n \tag{8.12}$$

则并行合取处理系统的智能操作模型如式(8.13)所示：

$$K(P_i) \cdot U_{合取} \to Y \tag{8.13}$$

而

$$K(P_i) = P_1 \wedge \cdots \wedge P_i \wedge \cdots \wedge P_n \tag{8.14}$$

其中，智能算子如式(8.15)所示：

$$P_i \cdot U_i \to Y_i,\ \ i = 1, 2, \cdots, n \tag{8.15}$$

即并行合取处理系统的智能操作 $K(P_i)$ 是各并行子系统的智能算子 $P_1, \cdots, P_i, \cdots, P_n$

的合取。

4) 反向推理

若智能算子(P_i)表示从输入(U_i)到输出(Y_i)的“正向”推理过程，则逆智能算子(P_i^{-1})表示从输出(Y_i)到输入(U_i)的“反向”推理过程。

例如，智能多库协调调度系统中，用户对标准规范信息库中的数据进行修改以及规范子系统中的操作正向与反向推理过程如图 8.7 所示。

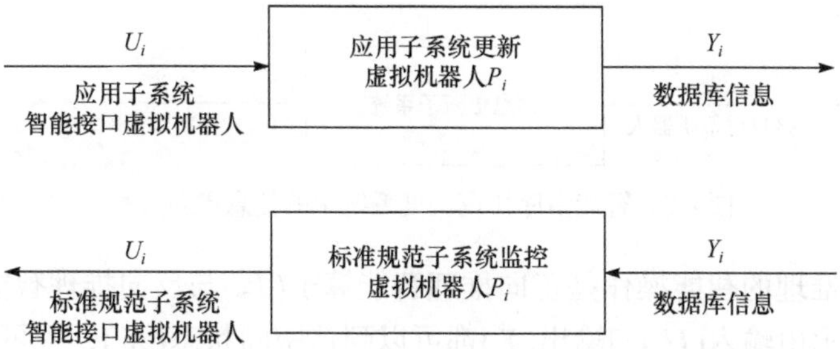

图 8.7　智能多库协调调度系统中的正向与反向推理

5) 双向推理

为了提高推理效率，可采用双向推理的并行处理方法，即正向推理与反向推理并行作业。双向推理在中间状态汇合如式(8.16)和式(8.17)所示：

$$P_1 \cdot U \to X_1 \tag{8.16}$$

$$P_2^{-1} \cdot Y \to X_2 \tag{8.17}$$

而

$$X_1 = X_2 \tag{8.18}$$

并行双向推理相当于并行合取。智能多库协调调度系统中信息的更新过程如图 8.8 所示。

若并行条件如式(8.19)和式(8.20)所示：

$$Z = Y \wedge U \tag{8.19}$$

$$X = X_1 = X_2 \tag{8.20}$$

则并行双向推理系统的智能操作模型如式(8.21)所示：

$$H(P) \cdot X \to Z \tag{8.21}$$

而

$$H(P) = P_1^{-1} \wedge P_2 \tag{8.22}$$

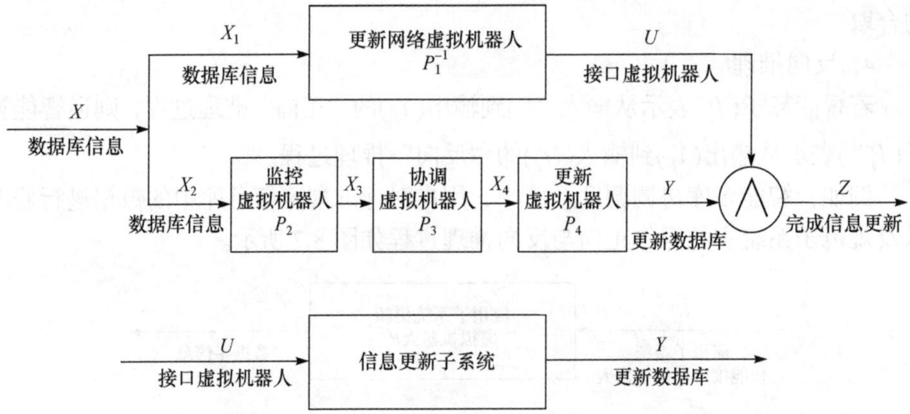

图 8.8　智能多库协调调度系统中的信息更新过程

即并行双向推理的智能操作是正向推理智能算子(P_2)与反向推理智能算子(P_1^{-1})的合取。表示由输入(U)和输出(Y)都可以到达中间状态(X)，也可由中间状态(X)分别求得输入(U)和输出(Y)。

6) 回溯控制

应用子系统多库查询的复杂串行查询中，可采用回溯控制，如图 8.9 所示。

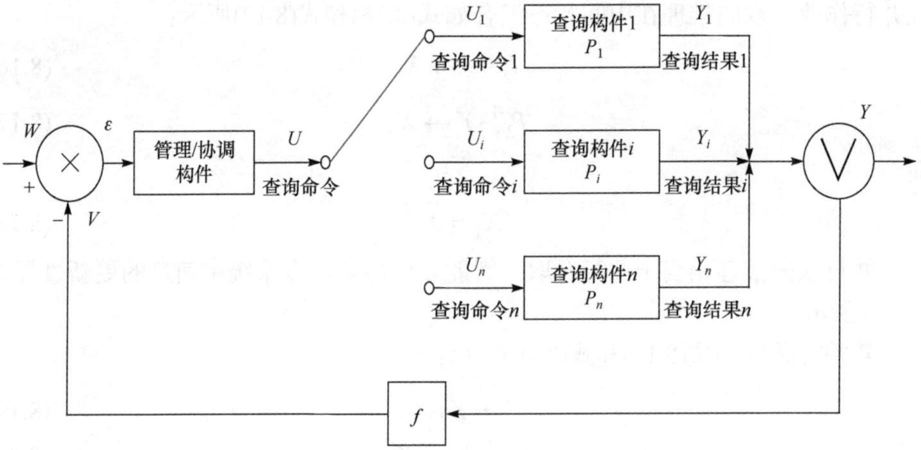

图 8.9　应用子系统多库查询中的回溯控制

在图 8.9 中，符号表示的意义如下。

(1) f 为回溯算子，$f \cdot Y \to V$，V 为回溯信号，Y 为输出信号；

(2) C 为控制算子，$C \cdot \varepsilon \to U$，$\varepsilon$ 为偏差，U 为控制信号；

(3) $\otimes$ 为比较算子，$\varepsilon = W - V$，W 为输入信号；

(4) $\vee$ 为析取算子，$Y = Y_1 \vee \cdots \vee Y_i \vee \cdots \vee Y_n$；

(5) P_i为智能算子，$P_i \cdot U_i \to Y_i,\ i=1,2,\cdots,n$。

其中，回溯算子(f)将输出(Y)反馈而产生回溯信号(V)，经比较算子$\otimes$与输入信号(W)比较而得偏差信号，控制算子(C)根据偏差分析而选择智能算子，从各种可行的智能算子(P_i)($i=1,2,\cdots,n$)中，选取相应的或优选的智能算子进行操作，产生可行的输出响应$Y=Y_1 \vee \cdots \vee Y_i \vee \cdots \vee Y_n$ (析取)。

由智能算子模型(式(8.23))

$$\begin{cases} P_i \cdot U_i \to Y_i, \quad i=1,2,\cdots,n \\ Y = Y_1 \vee \cdots \vee Y_i \vee \cdots \vee Y_n \\ f \cdot Y \to V \\ \varepsilon = W - V \\ C \cdot \varepsilon \to U \\ U = U_1 \vee \cdots \vee U_i \vee \cdots \vee U_n \end{cases} \tag{8.23}$$

可知，从控制信号U到输出(Y)相当于“并行析取”系统，其智能操作如式(8.24)所示：

$$K(P_i) \cdot U \to Y \tag{8.24}$$

式中

$$K(P_i) = P_1 \vee \cdots \vee P_i \vee \cdots \vee P_n \tag{8.25}$$

由此可以得到回溯控制系统的智能操作模型，如式(8.26)所示：

$$\Phi(P) \cdot W \to Y \tag{8.26}$$

式中，$\Phi(P)$的意义如下：

$$\Phi(P) = [1 + K(P_i) \cdot C \cdot f]^{-1} \cdot K(P_i) \cdot C \tag{8.27}$$

利用智能算子模型(P)和上述基本组织方式，可以构成各种所需的智能操作模型$K(P)$，从而便于清晰地表达问题求解的信息处理流程，进行智能系统的设计，特别是协调智能管理系统的设计。可以利用以上六种基本组织方式，由简单的智能操作模型构成复杂的智能操作模型，如式(8.28)～式(8.33)所示。

串行：

$$K(P) = K_N(P) * \cdots * K_1(P) \tag{8.28}$$

并行：

$$K(P) = K_1(P) \wedge \cdots \wedge K_N(P)\,(\text{合取}) \tag{8.29}$$

$$K(P) = K_1(P) \vee \cdots \vee K_N(P)\,(\text{析取}) \tag{8.30}$$

反向：

$$K^{-1}(P)\cdot Y \to U \tag{8.31}$$

双向：

$$H(P)=K_1^{-1}(P)\wedge K_2(P) \tag{8.32}$$

回溯：

$$\varPhi(P)=[1+K(P)\cdot C\cdot f]^{-1}\cdot K(P)\cdot C \tag{8.33}$$

8.2.3 广义算子模型

描述黑箱的广义输入和输出之间的变换功能或传递特性的广义算子 $K(\cdot)$，既可以是定性的知识推理过程的智能操作，也可以是定量的频域或时域的数学运算。

1) 逻辑推理

例如，通过谓词逻辑推理，由输入的前提获得输出的结论，这时广义算子即谓词逻辑推理过程的智能算子。

2) 经验判断

例如，根据总结专家实际工作经验而形成的产生式规则，通过经验判断，由条件产生行动。这里广义算子即经验规则。

3) 线性变换

例如，描述线性定常系统的输入和输出关系的传递函数就是一种频域的线性算子模型。

4) 非线性变换

例如，输入与输出之间的各种非线性关系的静态特征可视为某种非线性算子。

8.2.4 多重广义算子模型

多重广义算子模型是由变粒度广义算子模型和广义算子关系模型构成的，适用于大系统的广义算子模型。多重广义算子模型的建模过程可以应用分解-联合建模法，分步建立大系统的多重广义算子模型。多重广义算子模型的体系结构与协调智能调度系统的控制结构、信息结构有关，需要对实际系统进行结构分析，才能建立面向具体应用系统的多重广义算子模型。

1. 协调智能调度系统中的市场式多重广义算子模型

例如，图 8.10 中的协调智能调度系统市场控制模型，其中，市场级为协调控制级、粗粒度广义算子模型，如式(8.34)所示：

$$Y \overset{\text{def}}{=\!=} K(\cdot)\cdot U \tag{8.34}$$

式中，$K(\cdot)$ 为协调级宏观广义算子；Y 为协调智能调度系统总输出；U 为协调智能调度系统总输入。

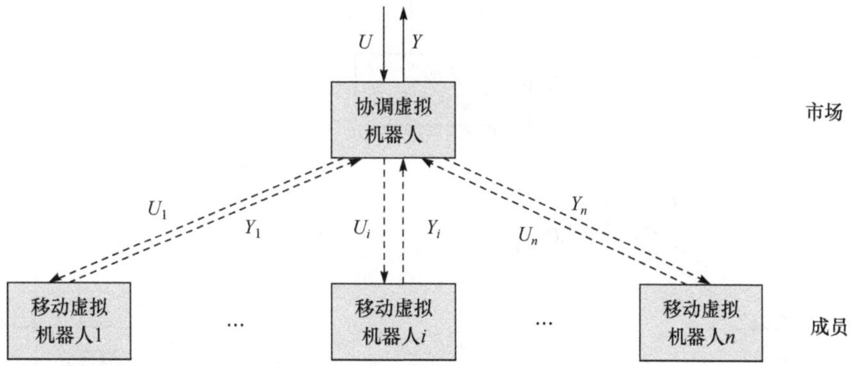

图 8.10　市场式协调智能调度系统

成员级为各局部控制系统，细粒度广义算子模型如式(8.35)所示：

$$Y_i \stackrel{\text{def}}{=} K_i(\cdot)\cdot U_i,\ \ i=1,2,\cdots,n \tag{8.35}$$

式中，$K_i(\cdot)$ 为第 i 个局控系统微观广义算子；Y_i 为第 i 个局控系统输出；U_i 为第 i 个局控系统输入。

市场级根据协调智能调度系统的总输入(U)，如总的目标任务和总的资源条件，对成员级各局部协调智能调度系统进行资源共享($U_i, i=1,2,\cdots,n$)。因此，具有下行纵向关系算子模型，如式(8.36)所示：

$$U_i \stackrel{\text{def}}{=} R_{i\downarrow}(\cdot)\cdot U,\ \ i=1,2,\cdots,n \tag{8.36}$$

式中，$R_{i\downarrow}(\cdot)$ 为下行纵向关系算子。

成员级各局部协调智能调度系统的输出(Y_i，如局部产量、产值或质量指标)上行集总到上级系统，以构成协调智能调度系统的总输出(Y)，如总产量、产值或质量指标。因此，具有上行纵向关系算子模型如式(8.37)所示：

$$Y \stackrel{\text{def}}{=} R_{i\uparrow}(\cdot)\cdot Y_i,\ \ i=1,2,\cdots,n \tag{8.37}$$

式中，$R_{i\uparrow}(\cdot)$ 为上行纵向关系算子。

因此，由市场级、成员级的粗、细粒度广义算子模型与上行、下行纵向关系算子模型，可以联合构成市场式协调智能调度系统的多重广义算子模型。

市场式协调智能调度系统的实例如图 8.11 所示，行业协会数据报送系统中的系统报送过程构成了一个市场式协调智能调度系统。

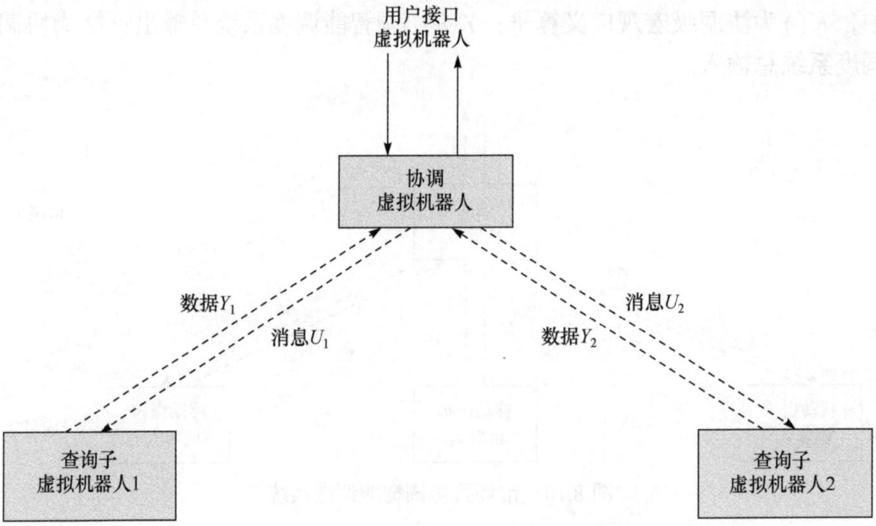

图 8.11　市场式协调智能调度系统实例

2. 协调智能调度系统中的联盟式多重广义算子模型

例如，图 8.12 中的协调智能调度系统联盟控制模型，其中，上级为协调控制级、粗粒度广义算子模型，如式(8.38)所示：

$$Y \overset{\text{def}}{=\!=} K(\cdot) \cdot U \tag{8.38}$$

式中，$K(\cdot)$为协调级宏观广义算子；Y为协调智能管理系统总输出；U为协调智能管理系统总输入。

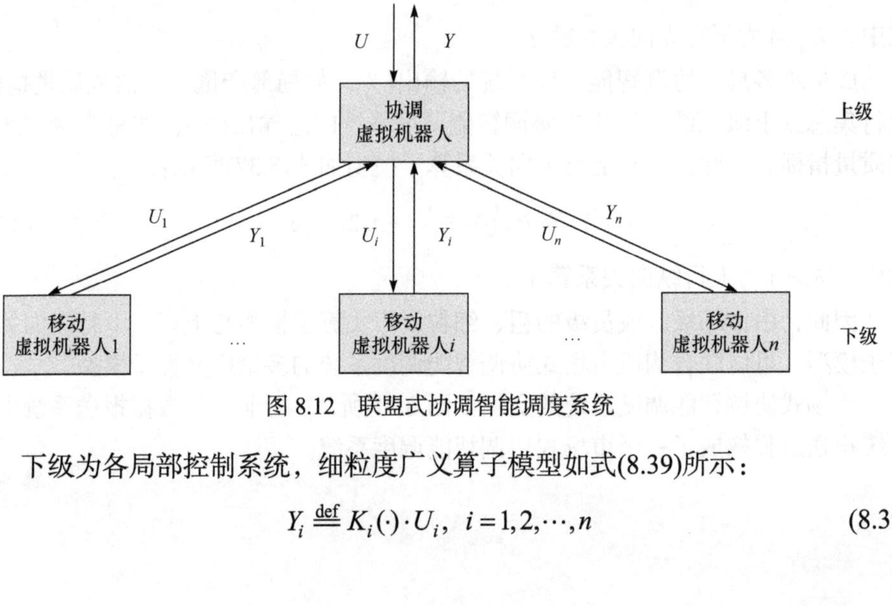

图 8.12　联盟式协调智能调度系统

下级为各局部控制系统，细粒度广义算子模型如式(8.39)所示：

$$Y_i \overset{\text{def}}{=\!=} K_i(\cdot) \cdot U_i, \ i = 1, 2, \cdots, n \tag{8.39}$$

式中，$K_i(\cdot)$ 为第 i 个局控系统微观广义算子；Y_i 为第 i 个局控系统输出；U_i 为第 i 个局控系统输入。

上级根据协调智能调度系统的总输入(U)，如总的目标任务和总的资源条件，对下级各局部协调智能调度系统进行任务分配和资源分配($U_i, i=1,2,\cdots,n$)。因此，具有下行纵向关系算子的模型如式(8.40)所示：

$$U_i \overset{\text{def}}{=} R_{i\downarrow}(\cdot)\cdot U, \quad i=1,2,\cdots,n \tag{8.40}$$

式中，$R_{i\downarrow}(\cdot)$ 为下行纵向关系算子。

下级各局部协调智能调度系统的输出(Y_i，如局部产量、产值或质量指标)上行集总到上级系统，以构成协调智能调度系统的总输出(Y)，如总产量、产值或质量指标。因此，具有上行纵向关系算子模型如式(8.41)所示：

$$Y_i \overset{\text{def}}{=} R_{i\uparrow}(\cdot)\cdot Y_i, \quad i=1,2,\cdots,n \tag{8.41}$$

式中，$R_{i\uparrow}(\cdot)$ 为上行纵向关系算子。

因此，由上级、下级的粗、细粒度广义算子模型与上行、下行纵向关系算子模型，可联合构成联盟式协调智能调度系统的多重广义算子模型。联盟式协调智能调度系统的实例如图 8.13 所示，在多库调度系统中的多库查询，就构成了一个联盟式协调智能调度系统。

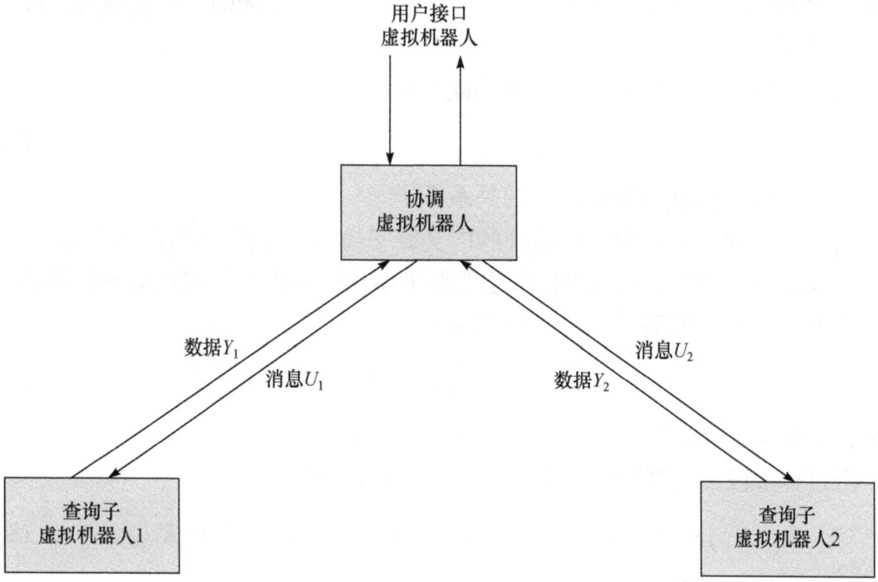

图 8.13　联盟式协调智能调度系统实例

3. 协调智能调度系统中的集团式多重广义算子模型

在集团式协调智能调度系统中，全过程由若干子过程衔接而组成，如生产流水线等，如图 8.14 所示。

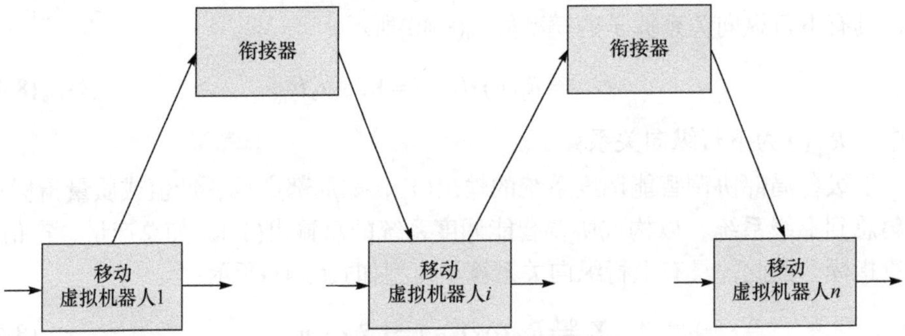

图 8.14　集团式协调智能调度系统

协调智能调度系统的全过程可分解为若干子过程协调智能管理系统，由衔接器(衔接虚拟机器人)前后联系，以满足衔接条件，组成集团式协调智能调度系统。各子过程协调智能调度系统的广义算子模型如式(8.42)所示：

$$Y_i \overset{\text{def}}{=} K_i(\cdot)\cdot U_i,\quad i=1,2,\cdots,n \tag{8.42}$$

式中，$K_i(\cdot)$ 为第 i 段子过程的输出；Y_i 为第 i 段子过程的输入；U_i 为第 i 段子过程广义算子。

衔接虚拟机器人的关系算子模型如式(8.43)所示：

$$U_i \overset{\text{def}}{=} R_{i,i-1}(\cdot)\cdot Y_{i-1},\quad i=1,2,\cdots,n \tag{8.43}$$

式中，$R_{i,i-1}(\cdot)$ 为衔接虚拟机器人的关系算子。

由各子过程协调智能调度系统的广义算子模型和各衔接器(衔接虚拟机器人)的关系算子模型串联，可求得协调智能调度系统全过程的集团式协调智能调度系统的多重广义算子模型，如式(8.44)所示：

$$Y \overset{\text{def}}{=} K(\cdot)\cdot U \tag{8.44}$$

式中，Y 为全过程输出，$Y=Y_n$；U 为全过程输入，$U=U_1$。

全过程多段控制系统的广义算子如式(8.45)所示：

$$K(\cdot) \overset{\text{def}}{=} K_n(\cdot)\,\tilde{*}\,R_{n,n-1}(\cdot)\,\tilde{*}\,K_{n-1}(\cdot)\,\tilde{*}\cdots\tilde{*}\,K_2(\cdot)\,\tilde{*}\,R_{2,1}(\cdot)\,\tilde{*}\,K_1(\cdot) \tag{8.45}$$

式中，$\tilde{*}$ 为广义乘号。

若系统是线性定常的，可用传递函数描述，则集团式协调智能调度系统传递函数如式(8.46)所示：

$$K(s)=K_n(s)R_{n,n-1}K_{n-1}(s)\cdots K_2(s)R_{2,1}(s)K_1(s) \tag{8.46}$$

式中，$R_{i,i-1}$ 为衔接系数，$i=2,3,\cdots,n-1$。

集团式协调智能调度系统的实例 1。对用户权限的管理就可构成集团式协调智能调度系统，如图 8.15 所示。

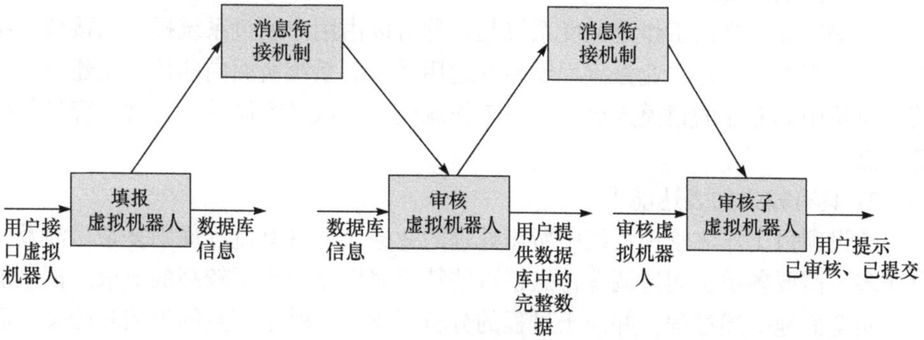

图 8.15　集团式协调智能调度系统实例 1

集团式协调智能调度系统的实例 2。信息查询系统构成了集团式协调智能调度系统，如图 8.16 所示。

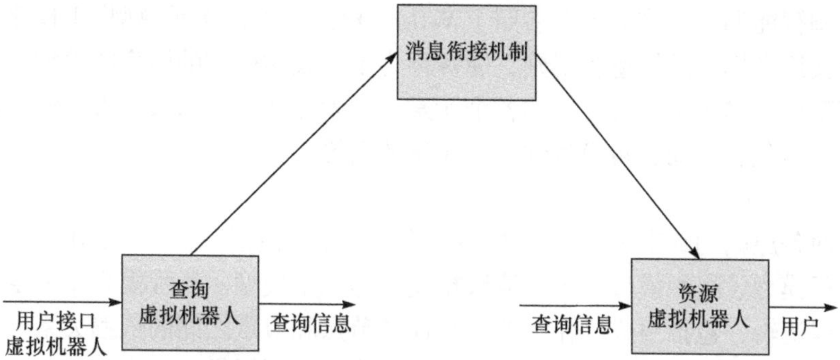

图 8.16　集团式协调智能调度系统实例 2

8.3　协调智能调度工作流模型的设计

工作流模型是对工作流的抽象表示，也就是对经营过程的抽象表示，它包含了一个能够有工作流执行的服务执行过程所需要的所有信息。这些信息包括业务流程发起、终止的条件，业务流程流转的规则，用户所需完成的任务等。

工作流模型的理论重点在于采用何种方式建立业务流程模型的描述规则。目前已有的工作流模型涉及的理论主要包括计算机支持的语言行为理论、协同工作、协调理论、数据挖掘、智体、Petri 网和面向对象技术等[144]。

8.3.1　工作流模型设计原则

在设计具有灵活性、通用性的工作流模型时，需要遵循以下两个设计原则。

1) 面向用户的原则

本书所要建立的工作流调度系统是一种可以由用户通过系统提供的接口，结合自己的需要自行建立业务流程模型的通用系统。系统所面向的用户是建设项目管理单位中非专业的建模人员，所以工作流模型应该具有简单、直观、容易掌握等特点。

2) 具有较强的表达能力

建设项目工作流管理系统中所需处理的业务流程具有流程规则复杂、涉及角色众多、需要各单位间协调等特点，这些特点对模型提出了较高的要求。模型能否方便全面地描述过程，并便于过程的分析优化，依赖于节点的类型和语义。而流程节点语义的丰富性，将直接影响模型的表达能力[140]。在满足用户所需的简单化要求的同时，必须要兼顾模型的表达能力。

8.3.2　工作流模型设计步骤

协调智能调度工作流模型参照了 WfMC 提出的工作流元模型。工作流元模型用来定义语义模型的构造和规则，通常称为定义表达模型的语言的模型。工作流的元模型用于描述工作流内部的各个元素、元素之间的关系及元素属性。该模型通常包含角色、活动、转换条件、工作流数据等实体。

1) 总体设计

在两条原则的约束下，参照 WfMC 的工作流元模型，本书的工作流模型可抽象为流程模型、组织模型和工作流数据模型等三个模型。流程模型用来定义工作流的流程逻辑，包括组成工作流的所有任务节点和节点之间的依赖关系。组织模型用来定义系统的人员组织结构，为工作流流程模型提供角色支持。工作流数据模型用来定义工作流执行过程中需要用到的数据，用于判断各种条件以实现工作流引擎的路由选择。

2) 流程模型

流程模型的结构采用一种类似于活动网络图的描述方式。一个工作流流程可以看成是由一系列的任务节点与连接弧所连接成的有向图。任务节点代表流程中需要由特定的角色或应用程序参与完成的任务活动，而连接弧代表这些任务节点间的路由选择及流程的顺序关系。

整个工作流模型的整体结构设计如图 8.17 所示。

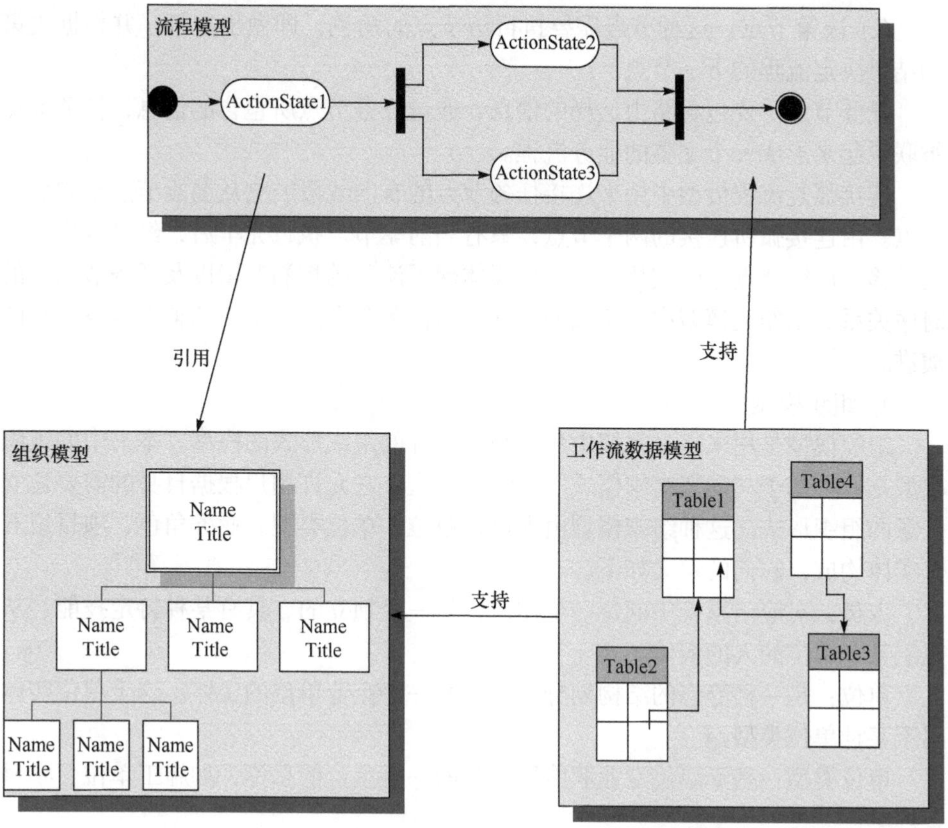

图 8.17　建设项目工作流管理系统工作流模型

3) 任务节点

任务节点根据其在流程模型中的不同属性可以分为三类，分别是起始节点、中间节点和终止节点。起始节点是一个流程发起的节点，这个节点必须用某一指定角色来执行，随着这个节点的执行，流程实例开始运行。终止节点是一个流程经过流程定义中的规则，在完成整个业务流程中的所有节点任务后所到达的节点。与这一节点相联系的是一个自动应用程序，这个自动应用程序根据终止节点中所制定的通知对象，读取相关数据，将流程完成的消息自动通知给相应的对象。中间节点则是流程中的非起始节点和终止节点之外的其他节点，它通常需要由特定的角色来执行和处理。中间节点按照其在执行中的实际需要可以分为以下两种。

(1) 普通节点。这种节点不需要执行该节点的角色，即不需要做任何决策，它的出口是唯一的，只要该节点执行完毕，流程就可以继续流转而不依赖其他任何条件。

(2) 决策节点。这种节点需要执行该节点的角色，即做出决策，并根据决策的结果决定流程的下一节点。

任务节点需要包含路由选择的信息，通过任务节点所包含的信息，任务节点被联系起来形成一个完整的业务流程。

连接弧是流程模型中用来连接任务节点的有向线段，它从前驱节点指向后继节点。由连接弧所连接的两个节点，只有当前驱节点执行完毕后，经过该连接弧的转移，后继节点才能被执行。连接弧体现了流程的控制逻辑以及任务节点间的时序关系。工作流模型中连接弧的转移表示任务节点间的承接和整个服务流程的演进。

4) 组织模型

组织模型是用来定义系统中角色与人员等的组织形式的模型。本书中的组织模型是一种基于“动态组织模式”的组织模型，它允许用户根据自身的需要建立任意的组织形式。这种组织模型由人员、单位、单位类型、业务角色、项目组五个实体构成，它们的定义如下。

人员：对应于系统中的每一个用户，是一个独立的、具有某种特定技能、从属于某个单位的人的实体。

单位：是一种静态的结构划分，对应着一个企业单位的实体，这个单位实体属于某种单位类型。

单位类型：基于单位专业职能所划分的一类单位的总称，如施工单位、项目管理单位。

业务角色：以人员所具有的特定技能为前提，具有完成某项任务的职责与权限的人员的总称。业务角色从属于单位类型，每个单位类型中包含若干个业务角色，如施工单位的项目经理、项目管理单位的项目管理工程师等。

项目组：为了完成某一特定建设项目而根据静态组织模型动态组建的、包含多个单位类型的单位和人员的组织结构。

这五种实体间的关系可由图 8.18 说明。人员属于某个单位，单位可被归类到某种单位类型。每种单位类型中根据职能设置了角色，项目组由一定的角色按照某种模型组成，项目组中的每个角色由具体的人员担任。

5) 工作流数据模型

工作流数据是工作流管理系统在进行工作流实例的状态转移时所需要访问的数据。这些数据可以被工作流引擎和参与该流程的人员及应用程序访问、修改。协调智能调度工作流数据模型是一种建立在关系型数据库上的数据模型，该数据模型的实体及实体间的关系如图 8.19 所示。ProcessDefination 用于记录流程模板信息，TaskNode 用于记录任务节点的相关数据，ProcessInstance 用于记录工作流流程实例在运行中的信息。流程实例的运行需要查询流程定义中所定义的规则。

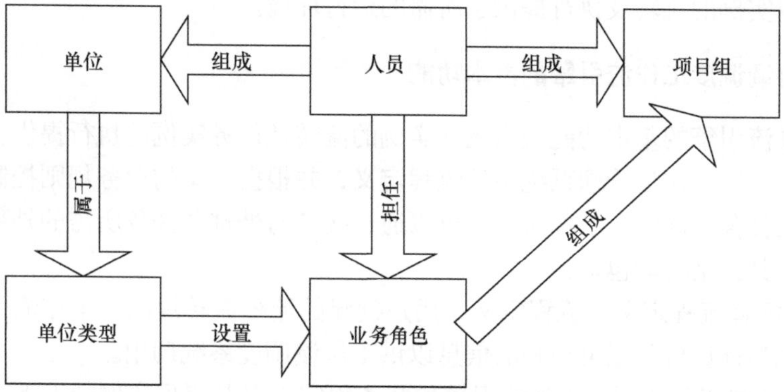

图 8.18　组织模型图

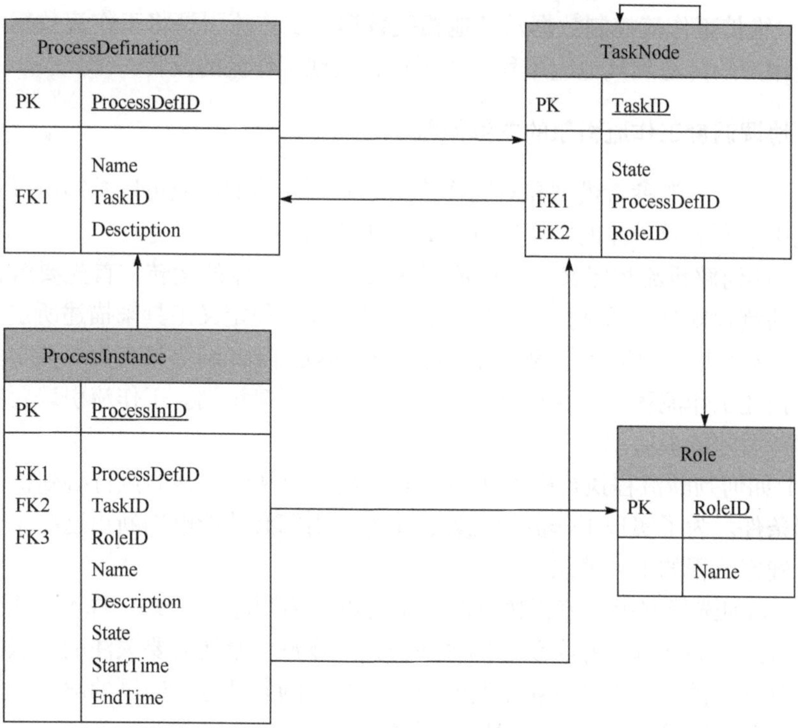

图 8.19　工作流数据模型

8.4　协调智能调度工作流引擎设计与实现

协调调度工作流引擎是工作流调度系统的核心模块。在 WfMC 的工作流参考模型中，工作流引擎的服务组成了工作流运行控制服务。也就是说，工作流引擎为工作流实例的流转及执行提供了所需的运行环境。

8.4.1 协调调度工作流引擎的基本功能

工作流引擎的基本功能是为流程实例的流转及任务实例的执行提供所需的运行环境，解释工作流管理系统中的流程定义，并根据定义的业务规则控制流程实例及分发任务。同时，工作流引擎可以通过接口与处理各任务所需的外部资源进行交互。其典型功能包括：

(1) 解释流程定义。流程定义是用户创建的流程流转规则，工作流引擎将此规则转化为计算机程序可识别的信息以供工作流调度系统调用。

(2) 控制流程实例。工作流引擎加载流程定义以及流程实例的上下文环境，创建流程实例，并依据流程定义的规则对流程实例进行激活、挂起、终止等管理。

(3) 维护工作流控制数据及其他相关数据。工作流引擎将工作流数据从应用程序或用户端传送到其他应用程序或用户，实现工作流的流转。

8.4.2 协调调度工作流引擎的关键问题

通过对工作流参考模型和对工作流引擎基本功能的研究可以总结出设计一个工作流引擎所需要关注的主要问题，如下所述：

(1) 如何解析流程定义。工作流引擎要执行工作流的运转，首先要解析用户所创建的流程规则。通常而言，用户会通过一些流程定义工具来描述所定义的流程规则。无论是采用形式化的语言描述，还是通过 Petri 网等具有良好数学基础的图形来描述工作流程，这些规则都无法被计算机直接识别。工作流引擎要将这些规则解析后才能被使用。

(2) 如何判断流程执行中的条件。业务流程中某些步骤的执行必须依赖于一些前置条件。为了实现工作流的流转，工作流引擎必须能够判断出这些条件是否满足以确定流程的下一节点。

(3) 如何选择路由。流程执行的路由可以分为顺序、分支、循环、并行等四种基本方式。如何选择并实现这四种路由是工作流引擎所需要关注的重点问题。其中，分支及循环的实现有赖于判断流程执行中的条件这一问题的解决，而如何实现并行路由则是一个具有挑战性的问题。

8.4.3 协调调度工作流引擎的总体设计

工作流引擎位于工作流管理系统的执行环境层，它是工作流管理系统的核心部件。图 8.20 是协调调度工作流引擎的设计图，中间区域为工作流引擎及其实现的核心功能，外围是支撑工作流引擎运行的逻辑数据库。

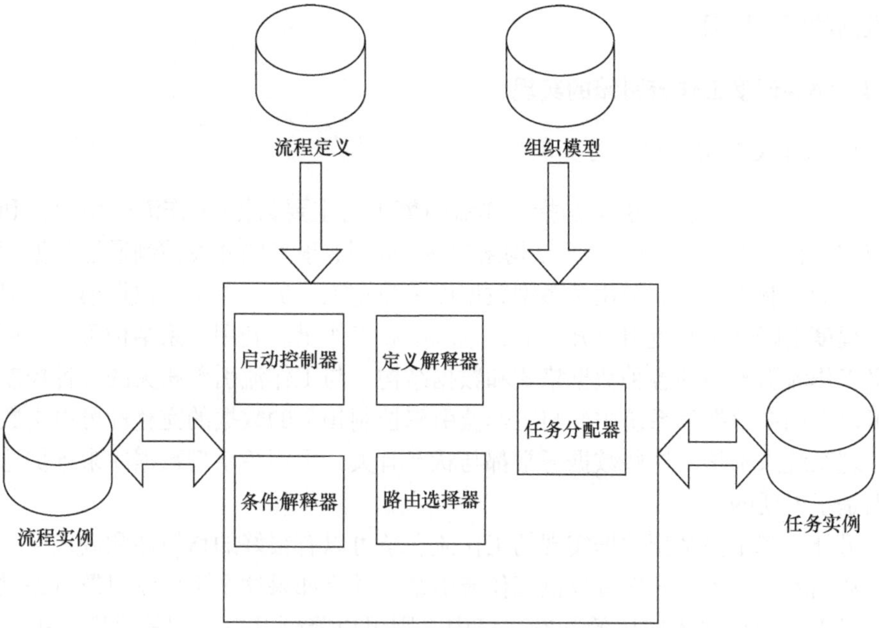

图 8.20　协调调度工作流引擎总体设计图

1) 启动控制器

启动控制器负责创建流程实例。通常系统中的流程实例是由特定的用户在某些参数的约束之下发起的。启动控制器根据接收到的请求，查询流程实例所需的流程定义，判断流程实例的上下文条件，对流程实例进行初始化数据的设置。

2) 定义解释器

定义解释器负责解释流程定义中的业务规则。为了便于用户使用工作流管理系统进行对业务流程的建模，系统所提供的建模工具需要具有简单、易用、界面友好等特点。因此，用户所定义的流程模板并不能被计算机直接识别，工作流引擎中的定义解释器将其解释为可以执行的数据。

3) 条件解释器

工作流系统在某些任务节点需要接受用户的决策，并根据此决策确定下一步的路由选择。条件解释器负责解释这一决策信息，判断流程推进的条件。

4) 路由选择器

路由选择器读入流程实例所依据的流程模板，根据当前的节点信息，查找节点的路由设置，据此更新流程实例的状态，推进流程转移到一下节点。

5) 任务分配器

由于工作流系统是一个采用浏览器/服务器(B/S)模式的软件系统，多个用户可能同时登录系统进行操作。任务分配器负责管理多个用户同时提取任务时系统关键数据的同步访问。

8.4.4 协调调度工作流引擎的实现

1. 基于关系型数据库的实现

基于关系的工作流引擎是指工作流引擎中的主要数据(工作流模型数据和工作流实例化数据)全部通过关系结构来表达，同时，事务的并发控制通过数据库系统提供的机制来实现。使用关系型数据库来建立工作流引擎中的数据模型可以在很大程度上降低工作流引擎开发的技术难度和工作量。利用关系结构可以方便地定义工作流引擎中的各种数据格式和数据结构。与工作流引擎相关的各种控制数据可以存储在数据库系统中。与工作流引擎控制相关的数据的完整性可以由数据库管理系统来维护，这些数据通常都与状态有关，采用关系型数据库来维护这些数据是很方便的。

另外，基于关系型数据实现的工作流引擎可以有很好的移植性和嵌入性。在同一数据库环境下为开发者提供工作流引擎，并且如果这个工作流引擎所提供的功能可以方便地嵌入应用的开发环境中，则可以降低开发应用的难度。采用基于关系结构的工作流引擎很容易与应用的开发环境做到无缝集成。例如，本书基于关系型数据库所设计的工作流引擎可以非常方便地扩展到建设项目工作流管理系统之中。

2. 使用 Hibernate 实现对象关系映射

使用 Java 语言作为工作流引擎的开发语言，而同时使用关系型数据库作为主要的数据模型，开发中存在对象与关系型数据库之间互不匹配的现象。解决问题的方法是：采用对象关系映射(ORM)技术实现来消除这种阻抗不匹配。ORM 技术通过使用面向对象和数据库之间映射的元数据，将 Java 程序中的对象自动持久化到关系型数据库中，实现了程序对象到关系型数据库数据的映射。

协调调度工作流设计的工作流引擎的关系型数据库是在 Hibernate 的框架上实现的。Hibernate 是一种依靠 ORM 技术实现的持久层框架。Hibernate 通过配置文件 hibernate.cfg.xml 将 Java 对象(JO)或持久化对象(PO)映射到数据库中的数据表，并通过操作持久化对象来对数据库中的表进行操作。使用 Hibernate 实现 ORM 主要包含以下几方面的工作：持久化类的实现、使用数据库访问对象(DAO)模式实现操作、配置映射文件。

3. 各功能模块的实现

1) 启动控制器

启动控制器收到发起一个流程的请求后，向流程定义对象发送消息，得到流程定义的相关信息，并据此创建流程实例对象，启动流程实例。图 8.21 为使用启动控制器的顺序图。

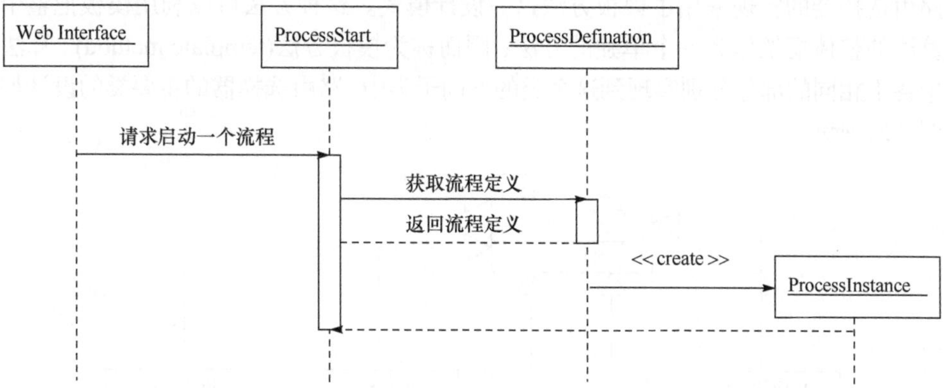

图 8.21　启动控制器的顺序图

2) 定义解释器

定义解释器是将面向用户的定义表示转换为计算机系统所能识别的数据的功能模块。它包含两个主要方法：①stringToKey(String)，该方法将从用户定义工具处所得的定义数据转换为系统所定义的状态数据供系统中其他模块使用；②keyToString(Integer)，该方法将流程定义数据库中的数据转化为描述定义的定义语言以方便用户使用。图 8.22 为 stringToKey(String)的部分实现代码。

```
public static Integer stringToKey(String node){
    Integer nodeKey;
    if (node.equals("")){
        nodeKey=null;
    }
    else if (node.equals("并行分开"))
        nodeKey=new Integer(777);

    else if (node.equals("并行合并")){
        nodeKey=new Integer(888);
    }
    else if (node.equals("中止")){
        nodeKey=new Integer(999);
    }
    else if (node.equals("结束")){
        nodeKey=new Integer(0);
    }else
        nodeKey=new Integer(Integer.parseInt(node));
    return nodeKey;
}
```

图 8.22　stringToKey(String)方法的实现代码

3) 路由选择器

为了使工作流引擎能够执行较为复杂的流程，路由选择器需要能够解析顺序、分支、循环、并行等四种基本路由的选择。尽管路由选择器的实现算法有差别，但无论哪种路由选择，都必须进行初始化操作，读入流程运行的当前状态。因此，路由选择器的实现采用了模板方法这一设计模式。这种方法可以利用模板把整个算法的整体框架作为一个单独的方法，因而称为模板方法(template method)。算法中各不相同的部分分别实现到这个类的不同子类中。路由选择器的主要类的设计如图 8.23 所示。

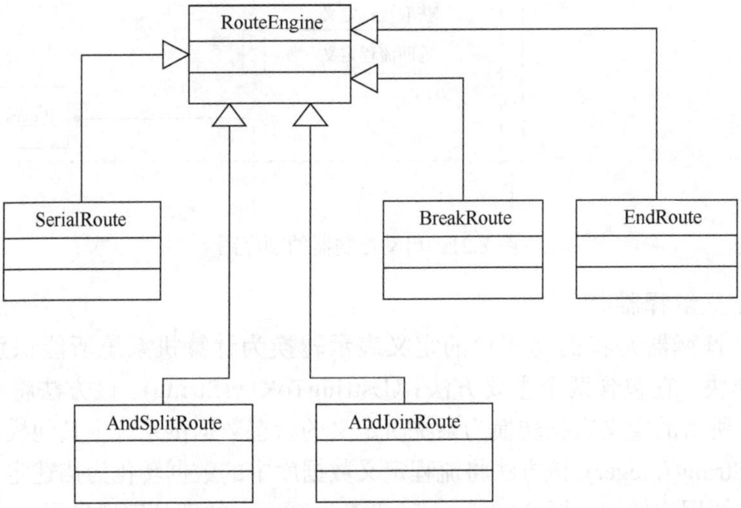

图 8.23　路由选择器的类图

路由选择器主要类的实现如下。

RouteEngine：路由选择的抽象类。它是路由选择的模板类。RouteEngine 类实现了不同路由选择中所共有的一些步骤。将选择路由的方法 fineRoute 设计为虚方法，可以将不同的具体设计推迟到子类中加以个性化实现。

SerialRoute：路由顺序的选择类。它实现顺序路由的选择。这个类的实现如图 8.24 所示，其中 next 参数为条件解释器传递给路由选择器的参数。

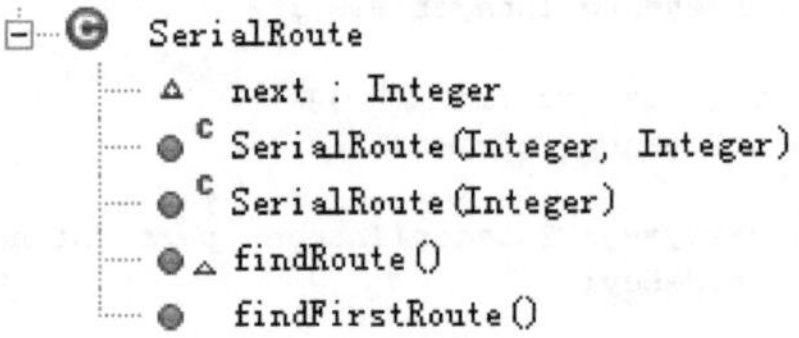

图 8.24　SerialRoute 的实现

AndSplitRoute 与 AndJoinRoute：这两个类是为了实现并行路由而设计的。前者为并行分开时的路由选择，后者为并行合并时的路由选择。并行路由是由

AndSplitRoute 类在并行分开的节点上实现的。首先创建当前流程实例的一个副本，让其运行于工作流引擎中；然后由 AndJoinRoute 在并行合并的节点上将运行中的多个副本合并为一个。AndSplitRoute 及 AndJoinRoute 中 findRoute 方法的实现代码如图 8.25 和图 8.26 所示。

```
public void findRoute() {
    // TODO Auto-generated method stub
    ProcessinstanceDAO piDAO = new ProcessinstanceDAO();
    TasknodeDAO tDAO = new TasknodeDAO();

    Integer thisState = this.nowNode.getNodeState();

    System.out.println(this.processDefID);
    System.out.println(thisState);

    List andList = tDAO.findByTwoParams2(this.processDefID, thisState);

    int andNum = andList.size();

    Tasknode[] nodes= new Tasknode[andNum];

    for(int i=0;i<andNum;i++){
        nodes[i]=(Tasknode)andList.get(i);
    }

    this.porcessIn.setNextRoleId(nodes[0].getBusRole());
    this.porcessIn.setNowNode(nodes[0].getTaskNodeId());
    this.porcessIn.setProcessState(new Integer(0));//0表示就绪
    this.porcessIn.setIsCopy(this.processInID);

    piDAO.save(this.porcessIn);

    for(int i=1;i<andNum;i++){

        new CopyStart(this.porcessIn.getProcessId(),nodes[i].getNodeState());
    }
```

图 8.25　AndSplitRoute 中 findRoute 方法的实现代码

```
public void findRoute() {
    // TODO Auto-generated method stub
    ProcessinstanceDAO piDAO = new ProcessinstanceDAO();
    TasknodeDAO tDAO = new TasknodeDAO();

    Integer parentID = this.porcessIn.getIsCopy();

    this.porcessIn.setIsCopy(new Integer(0));
    piDAO.save(this.porcessIn);

    List copyList = piDAO.findByIsCopy(parentID);

    if(copyList.isEmpty()){
        Tasknode nextNode =  tDAO.findNode(this.processDefID, this.nowNode.getNextNode());
        this.porcessIn.setNextRoleId(nextNode.getBusRole());
        this.porcessIn.setNowNode(nextNode.getTaskNodeId());
        this.porcessIn.setProcessState(new Integer(0));//0标识就绪

        piDAO.save(this.porcessIn);
    }
    else{
            this.porcessIn.setProcessState(new Integer(4));//4表示副本废弃
            piDAO.save(this.porcessIn);
        }
```

图 8.26　AndJoinRoute 中 findRoute 方法的实现代码

BreakRoute 与 EndRoute：这两个类用于结束流程实例，将工作流流程导航到一系列预定义好的自动化操作中进行最后的处理。

4) 任务分配器

任务分配器事实上是一个用于同步对同一个任务实例进行访问的管程。它通过并发锁机制，来保证任一时刻只允许一个线程执行本实例对象的任何方法。任务分配器对获取的任务进行同步的代码如图 8.27 所示。

```
public class Monitor {
    static public synchronized boolean getTask(Integer piID){
        Processinstance DAO piDAO = new ProcessinstanceDAO();
        Processinstance pi = piDAO.findById(piID);

        if(pi.getProcessState().equals(new Integer(0))){
            pi.setProcessState(new Integer(1));
            return true;
        }else return false;
    }
```

图 8.27　任务分配器中管程的实现代码

在以上代码段中，通过 synchronized 关键字来保证在任意一个时间点上只有一个线程可以获取任务。

8.5　面向工作分解结构的多角色服务配置协调机制研究

8.5.1　工作分解结构关键要素

工作分解结构(work breakdown structure, WBS)的基本定义是：以可交付成果为导向对项目要素进行分组，它定义了项目的整个工作范围，每下降一层，代表对项目工作的定义更详细。WBS 是项目计划的核心，也是制定进度、资源需求、成本预算、采购、风险管理计划以及控制项目变更的重要基础。

WBS 由三个关键要素构成：①工作(work)，指可以产生有形结果的工作任务；②分解(breakdown)，指把主要可交付成果分成较小的、便于管理的组成部分，直到可交付成果定义明确到足以支持各个项目活动(规划、实施、控制和收尾)的制定；③结构(structure)，指按照一定的模式组织各部分。

从 WBS 的定义来看，建设项目工程是经过多层次的中间产品而逐步形成的最终产品，施工过程是按 WBS 进行的，WBS 将工程按不同层次进行分解，便于将复杂的工程项目进行分级管理。一个建设项目能否按进度完成工期，很大程度上取决于 WBS 的好坏，特别是大型建设项目，承包商很多，不同合同段之间的衔接更加重要。此外，如何在 WBS 的各个节点上及时发现问题，协调任务之间的关系，也是非常重要的。

8.5.2　工作分解结构工作分解实例

下面以某轧钢工程局部 WBS 工作分解实例(图 8.28)来说明上述从局部视图到全局服务的协调流程，对大型建设项目进度进行跟踪与控制。在图 8.28 中，以其中的某一个节点(主轧线工程)的进度(工期)审核为例，进度审核可看成一个总任务 T，按以下流程进行多角色任务配置与服务实现：

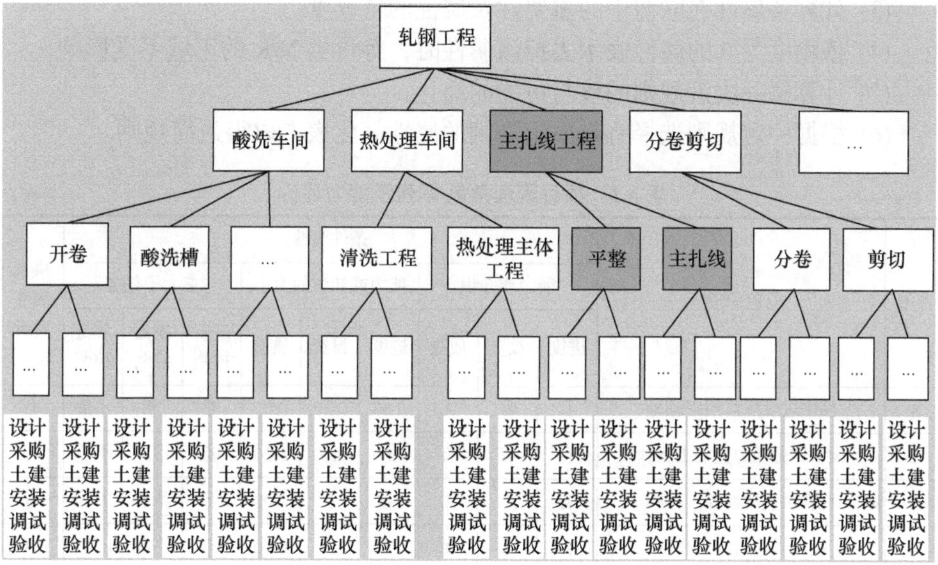

图 8.28　某轧钢工程局部 WBS 工作分解实例

(1) 对这个总任务 T 进行描述。

(2) 分析影响进度的因素 F_i，如劳动力配置、设备及材料供应等，在第 4 章设计的 24 个软件人角色 Role 里，对熟悉这些影响因素信息的软件人能力进行描述及角色定位，形成服务联盟。

(3) 形成联盟的软件人相互交换信息。

(4) 检测这些软件人是否愿意协作。

(5) 如愿意协作，则做出承诺。

(6) 接受对其他节点服务的承诺。

(7) 做出准备执行任务的计划。

(8) 进行服务封装，在服务器端部署发布后，启动各自服务进程。

如果网络图监控软件人发现进度(工期)出现问题，则由进度问题处置指令执行情况监控进程，并将这一情况报告给项目管理人员，项目管理人员将要求承包商调整资源或者调整作业关系，进行平行或交叉作业。

8.5.3 角色/职责及能力评价

表 8.1 给出了一个项目管理角色/职责及能力评价的例子。表中数值为角色能力的大小，由专家经验给出。实现决策规则的步骤如下：

(1) 提出论域中各条件属性和决策属性组成的决策规则表。

(2) 确定数据分类标准，消去冗余属性。

(3) 计算各属性在联盟中的重要性及属性的依赖度。

(4) 依赖度为 0 的属性表示去掉该属性时，等价类 N/R 的正域不受影响。

(5) 计算每一决策规则的核与可能的简化。

(6) 根据一定规则选择有效决策规则的属性简化表，取得最简规则。

表 8.1 项目管理角色/职责及能力评价

序号	角色/职责	条件属性									决策属性贡献
		能力或知识			能力或知识的大小			三大子任务			
		进度	投资	质量	进度	投资	质量	进度控制	投资控制	质量控制	
1	网络进度图监控工程师	有	有	无	0.50	0.20	0.00	能	能	不能	有
2	设备和劳动力监控工程师	有	有	有	0.60	0.10	0.20	能	不能	不能	有
3	材料供应商监控工程师	有	无	无	0.60	0	0.00	能	不能	不能	有
4	设备供应监控工程师	有	无	无	0.40	0	0.00	能	不能	不能	有
5	施工条件监控工程师	有	无	无	0.30	0	0.00	能	不能	不能	有
6	承包商材料监控工程师	有	无	有	0.50	0	0.20	能	不能	能	有
7	图纸供应监控工程师	有	无	无	0.40	0	0.00	能	不能	不能	有
8	项目变更监控工程师	有	有	有	0.70	0.80	0.10	能	能	不能	有
9	进度问题处置指令监控工程师	有	有	有	0.70	0.10	0.10	能	能	能	有
10	承包商材料检验管理工程师	有	无	有	0.30	0.00	0.80	能	不能	能	有
11	设计文件及图纸审核管理工程师	有	有	有	0.20	0.10	0.20	能	能	能	有
12	签证支付管理工程师	有	有	无	0.20	0.50	0.00	能	能	不能	有
13	材料价格信息监控工程师	无	有	无	0.00	0.70	0.00	不能	能	不能	无
14	投资问题处置指令监控工程师	有	有	无	0.10	0.50	0.00	能	能	不能	有
15	旁站记录监控工程师	无	无	有	0.20	0.00	0.90	不能	不能	能	无
16	工程预检记录监控工程师	无	无	有	0.00	0.00	0.70	不能	不能	能	无

8.5.4　任务知识库

任务知识库中记录着整个系统的任务集、任务结构视图以及任务间的依赖关系[147]。其中，任务集 $T=\{T_1,T_2,\cdots,T_n\}$ 记录系统中所有的任务，任务结构视图 $T^i=\{T_1^i, T_2^i,\cdots, T_n^i\}$ 表示任务由哪些子任务构成，任务间的依赖关系 $\text{Depend}(T_a,T_b)$ 表示任务 T_a 依赖于任务 T_b。每个任务都具有执行的优先级(priority)、截止时间(deadline)、软件人对执行任务的承诺(commitment)。承诺是软件人协调的关键，$\text{Commitment}(t,T,A,B)$ 表示软件人 A 向软件人 B 承诺在截止时间 t 前完成任务 T。

8.5.5　时间差分任务约束型的部分-全局规划

将各节点的动作和相互作用进行组合，形成的数据结构称为部分-全局规划(part global plan, PGP)。该数据结构是通过各节点之间交换信息而合作生成的。它包含如下基本属性：①优先级，即与其他计划相比的重要度，根据任务的优先级、截止时间及任务间的依赖关系等进行设置；②结果，即系统要实现的最终目标；③计划-行为-映射，是有关软件人实际执行的动作和动作所产生的结果的表示，包括目前的状态以及计划的详细信息，如成本与预期结果；④解-构造-图，是为了成功地产生结果，软件人之间应该如何交互、应该交换什么样的信息和时间的一种表示方法。

软件人在任务被激活时就利用任务知识库获知任务间的协调关系，而不是在通过扫描所有的软件人并进行大量的信息交换后才得到任务协调关系的知识，这种改进大大降低了时间与通信资源的开销，如图 8.29 所示。

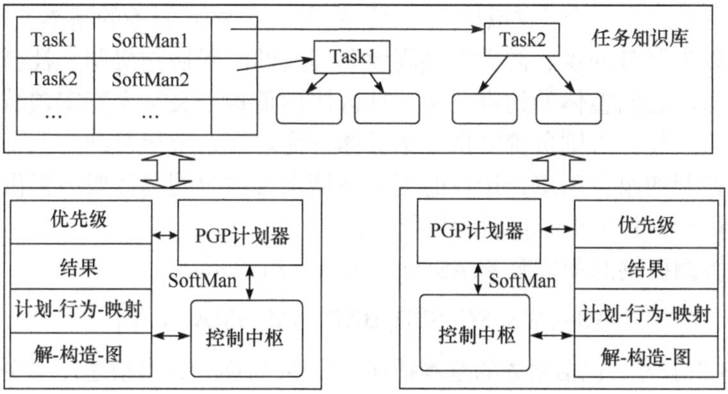

图 8.29　时间差分任务约束型部分-全局规划模型

其基本方法如下：

当驱动任务执行的激励产生时，软件人从系统的任务知识库中获得它所承担的本地任务集、任务结构视图以及任务间的协调依赖关系等。PGP 计划器根据任务的优先级、估计执行时间、截止期完成任务的本地局部计划，记入计划-行为-映射，并做出承诺。

如图 8.29 所示，为了促进协调，PGP 计划器通过预测行为的成本、结果和实用性对计划-行为-映射中的行为重新排序以寻找到更好的序列。例如，若软件人所承担的本地任务与远程软件人所承担的任务之间是时间约束关系，如本地任务依赖于远程任务，则软件人延迟本地任务的执行直到接收到远程任务的结果，延迟时间取决于远程软件人所做的截止时间承诺。

根据重新排序的计划-行为-映射，PGP 计划器可修改局部计划，以更协调的方式遵循各局部计划的主要计划步骤，并建立表示节点间关系的解-构造-图。

8.6 面向协作的多角色服务配置协调机制实现算法

角色是对服务参与者的抽象，代表一类能够完成特定功能的具体服务。按照角色对所有软件人进行“虚拟社区”划分，每个软件人完成特定任务和功能，如项目管理过程中的网络进度图监控、设备及劳动力配置监控、材料供应监控、工程量管理、签证支付管理等。这里需要说明的是软件人根据其提供服务的能力或请求服务的类型可以动态地加入或退出某个“虚拟社区”。这样通过“虚拟社区”的分级分区管理，就建立了多软件人间的层次结构化协作机制[142]。

8.6.1 服务协调配置描述

在整个系统和每个“虚拟社区”中都采用基于 Web 服务的基本三角形架构，这样就可以为服务的供、需方提供高效和健全的配置协作机制。社会协调负责定义所有活动之间整体的约束关系，社区协调负责定义某个特定领域活动之间的约束关系，软件人则负责提供某个具体行为。在系统运行结构上，系统中不存在集中控制的组合引擎，运行时刻服务请求者绑定到具体服务提供者，双方共同协作执行，各自控制自己的执行过程。

服务协调提供的配置服务(AS)可以用六元组表示：

$$AS=\{WS, SC, SLD, BKD, AM, SMA/SCA\} \tag{8.47}$$

式中，WS 为服务，包括服务的基本描述(如服务名称和文本描述)、服务的功能描述(如服务功能、行为描述)和服务的属性描述(如代价、响应时间、服务优先级)等非功能属性描述。SC 为服务协调，由社会协调和社区协调构成，负责收集服务提供者提供的服务(PS)，并按照服务类型分别存入 SLD 中。当服务请求者需要得到服务时，就向 SC 发出请求服务(RS)，SC 再启动 SMA/SCA，从 SLD 和 BKD

中匹配或组合 RS 描述的服务。这里分两种情况，一种是 PS /RS 正好与所在的社区协调所提供的角色一致，此时就可以直接将发布的服务存入本地 SLD，或从本地 SLD 和 BKD 中匹配 RS 描述的服务。另一种情况相对复杂一些，当 RS 与所在的社区协调所提供的角色不一致或是一个组合服务时，由所在的社区协调转发 RS 给社会协调，社会协调再启动 SMA/SCA，把任务分配给一个或多个社区中介。SLD 为服务的本地数据库，对于社会协调，其存储的是所有活动之间整体的约束关系，如社区协调的角色标识、角色能力即支持的操作集合、所在位置、与其他社区协调的关系等；对于社区协调，其存储的是某个特定领域活动之间的约束关系，如软件人的角色标识、角色能力、所在位置、与其他软件人交互时的约束等。BKD 为背景知识库，用于存储领域的基本常识/逻辑、项目管理专家的先验知识或是项目管理专家的组合或评价模型等。背景知识决定了服务之间的依赖关系，在 SMA/SCA 中需要利用它来辅助对服务进行组合。AM 为配置机制，是事件驱动型的，通过服务的注册、发布、发现等事件触发相应的中介服务。SMA/SCA 为服务匹配/组合算法，是决定配置服务性能高低的关键。目前已有许多相关的算法，如基于语法的各类通用描述、发现与集成(universal description, discovery and integration, UDDI)服务系统、基于语义的 augment UDDI Registry 系统等。总体来说，基于语法的算法实现相对简单，但查准率低，对服务的组合、验证还远远支持不够；基于语义的算法查准率高，但过于复杂，不灵活，实用性差。

8.6.2　服务匹配算法

软件人提供/请求的服务应用于进度控制、质量控制、投资控制、风险评估及合同管理，每一项业务又可以进行细分，如图纸供应、材料供应、施工条件，都属于进度控制范畴，而同时材料供应又可属于质量控制范畴。因此，项目管理专家通过服务需求的分析，结合项目管理的对象特征、行业背景，对不同项目对象的共性需求进行抽象，归纳总结出一些规则性服务组合，形成项目管理实例(存入 BKD 中)，这样当一个请求的服务是一个组合服务时，用户就不必自己重新组合这些服务，只要在 BKD 中查找所需的实例即可。在相关研究工作的基础上，下面给出项目管理自适应的服务匹配/组合算法，首先介绍几个概念。

项目管理实例是指一种指定了顺序、结构及内部属性，可通过裁剪、配置而直接套用的业务过程框架，可以形式化地描述如式(8.48)所示：

$$\text{Template} = \{\text{TemId}, \text{TemNam}, \text{TemInfo}, \text{TemStru}\} \tag{8.48}$$

式中，TemId 为实例唯一标识，用以区分不同的实例；TemNam 为实例名称；TemInfo 为实例的描述信息，包括模板的功能、输入、输出等；TemStru 为实例的结构，表示实例涉及的服务及服务之间的逻辑关系，是最重要的部分。

实例匹配是指 RS 与项目管理实例中 TemInfo 匹配断言，如式(8.49)所示：

$$\mathrm{match(RS,TemInfo)} = \{\mathrm{match_{bas}(RS, TemInfo), match_{sig}(RS, TemInfo)}\} \tag{8.49}$$

式中，$\mathrm{match_{bas}}$(RS, TemInfo)为基本匹配，表示比较 RS 和 TemInfo 中服务功能的相关性；$\mathrm{match_{sig}}$(RS, TemInfo)为基调匹配，表示比较 RS 和 TemInfo 中输入(输出)类型和方向的相关性。

相似度(RD)是指 RS 与项目管理实例中 TemInfo 相匹配的程度，可以采用数值计算来度量，包括基本匹配相似度和基调匹配相似度。基本匹配相似度可以采用关键字匹配方法来计算，取值 0～1；基调匹配相似度可以采用集合论和关键字匹配方法来计算，取值 0～1。

匹配算法代码如下：

```
procedure SMA_SCA(RS:S){
search(RS,SLD,flag,);//在 SLD 中搜索 RS，若成功则置 flag 为 true，同时将对
                              应的服务存入 output_s 中；否则置 flag 为 false
if(flag=true)
   按照提供 output_s 服务；
else
{
temselect=∅;  //设置候选的实例集为空
   for each tem in BKD  //对在背景知识库 BKD 中每个实例做下述操作
   {
     RD_bas= match_bas(RS,tem.TemInfo);        //计算基本匹配相似度
     RD_sig= match_sig(RS,tem.TemInfo);        //计算基调匹配相似度
      if ((RD_bas >α)and(RD_sig>β))
           tem^select= tem^select ∪tem.TemId;
           //α、β 可以根据实际情况选定确定的值，当其值为 1 时为完全匹配}
   if(tem^select<>∅)
     {
     任意选定一个 tem.TemId;
     //也可以按α+β 的和来选取最大值依照 tem.TemStru 提供服务；}
    else
     告知用户其请求的服务无法实现
}
```

服务请求者一旦注册完成，并通过服务中介“发现”自己需要的服务，就和服务提供者“绑定”在一起，这样所有的事务双方通过协调、协商来完成，不再需要服务中介的干预。参与服务双方的协商智能可通过过程的理性化来实现。理性协商关键在于使参与服务的软件人能基于其心理模型、协商内容的表示和协商协议，理性和灵活地推进协商过程，以实现协作伙伴的优化选择和协作异常的优化处理。心理模型包括软件人应采取的协商行为和内容，可表示为四元组：

$$MM = \{SB, BD, NS, CK\} \tag{8.50}$$

式中，SB 为社交信念，包括行为约束条件和当前社交环境的信息等；BD 为基本愿望，描述本软件人拟开展的活动及需求或可能的动作过程等；NS 为协商状况，记载协商过程的动态信息；CK 为关于协商行为和内容的推理知识，旨在应用 SB、BD、NS 来决策软件人应该采用的协商态势和协作合同条款的内容取值。推理知识又可分为评价知识、战略知识和战术知识。

BDI(信念、愿望、意图)模型是智体中最著名、最有影响力的心智模型，信念描述软件人的项目管理知识模型，愿望表示希望达到的某种状态，意图是软件人决定(或承诺)做的事。BDI 智体是一种实用推理结构，其推理过程和人们日常使用的方法类似，这里参照其推理方法对理性决策过程描述如下：

```
procedure MM(si: Message) //si 为 sensor input，含义是感知输入
{
   sb=create();          //信念生成函数，建立当前的社交信念集合 sb
   bd=generate(sb,si);   //愿望生成函数，根据当前的社交信念和感知输入生成可
                           能的选择 bd
   nbd=filter(SB,BD,NS,CK);//过滤函数，应用 CK 进行推理、慎思，确定新的 nbd
   action=act(nbd);       //决策函数，确定要采取的动作/意图
   ns=Register(); //协商状况记载函数，记录协商过程的动态信息
}
```

8.7　面向协作的角色迁移模式研究

本节借鉴 IBM 公司在移动智体平台 Aglets 系统中提出的智体传输协议(agent transfer protocol，ATP)以及 Java 中的序列化机制和类载入机制等，实现软件人的移动。然而，软件人的迁移完全出于完成任务的需要，从而避免海量待处理远程数据的传输时延。理想的情况是，当软件人在执行中发现自己需要迁移到另一节点上获取某资源时，它就保存好当前的执行状态，然后迁移到目标节点，在目标节点上恢复状态，接着在原先的断点处继续执行。这就是强迁移。然而不幸的是，Java 不允许存储堆栈，也不允许一个线程被中断后重新执行，这是 Java 内在的安全机制所决定的。由此导致的后果是当软件人迁移到目标节点时，不能从断点处继续执行，而是又从头执行。这显然是低效的，而且目标节点中未必有软件人前期执行所需的资源，从而使整个任务陷于失败。

解决上述问题有两种途径：

(1) 修改 Java 虚拟机，从而完全实现软件人的强迁移。这种方法的优点是一旦 Java 虚拟机修改完成，就能一劳永逸，使 Java 语言编写的软件人代码量小，程序和逻辑结构简单易读、灵活以及执行效率高等。然而，众所周知，修改 Java

虚拟机是许多人都不愿去碰的“硬钉子”，因为它开发周期长、难度大，不能马上见效。

(2) 设计良好的软件人任务实现方式，从而在不修改 Java 虚拟机的前提下，仍然能较好地完成任务。这种方法的本质是把软件人的任务根据迁移的需要进行分解，使之在每个节点上完成一个相对独立的子任务，通过事件驱动和消息传递对各子任务进行协调和配合，从而达到完成整个任务的目的。这种方法的优点是明显的，由于它要求各子任务必须在完成后才考虑迁移，而不在子任务的执行中迁移，不涉及执行线程的中断再继续问题，不修改 Java 虚拟机也同样能完成任务。

显然，在软件人迁移过程中，设计良好的任务实现方式比修改 Java 虚拟机更加切实可行，它不仅能达到同样的目的，而且能马上付诸应用。所以，下面将深入讨论三种可行的任务实现方式，并对它们进行简要的对比和分析[147]。

8.7.1 工作流模式

工作流模式的基本原理是：把任务按序列划分，根据软件人要迁移的目标节点序列，划分出相应的子任务序列，通过事件驱动来触发软件人执行对应的子任务。

图 8.30 给出了一个简单的工作流模式图例。软件人首先在主节点 A 中生成，开始自己的生命周期。当执行完子任务 1 后，按计划此软件人要迁移到节点 B。在迁移前触发一迁移事件，进而调用相应的函数完成迁移准备工作，然后实施迁移。当到达节点 B 后，触发一迁移完成事件，进而调用相应的响应函数，启动子任务 2 的执行。以此类推，当软件人在节点 C 中完成子任务 3 后，整个任务完成，此时软件人可以返回主节点 A 报告任务完成情况，然后结束自己的生命周期。下面以代码形式简要说明其实现过程：

```
Public class TaskStreamSoftMan extends SoftMan implements
MobilityListener {
int task_counter=1;
public void onCreation(Object init){
doJob1();//软件人首先执行子任务 1
}
// 软件人到达目标节点后，通过事件驱动触发 onArrival 方法的执行
public void onArrival(MobilityEvent ev){
  if (task_counter=1) {
       System.out.print(“The whole task was completed.”);
   dispose();//结束软件人的生命周期
  }else if(task_counter=2){
              doJob2():/软件人在节点 B 内执行子任务 2
          }else if{task_counter=3}{
```

```
            doJob3();//软件人在节点 C 内执行子任务 3
        }
Public void doJob1() {
 …;
 taskCounter++;
   dispatch(nodeB_adress);//软件人迁移到节点 B
}
Public void doJob2(){
 …;
 taskCounter++;
  dispatch(nodeC_adress);//软件人迁移到节点 C
}
Public void doJob3() {
 …;
  taskCounter=1;
    dispatch(nodeA_adress);//所有任务完成，返回节点 A
}
}
```

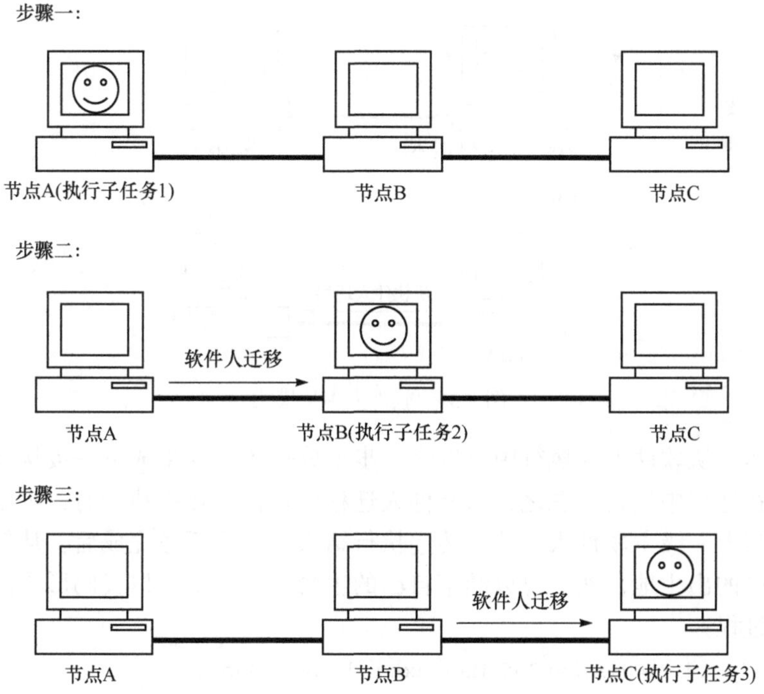

图 8.30 软件人工作流模式

工作流模式的特点是：整个任务是由软件人独立完成的，同时在完成任务的过程中体现出一定的顺序性。这非常类似于现实世界中人类处理问题的方式。例如，我们办理报销手续，首先要填好报销单，接着迁移到领导办公室请主管领导签字，然后迁移到财务处领取现金，至此整个报销任务才全部完成。

8.7.2 主从模式

主从模式的基本原理是：把任务按功能划分为一个或多个子任务，每个从软件人负责一项子任务的实现，主软件人负责控制和实现任务的主逻辑并通过分派和管理从软件人，让从软件人迁移到目标节点并完成具体的子任务，从而达到完成整个任务的目的。

图 8.31 给出了一个简单的主从模式图例。首先主软件人在节点 A 中执行时，发现需要到节点 B 上获取某资源或完成某些操作(可以看成一个子任务)，此时它本身并不迁移，而是生成一个从软件人，并把它派往节点 B，完成子任务并返回结果，主软件人得到此结果后，可以按主任务逻辑继续工作，直至整体任务的完成。

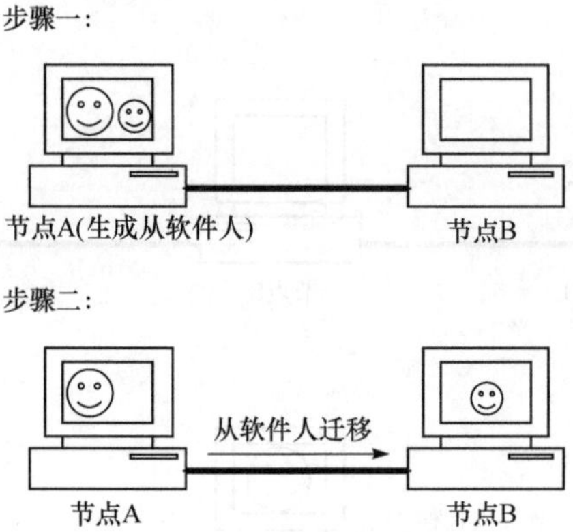

图 8.31 软件人主从模式

当然，从软件人在执行中可以进一步划分任务，并生成下一级从软件人，进一步在迁移中执行。总之，从软件人迁移到目标节点中执行时，可以通过消息传递与上一级主软件人通信，传递执行结果。当子任务完成后，从软件人就返回自己的出生地，然后可以结束自己的生命周期。下面以代码形式简要说明其实现过程：

```
Public class MasterSoftMan extends SoftMan {
SlaveSoftMan slavesoftman=null;
Public void onCreation(Object init){
doMasterJob();//软件人首先执行主任务
```

```
}
Public void doMasterJob(){
…;
slavesoftman=createSlave(CodeBase, SlaveClassName);//生成从软件人
slavesoftman.dispatch(nodeB_address);
…;
}
}
Public class SlaveSoftMan extends SoftMan implements MobilityListener {
URL url=null;

Public void onCreation(Object init){ … }//完成初始化工作
public void onArrival(MobilityEvent ev){
     url=this.getSoftManContext.getHostingURL();
       if (url==nodeB_adress){
           doSlaveJob();
   }else if (url==nodeA_adress){
         …//可以通知主软件人任务已完成，或交付结果
  }
 public void doSlaveJob{
 …//完成在节点 B 上的从任务
  dispatch (nodeA_address);
 }
}
```

主从模式的特点是：任务是通过多个软件人之间的协作来完成的。这些软件人不仅功能不同而且角色也不同，它们之间存在着领导与被领导的关系。也就是说，从软件人总是为主软件人服务，并且受主软件人的支配。这也非常类似于现实世界中人类解决问题的方式。例如，一个军事指挥员在制订作战方案时，总是先派出许多侦察员迁移到各目标地点去搜集情报，然后分析得来的情报，做出最后决策。至此制订作战方案的任务得以完成。

8.7.3　分体模式

分体模式的基本原理是:软件人本身以工作流模式具备完成整个任务的能力，但是对于某些需要通过迁移来完成的子任务，尤其是一些性质相似但要频繁迁移到不同节点上来完成的子任务，显然以工作流模式按序列工作是低效的。此时不妨生成若干个功能和状态与自己完全相同的克隆软件人，把它们派发出去并行工作，从而大大提高工作效率。

这里需要注意的是，软件人与其克隆软件人在逻辑上是一体的，这样就要求

克隆软件人在任务完成后必须返回出生地，交付结果并结束生命周期，这作为一种内在机制固化在软件人内部。这样做的好处是：一方面能防止软件人的泛滥，保持其可控性；另一方面是在软件人迁移过程中，只需关注原软件人的迁移情况即可，克隆软件人的迁移永远只是原软件人完成任务的一种方式。

当然，用主从模式也完全可以实现派发多个软件人并行工作，但与分体模式相比，它的成本更高，因为主从模式不仅要设计不同功能的软件人，而且还要设计相应的协调机制。因此对于某些相对简单的事务，用分体模式更经济实惠。

图 8.32 给出了一个简单的分体模式图例，软件人在节点 A 中执行时发现需要迁移到 B、C 两节点执行某类似操作，此时就调用克隆原语，复制出两个状态和功能与自己完全相同的克隆软件人，然后把它们派发到目标节点工作。任务完成后，两克隆软件人可以返回出生地 A 节点，带回结果并结束自己的生命周期。代码如下：

```
Public class MultiSoftMan extends SoftMan implements MobilityListener{
SoftManProxy p1, p2;
public void onCreation(Object init) {
doJob();
}
public void doJob(){
…;
p1=clone(); //生成克隆软件人 p1
p1.dispatch(nodeB_address);
p2=clone(); //生成克隆软件人 p2
p2.dispatch(nodeC_address);
…;
}
public void onArrival(MobilityEvent ev){
    url= this.getSoftManContext.getHostingURL();
        if (url==nodeB_adress){
            doSlaveJob1();
    }else if (url==nodeC_adress){
                doSlaveJob2();
        }else if (url==nodeA_adress){
        …; //可以通知主软件人任务已完成，或交付结果
   }
public void doSlaveJob1();//子任务完成后必须返回生成地结束生命周期
public void doSlaveJob2();//子任务完成后必须返回生成地结束生命周期
}
```

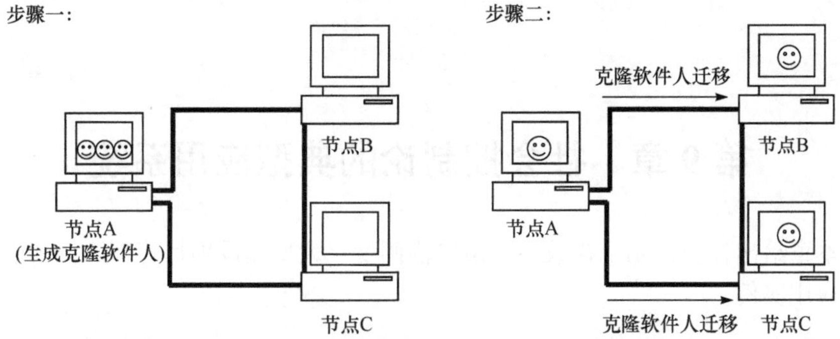

图 8.32　软件人分体模式

分体模式的特点是：软件人既能独立完成任务，又能在必要时摇身一变，生成多个与自己能力相同的软件人分头工作。软件人与其克隆人之间只有角色的不同，功能是完全相同的。这恰恰反映了现实中人类的一种愿望。例如，某任务不方便或没必要另派一个专人去协助完成，但又确实枯燥繁重，此时人们往往会叹息道："我要是能一身二用就好了。"当然，这对于现实的人是不可能的，但计算机却能够做到，这正是人工生命优点的体现。

第 9 章　社会控制论的典型应用系统

本章给出社会控制论在数字气田采输调度、大型建设项目管理协调智能调度中的应用实例。

9.1　数字气田协调智能调度系统的实现

9.1.1　气田生产调度系统需求

1. 气井生产制度的现状

气井生产制度也就是气井的工作制度，是指控制气井每天以多大的产气量进行生产。气井生产制度的调度包括新井生产制度调度和老井生产制度调度管理。对于新投产气井，气井工作制度一般根据气井投产前测试获得的数据进行确定，目前现场新投产的气井的工作制度一般按经验确定，按气井测试无阻流量的 1/6～1/5 或 1/8～1/7 作为气井的工作制度进行生产，然后根据气井生产过程中压力、产量变化情况进行气井工作制度调整。老井工作制度的制定主要是依据当年生产任务情况、气井在上一年生产中的工作制度下压力与产量递减情况以及气井是否产水等因素确定每口气井的工作制度，在生产过程中根据气井产量/压力递减情况、新井投产产量并结合是否能够完成年产量任务情况进行调整。

2. 气田生产调度的数据流

目前气井生产过程中的生产数据包括气井油压、套压，气井产量计量用的流程上流压力、流程下流温度，孔板节流阀的静压、差压。具体的气田生产调度的数据流程如图 9.1 所示。

3. 气田生产调度系统存在的问题

传统的生产调度和管理方式已严重不能适应日益复杂的气田实时生产的需要，主要表现为：采用人工原有的生产数据采集和传输方式单一，很难满足生产调度管理中对信息管理的实时性要求；现使用的开发数据管理软件 OGDM 的功能是针对油藏管理，对气田生产管理基本未涉及；气田日输气量和用户的不断增加，天然气集输配管网系统日趋复杂和庞大。如何通过合理调度，达到管网调度

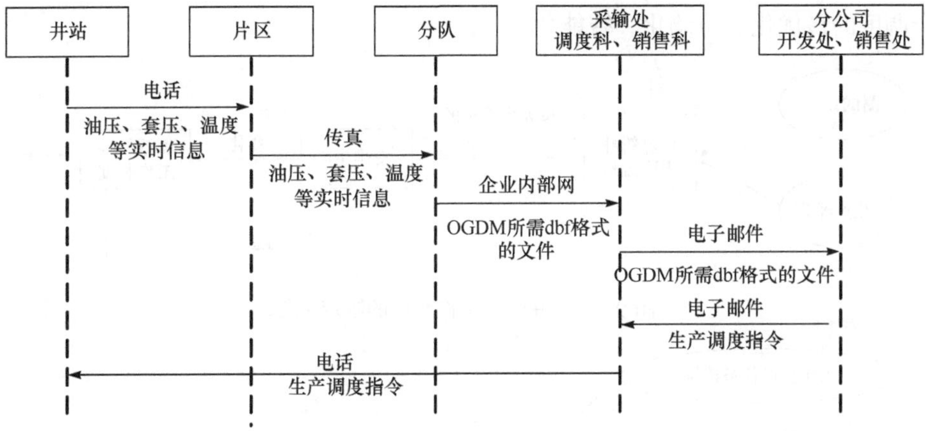

图 9.1　气田生产调度的数据流程

的灵活快捷，从而实现天然气集输管网优化运行，是天然气调度管理部门急需解决的问题；现有的管道仿真软件 PES 由于受当时条件的限制，数据采集和输入采用离线加人工的录入方式，仿真数据的预处理工作既耗费时间，又容易出错；另外，PES 的压力和产量只能设置为定值而不是范围值，同时也无仿真优化模块，无法为生产管理人员提供快速、可靠的最优化调度方案。

气田生产调度的主要特点为：复杂性，表现在气田生产资源和过程的动态重组能力；实时性，要能充分发挥先进的、高性能自动化仪表在线采集性能；灵活性，即能适应经常性的供气任务变化或季节调峰，以及应对事故紧急情况的发生。

4. 解决思路

气田生产实时调度是一个复杂的认知过程，涉及油气开发、储运集输等相关知识的综合利用，这一过程可作为复杂大系统控制问题。

(1) 基于智能自律分散系统理论和方法，自底向上改造现有的大系统或建设新的大系统，需要在系统分析的基础上进行系统综合，具体包括系统规划、设计、控制、管理，以及总体方案设计、关键参数优选、动态协调控制、管理调度决策等多个环节。

(2) 基于 OGDM 的历史生产数据建立生产调度的科学体系(图 9.2 和图 9.3)，进一步提高气井生产制度管理水平，使其规范化、合理化，为调度决策提供科学依据；同时尽量避免大量的人力投入。

(3) 刻画气井生产数据流程，建立数据跟踪体系，为生产调度辅助决策提供服务。分析纠正生产数据，提示错误，发现生产数据异常。避免关于气井的有用信息的丢失，提高效率、降低人工错误率，利于气井实时生产调度。按照系统的目标和调度任务要求，根据资源和环境条件，制订适用的调度方案，实现气田生产调度的最优化、协调化、智能化。

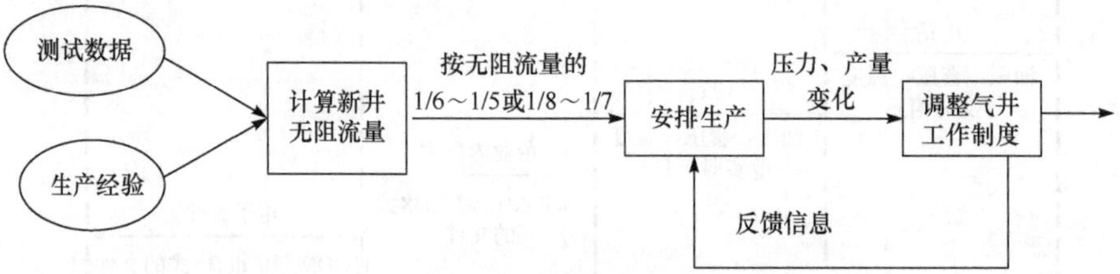

图 9.2　新井生产工作制度的制定流程

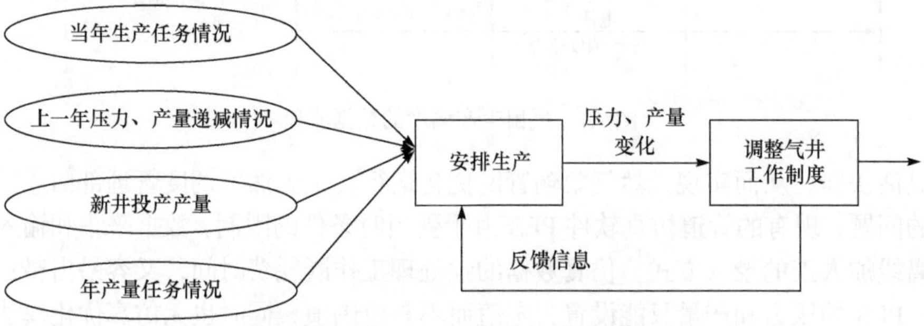

图 9.3　老井生产工作制度的制定流程

9.1.2　基于智能自律分散系统的数字气田实时生产调度系统架构

1. 数字气田生产调度系统总体结构

根据智能自律分散系统的集团模型、市场模型与分级递阶概念，构建数字气田实时生产调度的系统架构，如图 9.4 所示。

为了提高气田采输管理效率，促进气田信息化建设，较好地整合气田采输生产方面的相关信息资源，构建稳定、有效的大型气田采输网络数据库，引入智能自律分散系统理论模型，采用非线性优化等先进技术，实现对气田生产井、管网各节点的优化调度，保证气井的合理生产和管网在各种工况条件下的有效运行，最终形成一个集生产信息实时监控、优化调度为一体的网络化的气田实时生产调度系统。

图 9.4 中各节点含义如下。

Gas Station SoftMan：在物理气田管网中其相当于监控气井(站)或管网的计算机及管理人员，负责处理、收集所辖气井的实时数据(压力、流量、温度等，在图中用深色虚线 Real-time data 表示)和非实时数据(智能在线仪表或其他用于生产现场的设备硬件运行情况，在图中用浅色点画线 NonReal-time data 表示)。

Pipe Line SoftMan：相当于监控管线(含阀室)的计算机及管理人员，负责处理、收集所辖管线的实时数据(管线两端压力、流量、温度等)和静态数据(管线长度、

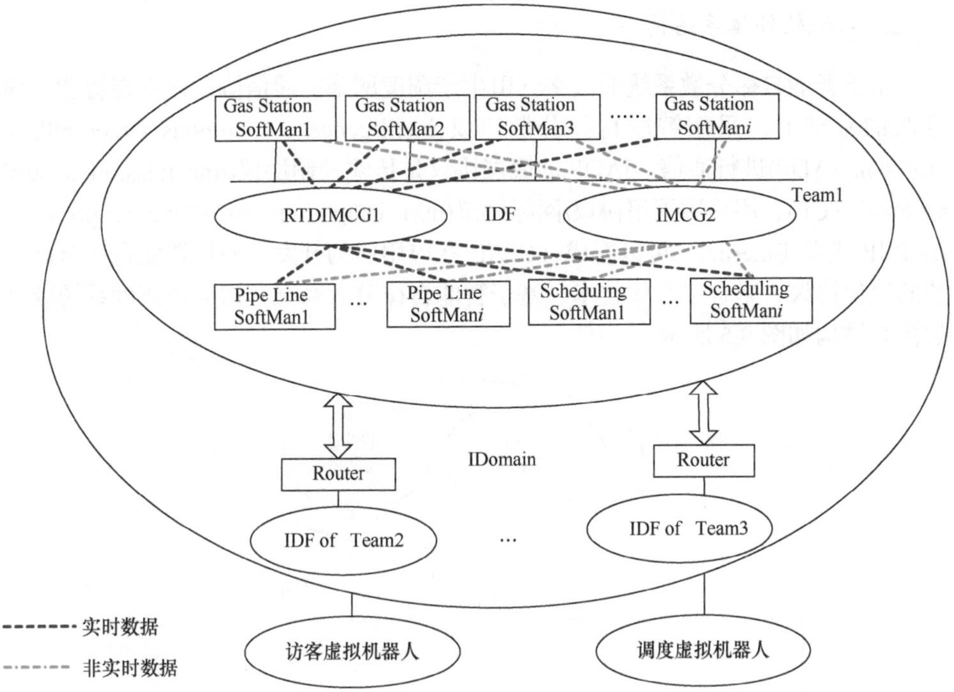

图 9.4　基于智能自律分散系统和软件人的数字气田生产调度系统架构

承压能力等情况)。

以上二者是系统中的逻辑节点，也是构成系统的最基本单元。每个逻辑节点都能独立接收所需的外界信息进行内部处理，并主动地以智能广播方式发送处理结果及其他内部信息。

IDF：智能自律分散系统中的智能数据域，或称智能市场，是系统中信息传播中心和智能协调中心，相当于井站内部的网络或存储器。所有节点可主动地向数据域发送信息，同时每个节点又可根据需要从数据域中获取数据。这种方式类似于电子市场中的供应者/消费者型智能数据传送机制。

IMCG：智能自律分散系统中的智能多目广播组。在系统中，最基本的通信方式是基于智能信息推拉技术的智能广播，把同一数据域中关系相近的多个逻辑节点根据实时需要，动态划分成一个广播组，这样便于智能管理。

IDomain：智能自律分散系统中的智能域。多个数据域可以通过路由器相互连接成为一个整体构成 IDomain，在数字气田调度系统中相当于采输处计算中心的层次。

RTDIMCG：实时数据智能广播组。

Team：气田管网采输生产队。

2. 系统软件体系结构

基于智能自律分散系统的数字气田生产调度网络的通信协议建立在智能自律分散的基础上，采用智能自律分散协议(intelligence autonomous decentralized protocol, IADP)进行通信。IADP 的底层协议是传输控制协议(transmission control protocol, TCP)、用户数据报协议/网际协议(user datagram protocol/internet protocol, UDP/IP)或者 Ethernet，可以看成 TCP/IP 在应用层的开发。根据智能自律分散系统的通信协议，融合多智体技术、基于智能自律分散系统气田生产调度系统软件的体系结构如图 9.5 所示。

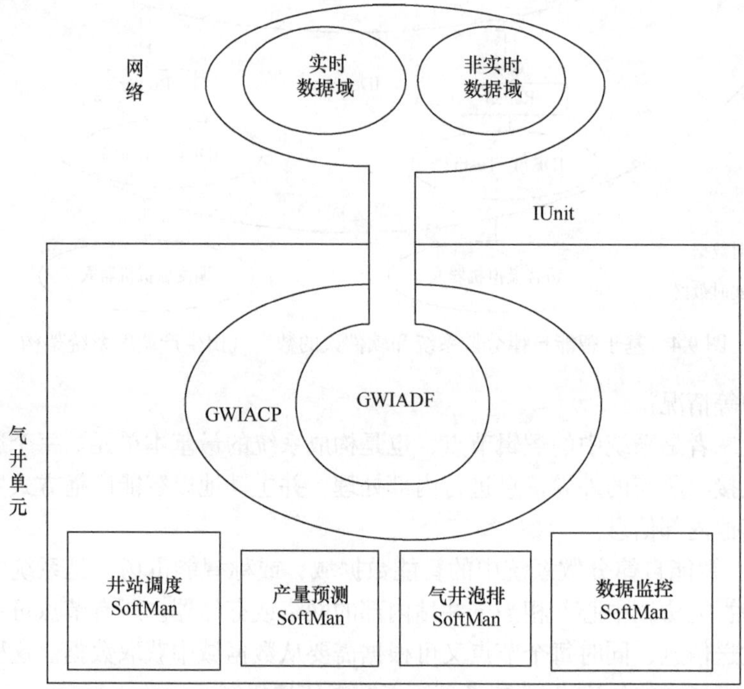

图 9.5　基于智能自律分散系统和软件人生产调度系统软件体系结构

图 9.5 中，气井智能自治控制处理器(gas well intelligence autonomous control processor, GWIACP)用来处理本身任务和与其他节点相协调；包括应用软件和 GWIACP 的子系统是一个自治单元，称为 IUnit，即智能自律分散系统中的原子(ATOM)；气井智能原子数据域(gas well intelligence atom data field, GWIADF)在 ATOM 和 ATOM 的智能数据域(IDF)中传递的数据称为原子数据域。在计算机单元外部，计算机单元与网络之间的联系是通过 IDF 实现的；在计算机单元内部，应用模块和外部联系是通过 GWIACP 和 GWIADF 实现的。

总之，在智能自律分散系统中，不是采用传统的程序驱动联系方式，而是采用智能数据驱动模式(intelligence data-driven module, IDD)，即智能信息推拉技术。

IDF 是智能自律分散系统中非常重要的一个概念，它相当于一个智能中转站，它的存在，使得智能自律分散系统中没有发送数据端和接收数据端之分。在智能自律分散系统中，所有数据的通信机制主要是智能广播式的通信方式。软件中的各个模块或逻辑节点根据自己的功能向 IDF 发送数据，无需数据接收端的请求或声明；软件中的每个模块或逻辑节点仅根据 IDF 判断自己是否接收到数据，而不是根据数据的发送端。

3. 基于智能信息推拉技术的快速数据交换池

在气田生产实际应用中，需要重点考虑解决生产调度实时性问题。实时发布订购系统(real time publish subscribe，RTPS)结构非常适合复杂数据流的分布式应用。借鉴 RTPS 的处理方式，智能自律分散系统的 IDF 对实时数据的交换采用了特殊的机制，具体做法是将气井生产数据分为实时数据(如与气井产量密切相关的油压、套压、温度等指标参数)和非实时数据，并设立实时数据智能广播组(RTDIMCG1)、非实时数据智能广播组(IMCG2)，气井生产实时数据只发向实时数据智能广播组 RTDIMCG1，实时数据和非实时数据均可发向非实时数据智能广播组 IMCG2。这样对原有的智能自律分散系统数据域，按照其实时性进行了划分，并且针对不同类型的数据采取不同的处理方式。

基于数据域结构和 Publish/Subscribe 通信模式，应用智能信息推拉技术对实时数据建立快速数据交换池，如图 9.6 所示。在硬件方面，实时数据智能广播

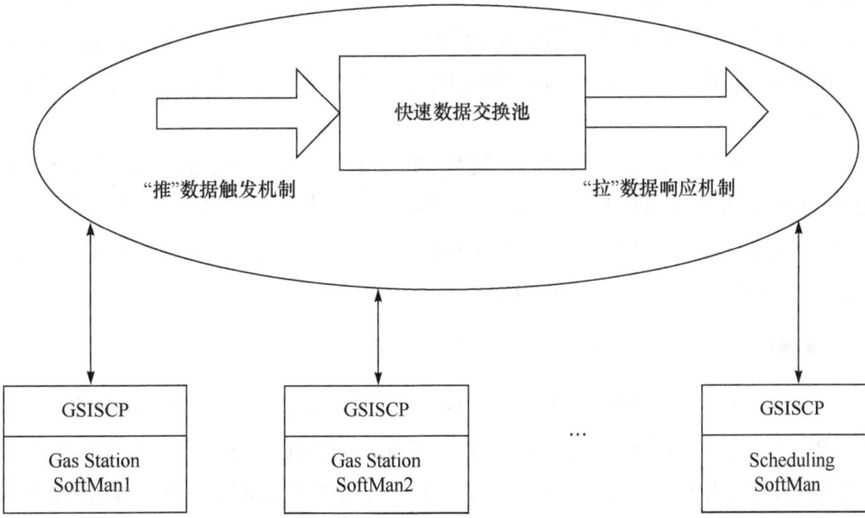

图 9.6　基于智能信息推拉技术的快速数据交换池示意图

GSISCP 代表气站信息服务通信协议

组(RTDIMCG1)可选用访问速度快、容量小的高速存储器，相当于计算机中的缓存。

9.1.3　示范工程系统概况

作者课题组围绕国家攻关任务和目标开展了大量工作，在资料收集、气田生产实时调度与决策技术研究、气井跟踪技术研究、泡排加注工艺技术研究、管网采输调度、高级实时处理系统(advanced real-time processing system, ARPS)产量预测、经验配产、输差分析预测等多方面开展了认真攻关，完成了大量的研究及软件开发工作。

通过数字气田关键技术川西示范系统的运行，建立了科学、合理的天然气调度方案，保证采输任务的顺利进行，同时也取得了显著的经济效益。

1. 化解集输管网风险，取得了巨大的经济效益

若气田天然气集输管网运行压力高于最高安全运行承受压力，则可能出现管网爆裂危险，其经济损失将是极其巨大的，主要表现为三个方面：

(1) 管网受到破坏。天然气管网是中国石油化工股份有限公司西南分公司近二十年逐步建立起来的固定资产，其价值约 8 亿元。在生产中，仅是支管线严重漏气，其抢修费用一般都为 6000～10000 元/天，抢修时间越长，费用越高，如果是主管道爆裂，则直接经济损失更为巨大。

(2) 如果管网爆裂，将使川西气田的正常采输气工作面临中断，如果全部中断，则每天停止采输气约 383.48 万 m^3，管道抢修时间越长其经济损失越大。

(3) 由于采输天然气管网爆裂将迫使气井关井停产，对于部分气井，时间越长对气层的伤害越大，不利于气井的长期稳定生产，其所造成的经济损失将无法定量估算。

数字气田可视化智能调度决策仿真 (digital gas fields visual intelligent scheduling simulation, DGF-VISS)系统的应用，在维护了川西气田正常生产的同时，也使得整个集输气管网压力低于 3.3MPa，确保了天然气集输管网的安全运行，避免了上述经济损失的发生，取得了巨大的经济效益。

2. 确保管网天然气充分利用，取得了显著的经济效益

高压新井投产后，降低井口压力是确保压力任务顺利、安全完成的重要前提。众所周知，降低井口压力的过程就是大量产出天然气的过程。突然增加大的产气量，集输管网能否安全运行是至关重要的问题，数字气田生产调度系统对进气节点的流量分析功能提供了科学、合理的调度方案，为保证集输管网的安全运行发挥了重要的作用，取得了显著的经济效益。

3. 避免了气井的停产，获得了较好的经济效益

由于用户用气量(调增或调减)的调整，数字气田生产调度系统采用了科学的调配方案，最大限度地减少了因调减或关井停产而导致的大部分低压气井难以恢复生产情况的发生。

本节在正常优化调度、管线应急、管网调峰方面都开发了相应的辅助分析与决策系统，这些成果都可以直接推广应用到其他同类气田。基于最经济控制的、气田管网协调优化调度 MEC-SCOS 方法以及基于案例树联想推理的气田管网应急调度 CTAR-PES 方法，采用智能自律分散系统、软件人和可伸缩矢量图形技术，建立的数字气田可视化智能调度决策仿真平台 DGF-VISS，可以在其他同类气田管网正常协调优化与异常应急调度辅助决策系统中推广应用，从而提高辅助分析与决策的能力。

9.2　大型建设项目管理协调智能调度系统的实现

9.2.1　大型建设项目协调智能调度在线监理子系统

大型建设项目协调调度流程，按照大型建设项目的进程，设计了 36 个表格，分 TA、TB、TC 表，这些表格的内容涵盖了项目参与方在项目实施的不同阶段的所有信息。在软件人的具体应用中，可以把每一个表格看成一个虚拟社区，按照角色对所有软件人进行虚拟社区划分，每个软件人完成特定任务和功能。软件人根据其提供服务的能力或请求服务的类型可以动态地加入或退出某个虚拟社区。这样通过虚拟社区的分级分区管理，就建立了多软件人间的层次结构化协作机制。

在整个系统和每个虚拟社区中都采用基于 Web 服务的基本三角形架构，这样就可以为服务的供、需方提供高效和健全的配置协作机制。社会协调负责定义所有活动之间整体的约束关系，社区协调负责定义某个特定领域活动之间的约束关系，软件人则负责提供某个具体行为。

基于多软件人的大型建设项目协调智能调度在线监理子系统工作流程如下：

(1) 登录，输入用户名、密码、项目 ID、注册、管理等信息。

设定：一个用户只能有一个用户名，能参加不同项目，但在一个项目中只能担任一个角色。登录时通过用户名和项目 ID 两项确定用户在该项目中的角色，并且传递给下个界面。

(2) 选择操作表格，显示所有表格名称，根据用户角色显示相关的表格名称，选择表格进入。

(3) 表格操作，选择具体表格，对表格进行填写、审批等详细操作。

大型建设项目管理协调智能调度系统在线监理子系统具体工作流程如图 9.7 所示。

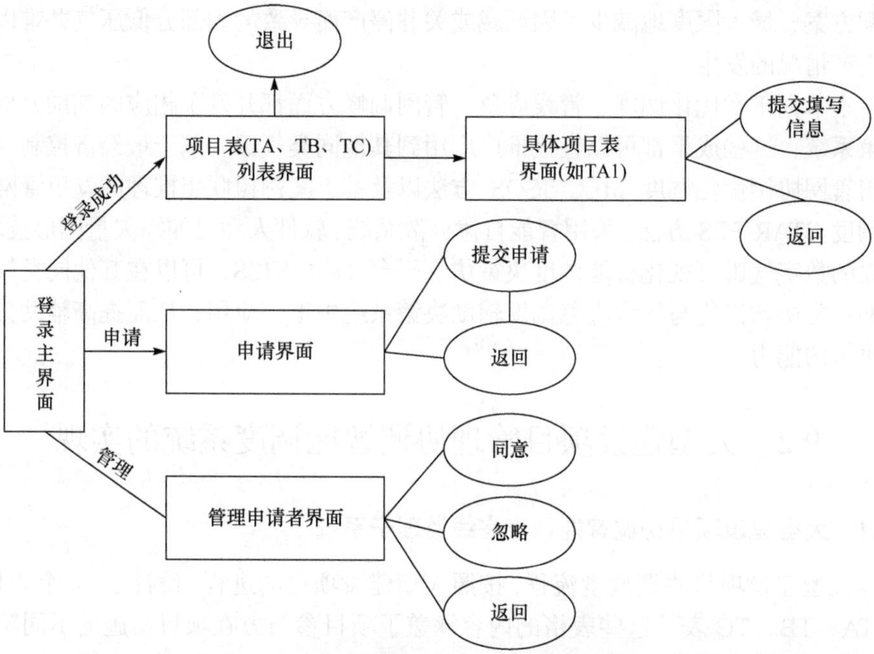

图 9.7　大型建设项目管理协调智能调度系统在线监理子系统工作流程

9.2.2　设计文件及图纸审核协调调度工作实例

本节以宁钢焦化工程为例说明系统的应用。以项目管理中的一个环节，即“设计文件及图纸审核协调调度工作”为例，焦化工程“设计文件及图纸审核管理协调调度(TA1).xml”代码示例描述如下：

```
<?xml version="1.0" encoding="UTF-8"?>
<project name="焦化工程--"设计文件及图纸审核管理"软件人" company="CIEE"
webLink="http://localhost:8080/neossh2/"  view-date="2005-05-29"
view-index="0" gantt-divider-location="436" resource-divider-location=
"527"version="2.0">
    <description><![CDATA[焦化工程]]></description>
    <view zooming-state="default:4" id="gantt-chart"/>
    <view id="resource-table">
        <field id="0" name="名称" width="61" order="0"/>
        <field id="1" name="默认角色" width="38" order="1"/>
    </view>
    <!-- -->
    <calendars>
```

```
    <day-types>
        <day-type id="0"/>
        <day-type id="1"/>
        <calendar id="1" name="default">
          <default-week sun="1" mon="0" tue="0" wed="0" thu="0"
          fri="0" sat="1"/>
            <overriden-day-types/>
            <days/>
        </calendar>
    </day-types>
</calendars>
<tasks color="#8cb6ce">
    <taskproperties>
        <taskproperty id="tpd0" name="type" type="default" valuetype=
        "icon"/>
        ……
  </taskproperties>
   <task id="0" name="施工组织设计(方案)报审表(TA1)" color=
   "#8cb6ce" meeting="false" start="2005-06-16" duration="19"
   complete= "0" priority="1" expand="true">
        <task id="1" name="承包单位 项目经理提交申请" color="#8cb6ce"
        meeting="false" start="2005-06-17" duration="3"complete=
        "0"priority= "1" webLink="F%3A%5CWebSite2%5CTA1.htm"
        expand="true">
            <notes><![CDATA[我单位根据施工合同的有关规定完成了工程的施
            工组织设计(方案),并经我单位技术负责人审查批准，请予以审
            查。]]></notes>
            <depend id="2" type="2" difference="0" hardness=
            "Strong"/>
            ……
        </task>
        <task id="2" name="项目管理单位 专业项目管理工程师进度审查"
        color="#8cb6ce" shape="1,0,1,0,0,1,0,1,1,0,1,0,0,1,0,1"
        meeting= "false" start="2005-06-22" duration="2" complete=
        "0" priority="1" expand= "true">
            <depend id="3" type="2" difference="0" hardness=
            "Strong"/>
        </task>
        <task id="16" name="项目管理单位 专业项目管理工程师质量审查"
        color="#8cb6ce" meeting="false" start="2005-06-22"
        duration="2" complete="0" priority="1" expand="false">
            <depend id="3" type="2" difference="0" hardness=
```

```
        "Strong"/>
    </task>
    <task id="18" name="项目管理单位 专业项目管理工程师预算审查"
    color="#8cb6ce" meeting="false" start="2005-06-16" duration=
    "3" complete= "0" priority="1" expand="false">
        <depend id="3" type="2" difference="0" hardness=
        "Strong"/>
    </task>
    <task id="20" name="项目管理单位 专业项目管理工程师风险评估"
    color="#8cb6ce" meeting="false" start="2005-06-22"
    duration="4" complete= "0" priority="1" expand="false">
        <depend id="3" type="2" difference="0" hardness=
        "Strong"/>
    </task>
    <task id="22" name="项目管理单位 专业项目管理工程师合同审查"
    color="#8cb6ce" meeting="false" start="2005-06-22" duration=
    "2" complete= "0" priority="1" expand="false">
        <depend id="3" type="2" difference="0" hardness=
        "Strong"/>
    </task>
    <task id="3" name="项目管理单位 总项目管理工程师审核" color=
    "#8cb6ce" meeting="false" start="2005-06-28" duration=
    "4" complete="0" priority="1" expand="true">
        <depend id="4" type="2" difference="0" hardness=
        "Strong"/>
    </task>
    <task id="4" name="建筑单位 主管工程师审核" color="#8cb6ce"
    meeting="false" start="2005-07-04" duration="3"
    complete="0" priority= "1" expand="true">
        <depend id="5" type="2" difference="0" hardness=
        "Strong"/>
    </task>
    <task id="5" name="建筑单位 部长审核" color="#8cb6ce" meeting=
    "false" start="2005-07-07" duration="1" complete="0"
    priority="1" expand="true">
        <depend id="6" type="2" difference="0" hardness=
        "Strong"/>
    </task>
    <task id="6" name="建筑单位 总工审核" color="#8cb6ce" meeting=
    "false" start="2005-07-08" duration="3" complete="0"
    priority= "1" expand="true"/>
</task>
```

```
    </tasks>
    <resources>
  <resource id="0" name="李明" function="0" contacts="liming.
  TA1@ciee.com" phone="0574-86867107"/>
……
    </resources>
    <allocations>
       <allocation task-id="1" resource-id="0" function="0"
       responsible="true" load="100.0"/>
       ……
    </allocations>
    <vacations/>
    <taskdisplaycolumns>
       <displaycolumn property-id="tpd3" order="0" width="232"/>
       ……
    </taskdisplaycolumns>
    <previous/>
    <roles roleset-name="Default"/>
    <roles>
       <role id="0" name="(承包单位)项目经理"/>
       <role id="1" name="(项目管理公司)专业项目管理工程师"/>
       <role id="2" name="(项目管理公司)总项目管理工程师"/>
       <role id="3" name="(业主)主管工程师"/>
       <role id="4" name="(业主)部长"/>
       <role id="5" name="(业主)总工"/>
    </roles>
</project>
```

9.2.3　大型建设项目协调智能调度设备及材料子系统

设备及材料管理是大型建设项目中的重要组成部分。设备及材料管理的好坏直接关系到项目是否能够按期、按要求完成。作为大型建设项目管理的一项内容，设备及材料管理同样涉及进度、质量、投资管理等方面，通过对设备管理子项目的探讨、研究及项目管理信息系统实现，可以对大型工程项目本身有更深入的理解，同时对整个大型建设项目管理信息系统的建设有更全面的认识和更好的把握。

设备管理的主要工程包括招标、签订合约、供货、到货验收、安装调试。其中每一个工程阶段又可以划分成更细的子阶段。

设备管理过程中的主要文档包括设备参数文件、招标文件、采购合同文件、到货验收文件、安装调试文件。

1. 大型建设项目设备管理的特点

设备管理作为大型建设项目中的一个重要环节，其进度直接影响后续工作的开展，因此设备及材料的进度管理是大型建设项目进度管理中的重要组成部分。大型建设项目中涉及的生产设备及材料不但使用量大、面广、规格多，而且投资额大，直接决定着工程造价。据统计，一般建筑工程项目中材料使用费用占总造价的60%左右，且呈上升趋势。同时，生产设备及材料的性能质量是项目建设质量的基础，直接关系到整个工程项目的质量。

此外，大型建设项目实施过程中需要处理大量信息，其特点是除具备信息的一般特性，还具有信息来源广泛，信息种类繁多、形式多样，信息资源非消耗性，信息发生及应用时空不一致等特点。

2. 大型工程项目设备及材料管理存在的问题

由于大型项目设备及材料种类繁多、数量大，涉及业主、监理方、施工方、供货方等众多人员机构，如何进行有效的进度管理是项目各利益相关方所面临的最大问题。

大型工程项目中设备及材料的造价、质量直接决定着整个工程造价与质量。而目前的设备及材料管理仍基于纸质的方式进行，严重影响了设备及材料管理的效率，造成资源浪费和不必要的损失。因此，如何通过信息化的手段进行科学、有效的设备及材料管理，对控制和降低整个工程项目造价、保证工程建设的质量、保证工程进度具有重大的现实意义。

信息管理方面，如何将分布在各承包商、供应商，各工作节点、管理机构、管理人员，不同的软硬件平台、局域网上的各种信息资源通过有效途径整合、集成起来，为项目管理人员及时掌握完整、准确的信息，进行科学的决策提供可靠依据，是大型工程项目设备及材料管理所亟待解决的问题。

为了实现上述目标，本系统依据项目的要求及特点、项目的内外部环境、各项工作的时间估计、资源需求及供给情况编制项目进度计划。项目进度计划采用甘特图进行表示。甘特图，又称横道图，是进度计划最常用的一种工具，最早由Henry L.Gantt于1917年提出。它以一段横线表示一项工作，通过横向线条在带有时间坐标的表格中的位置来表示各项工作的起始、结束时间和各项工作的先后顺序，整个计划由一系列横道组成。

如前所述，实现有效的项目信息管理对项目本身及项目各参与方都具有重要意义。在设计本系统时首先要对各种信息进行科学合理的分类，然后针对项目管理过程中不同类型信息的特点提供不同的方法实现其有效的管理。

对于项目不同阶段涉及的文档资料，如设备管理中的设备参数文件、招标文件、采购合同文件、到货验收文件、安装调试文件等文档资料，系统提供在线填写、在线审批、在线查阅、在线打印、文档导入、文档导出等功能，实现文档审批的无纸化办公，同时提高了项目审批的工作效率。项目过程中涉及的图纸、视频、音频文件等，本系统提供文档的上传、下载功能，将各种信息资料进行集中信息化管理，有效防止工程信息的流失。

3. 系统开发平台及技术架构

Java2 平台企业版(Java2 platform enterprise edition, J2EE)是一套全然不同于传统应用开发的技术架构，它包含许多组件，主要可简化且规范应用系统的开发与部署，进而提高可移植性、安全性与再用价值。J2EE 基于 4 个重要元素(J2EE 规范和 API、J2EE 参考实现、J2EE 蓝图、J2EE 兼容测试套件)，其中所包含的各类组件、服务架构及技术层次均有共通的标准及规格，让各种遵循 J2EE 架构的不同平台之间存在良好的兼容性，解决过去企业后端使用的信息产品彼此间无法兼容，导致企业内部或外部难以互通的窘境。

J2EE 为搭建具有可伸缩性、灵活性、易维护性的商务系统提供了良好的机制，与其他技术相比具有如下优势：①保留现存的信息资产，即 J2EE 架构可以充分利用原有的遗留资产进行开发；②高效的开发，即 J2EE 将通用的、烦琐的任务交给中间件供应商实现，让开发者集中精力创建更加合理的商业逻辑；③支持异构环境，即基于 J2EE 的程序不依赖于任何特定操作系统、中间件、硬件，程序能够在异构的环境中进行移植。

目前，与传统的基于企业 Java Bean(enterprise Java Bean, EJB)技术的经典 J2EE 架构相比，基于 Struts2、Spring、Hibernate 的轻量级开源架构在保留了 J2EE 应用架构、高度可扩展性、高度可维护性的基础上，降低了 J2EE 应用程序的开发和部署成本，因此越来越被人们所关注。本系统的开发采用了最新的 SSH2(Struts2+Spring+Hibernate)架构技术。

SSH2 是 Struts2、Spring、Hibernate 首字母的简称。Struts2 是一个基于 J2EE 平台的主要采用 Servlet 和 JSP 技术的开源模型-视图-控制(model-view-control，MVC)框架。Spring 是一个开放源代码的轻量级容器(light-weight container)。Hibernate 是一个开放源代码的对象关系映射(ORM)框架，它对 Java 数据库连接(Java database connectivity，JDBC)进行了非常精良的对象封装，使得 Java 程序员可以随心所欲地使用对象编程思想来操纵数据库。SSH2 是目前最流行的、使用最为广泛的开源 J2EE 技术架构之一，采用 SSH2 在继承 J2EE 原有优势的基础上使开发变得更容易。

根据项目管理理论和方法，针对大型工程项目中设备及材料管理的特点，运用软件工程的思想、敏捷开发的模式，采用了最新的轻量级 J2EE 开源架构 Struts2+Spring+Hibernate+MySQL 技术，开发出一套适合建筑行业的面向大型工程项目的基于 Web 的设备及材料项目管理系统(Web-based project management system，WPMS)，系统技术架构设计如图 9.8 所示。

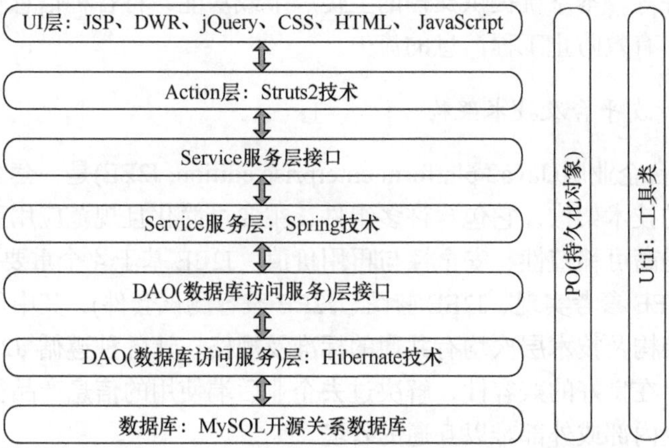

图 9.8 大型工程项目中设备及材料协调调度系统实现技术架构设计

该系统主要包括进度管理、信息管理两大功能模块。进度管理的主要目标是根据工程项目的实际进展，制定、调整工程项目进度。大型建设项目管理协调智能调度设备及材料子系统功能设计如图 9.9 所示。

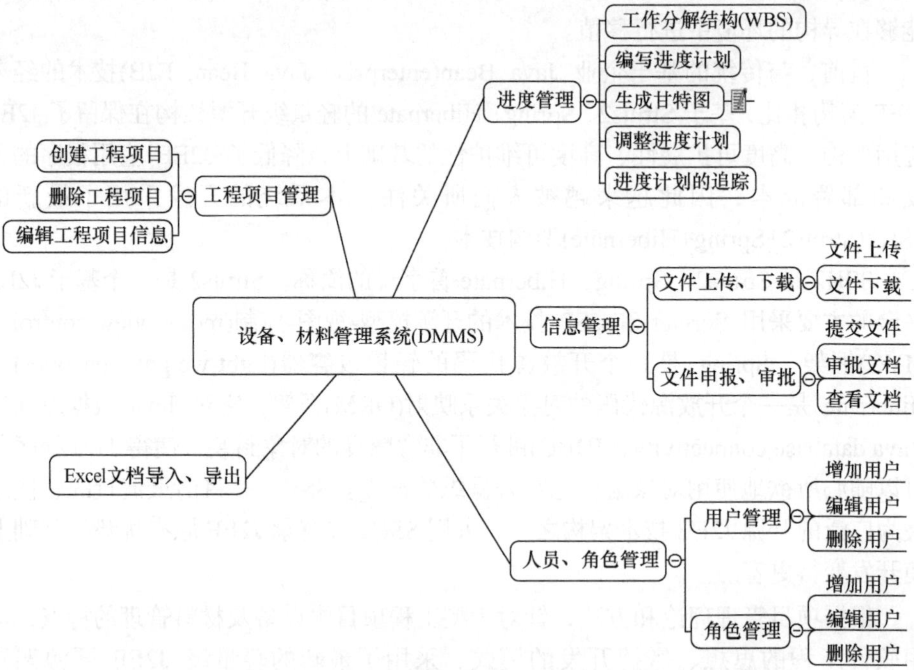

图 9.9 大型建设项目管理协调智能调度设备及材料子系统功能设计

信息管理主要包括文档的在线提交、在线审批、在线保存、在线打印等功能，对视频、图纸等文档提供上传、下载功能。大型建设项目管理协调智能调度设备及材料子系统架构设计如图 9.10 所示。

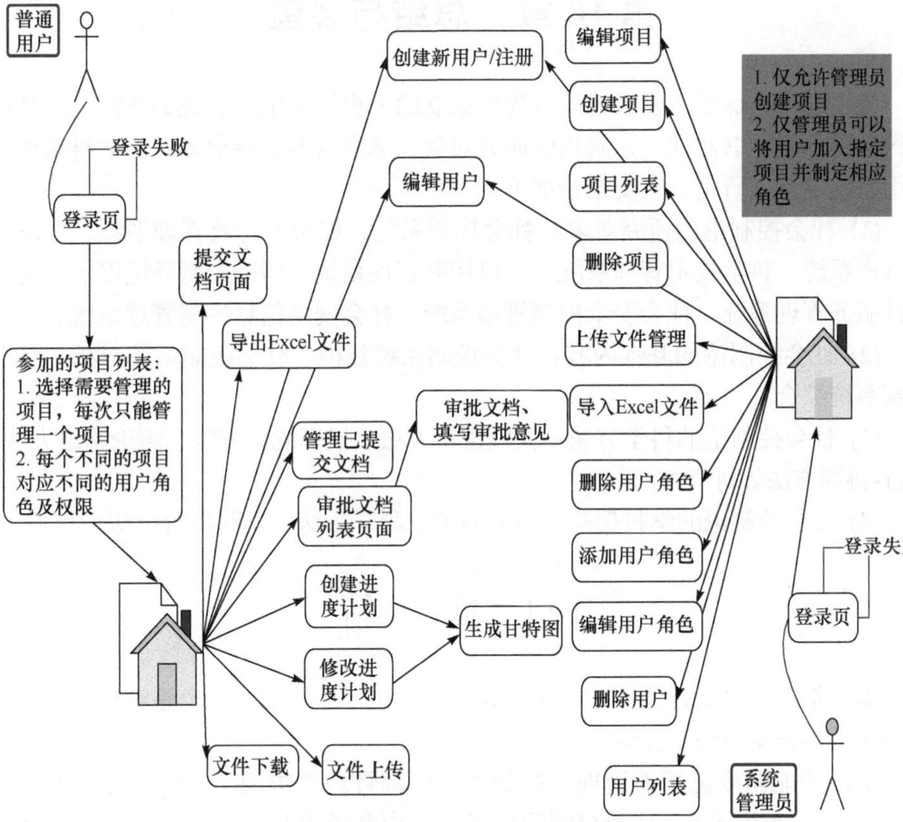

图 9.10　大型建设项目管理协调智能调度设备及材料子系统架构

第 10 章　总结与展望

为了学习、继承、发展钱学森先生创立的工程控制论，实现关于社会控制论的科学预见，本书对社会控制论的研究对象、基本内容、科学方法、学科架构、应用系统进行了研究，主要结论如下。

(1) 社会控制论的研究对象：社会控制系统，如国家行政管理系统、国民经济管理系统、科学技术管理系统、人口控制管理系统、污染控制环境保护系统、公共服务管理系统、社会安全控制管理系统、社会网络信息控制管理系统。

(2) 社会控制论的基本内容：社会控制系统建模、社会控制系统分析、社会控制系统综合。

(3) 社会控制论的科学方法：模糊逻辑方法、概率统计方法、图论网络方法、分解-协调方法等科学方法。

(4) 社会控制论的学科架构：研究对象、科学方法、学科内容、应用领域。

10.1　总　　结

本书是关于协调智能调度研究、开发、应用工作的总结，也是对社会控制论这一新学科分支的初步探索。

协调智能调度是智能管理、智能集成协调管理与协调学向广度和深度的继承与发展。展望未来，社会控制论的发展方向和前景是智慧融合、和谐调度，如图 10.1 所示。

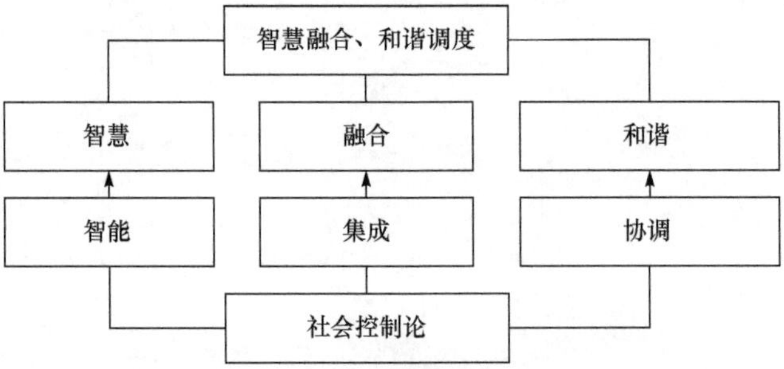

图 10.1　协调智能调度技术展望

人的智能和机器智能共同发展，即智能共生。协调智能调度系统是人机共生系统，人和计算机在系统中协同工作，进行各种智能管理活动，通过多媒体信息的人机交互，人的智能和机器智能可以相互促进、共同发展。一方面，通过智能转移，将人的某些智能移植到计算机中，促进机器的人工智能的发展，如计算机推理、学习、联想能力的开发。另一方面，由于人机分工界面转移，人的劳动负荷减轻，调度人员将有更多的精力和时间，从事更高级的、更富有创造性的管理活动，并且可以使用计算机，通过多媒体信息交互，获得更友好、更有效的信息服务和支持环境，有助于更好地发挥人的主动性、灵活性，促进人的智能发展，向更高境界的智慧升华。

从智能到智慧，意味着智力发展、智商提高、智能升华。

社会控制系统是人机智能结合的调度系统，这里智能结合不是简单的相加，而是智能互补、智能移植。

1) 智能互补

人的智能与机器智能取长补短，即智能互补。人的长处体现在创造性、灵活性、主动性，适合于从事非常规、不确定、未确知的管理活动，如高层决策、总体规划、发展预测等；人的短处是易疲劳、会遗忘、有情绪，其脑力和体力劳动能力受到心理和生理条件的限制，不适于进行重复性、烦琐性、单调性的管理工作，如大量记忆、精确计算、高速查询等。相反，计算机的长处是抗疲劳、不遗忘、无情绪，适合于担负重复的、烦琐的、单调的，需要大量记忆、精确计算、高速查询的工作。计算机的短处是规范性、呆板性、被动性，不适于处理非常规、不确定、未确知的调度问题，而适于处理常规的、确定的、确知的问题，如信息查询、管理，办公事务处理等。

2) 智能移植

人的智能向机器智能不断转移，即智能移植。在智能调度技术的研究、开发、应用过程中，人的智能不断地向机器智能转移，逐步提高机器的人工智能水平。例如，研究、开发智能调度专家系统、专家调度系统，将专家的专业知识、工作经验转移到计算机的知识库和推理机中，从而使计算机能够求解相应专业领域的专门问题，具有类似于专家本人的智商和能力。随着计算机的人工智能水平不断提高，协调智能调度系统中的人机分工界面逐步转移。计算机能够承担更多的调度工作，可以减轻调度人员的脑力和体力劳动负荷。

10.1.1　集成智能共协作

从集成到融合，意味着功能融合、技术融合、系统融合。

社会控制系统是集成化的人机协调调度系统，这里集成不是杂乱的凑合，而是有机的融合，便于群体更有效的协作。

1. 功能融合

社会控制系统的功能是决策支持系统、管理信息系统、办公自动化系统、企业资源规划系统的功能集成。通过功能集成，不仅要使协调智能调度系统全面拥有高层决策支持、中层信息管理、基层事务处理等，多层次、多方面、多阶段的综合调度功能，而且要实现各层次、各方面、各阶段的调度功能的有机融合。例如，根据高层调度决策需要，进行信息采集、管理及事务处理，而中层、基层为高层调度决策提供有效的信息服务与技术支持。

2. 技术融合

在社会控制系统的设计与实现过程中，要进行技术集成，包括模型集成、方法集成、软件集成、硬件集成等。通过技术集成，不仅有助于开发广义集成调度模型、集成智能优化方法、多库协同软件、多媒体人机智能接口等协调智能调度关键技术，而且应使各项技术相互配套、相互渗透，实现技术融合。例如，面向广义调度模型，研究智能优化调度方法，设计多库协同软件，开发人机智能接口，充分利用分布式计算和面向服务计算的软件体系结构，从模型、方法、软件到硬件、接口、网络，以技术融合促进技术发展。

3. 系统融合

任何社会控制系统，无论在功能上或技术上，都是由若干相互联系、相互融合的子系统构成的。各种功能子系统通过功能融合构成协调智能调度总体功能系统，各种技术子系统通过技术融合构成协调智能调度总体技术系统。而且，功能系统要借助于技术系统实现，技术系统要满足功能系统要求设计，功能系统与技术系统要相互协调、相互融合。在系统结构(开环、闭环、复合)、信息模式(集中、分散、递阶)、时空特性(离散、连续，局域、广域，长程、短程)等方面实现系统融合。

10.1.2　动态协调促优化

社会控制系统正常优化调度是采用动态协调服务机制，而动态服务是人类社会特有的一种公共协调体系。受此启发，本书提出面向服务的网络虚拟机器人群体智能自律协调模型 MEC-SCOS。与已有的多智体协调机制比较起来，MEC-SCOS 的特点体现在以下三个方面：

(1) 通过构建面向服务的元组空间，从而提供统一的服务接口来协调网络虚拟机器人群体的工作，增强系统的互操作性，使网络虚拟机器人能主动地对外参与和提供服务，将传统的单机计算任务或分布计算任务转化为由实现各种服务的各类软件人共同承担的网络计算，从而能充分发挥群体协调的优势，对复杂问题的解决和任务的完成提供了一个良好的支撑环境。

(2) 面向动态服务(流)的分解-协调模型与子服务(流)构造方法，可以把一个大系统分解为几个子服务(流)分别建模；分解-协调是在线进行的，所以子服务(流)的产生(即子任务协调群体的形成)是动态的，这样有利于提升系统的自适应能力。

(3) MEC-SCOS 是基于面向服务计算思想设计的，所以非常便于与 Web 具体应用结合起来在计算机上实现。MEC-SCOS 非常适合用于解决复杂网络背景下服务特征明显(即服务提供方、中介、服务接受方容易划分)的一大类应用问题(如供水、气、油管网调度等领域)。

10.1.3　防患未然有应急

社会控制系统异常应急调度的核心是基于案例树联想推理。按照大系统的目标和调度任务要求，根据资源和环境条件，实现管网应急调度的及时化、协调化、智能化。本书提出 CTAR-PES 系统结构及具体实现算法，具体研究包括以下三方面：

(1) CTAR-PES 将整个系统分成各个不同的环节(或模块)，利用智能信息推拉技术和面向服务的质量评估机制，自底向上构建整个系统的应急调度案例库。

(2) 对发生事故需要重新变更计划调度的环节进行快速分析；将案例推理和专家知识有机结合起来，基于大系统智能管理的理论和方法，刻画数据流程，建立数据跟踪体系，分析纠正生产数据，发现异常。

(3) 通过分析历史生产数据，建立系统应急调度的科学体系和相应典型案例，为调度决策提供科学依据。

10.1.4　协调调度显和谐

从协调到和谐，意味着人机和谐、机机和谐、人人和谐。

社会控制系统是协调化的人机和谐系统，其中应实现三方面的和谐。

1. 人机和谐

在社会控制系统中，人和计算机合理分工，通过多媒体自然信息界面，进行人机友好交互，有多库协同软件及分布式计算机网络环境支持，协调智能调度系统软件可以融入调度环境中，或是嵌入(穿戴在)调度人员的衣物里。各级管理人员可以随心所欲地使用计算机，简易而方便地进行调度工作。计算机或其他便携式设备成为调度人员得心应手的高效工具和忠实助手，就像人们常见的家用电器如彩电、冰箱、音响等，还可以进行文娱活动，实现人与计算机协调的和谐共处。

2. 机机和谐

社会控制系统所采用的各种计算机以及有关的通信装置和办公自动化设备，在多媒体分布式网络环境中协同、和谐地运行。系统内部的各种计算机之间、计算机与各种办公设备之间、各种通信装置之间、系统与外部环境之间，都可以进行双向、高效、可靠的文、图、声和谐的多媒体通信，实现多媒体信息资源共享，传递多媒体电子邮件，举行多媒体电子会议等，构成计算机、通信装置、办公设备等机机和谐的运行环境。

3. 人人和谐

先进社会控制系统的研发，伴随着管理体制的改革，促进调度结构的信息化，其中各类调度人员之间的相互关系也应当逐步趋向于协调化、和谐化。人与人之间合理分工，取长补短、协同配合、友好相处，这不仅是技术问题，而且是社会问题，实现人人和谐，不仅是协调智能调度系统的努力目标，而且是和谐社会的发展要求。

10.2 展 望

展望未来，社会控制论是介于社会科学、控制科学之间的一门新的技术科学，其建立、发展、应用，将有助于社会安定团结、文明进步、协调和谐，有助于社会管理控制的科学化、现代化，有助于社会科学研究的定量化、精确化。

社会控制论是一门综合性的边缘学科，其研究、建立、发展，需要控制论、系统论、信息论，社会学、经济学、人类学、科学学、军事学、环境学等有关科学技术的专家、学者相互协作、共同努力。

我们期望，社会控制论这门新学科，健康、迅速地成长起来，为我国社会主义建设与发展、推进国家治理体系和治理能力现代化做出重要贡献。

参 考 文 献

[1] 涂序彦, 李秀山, 陈凯. 智能管理[M]. 北京: 清华大学出版社, 1995.
[2] 涂序彦, 韩力群. 人工智能: 回顾与展望[M]. 北京: 科学出版社, 2006.
[3] 涂序彦. 人工智能的历史、现状、前景——人工智能、广义人工智能、智能科学技术[C]. 人工智能: 回顾与展望, 北京, 2006.
[4] 涂序彦. 广义人工智能[C]. 中国人工智能学会第 9 届全国人工智能学术年会, 北京, 2001.
[5] 涂序彦. 广义智能学[C]. 中国人工智能学会第 11 届全国人工智能学术年会, 北京, 2005.
[6] 涂序彦. 广义智能信息系统论[C]. 中国人工智能学会第 8 届全国人工智能学术年会, 杭州, 1994.
[7] 吴文俊. 计算机时代的脑力劳动机械化与科学技术现代化[C]. 人工智能: 回顾与展望, 北京, 2006.
[8] 李衍达. 人工智能发展面临的新机遇[C]. 人工智能: 回顾与展望, 北京, 2006.
[9] 王守觉. 仿生信息科学中的高维空间形象几何方法[C]. 人工智能: 回顾与展望, 北京, 2006.
[10] 杨叔子. 关于智能制造若干问题的思考[C]. 人工智能: 回顾与展望, 北京, 2006.
[11] 李德毅. 人工智能值得注意的三个研究方向[C]. 人工智能: 回顾与展望, 北京, 2006.
[12] 陆汝钤. 知识工程和第四产业[C]. 人工智能: 回顾与展望, 北京, 2006.
[13] 钟义信. 人工智能由分立走向和谐[C]. 人工智能: 回顾与展望, 北京, 2006.
[14] 何华灿. 从逻辑学观点看人工智能学科的发展[C]. 人工智能: 回顾与展望, 北京, 2006.
[15] 史忠植. 展望智能科学[C]. 人工智能: 回顾与展望, 北京, 2006.
[16] 蔡文. 可拓学是人工智能的理论基础之一[C]. 人工智能: 回顾与展望, 北京, 2006.
[17] 何华灿. 泛逻辑学原理[M]. 北京: 科学出版社, 2001.
[18] 蔡文. 可拓工程方法[M]. 北京: 科学出版社, 1999.
[19] 韩力群. 智能科学的基本任务: 创造拟脑系统[C]. 人工智能: 回顾与展望, 北京, 2006.
[20] 蔡自兴. 智能控制科学的发展与展望[C]. 人工智能: 回顾与展望, 北京, 2006.
[21] 邱玉辉. 计算智能[C]. 人工智能: 回顾与展望, 北京, 2006.
[22] 涂序彦. 人工智能及其应用[M]. 北京: 电子工业出版社, 1988.
[23] 涂序彦. 人工智能的发展道路与方法学[C]. 中国人工智能学会第 6 届全国人工智能学术年会, 武汉, 1989.
[24] 涂序彦. 人工智能的理论、方法与技术[C]. 中国人工智能学会第 7 届全国人工智能学术年会, 西安, 1992.
[25] 钟义信. 信息科学原理[M]. 3 版. 北京: 北京邮电大学出版社, 2002.
[26] 涂序彦. 人工情感[C]. 中国人工智能学会第 10 届全国人工智能学术年会, 北京, 2003.
[27] 涂序彦. 广义人工生命[C]. 中国人工智能学会第 10 届全国人工智能学术年会, 北京, 2003.
[28] 韩力群, 涂序彦. 多中枢自协调拟人脑研究及应用[M]. 北京: 科学出版社, 2009.
[29] Zhu H, Wang H B, Bayley I. Formal analysis of load balancing in microservices with scenario calculus[C]. Proceedings of the 2018 IEEE International Conference on Cloud Computing, San Francisco, 2018.
[30] Wang H B, Zeng G P, Tu X Y. An agent-based cooperative work technology for distributed Web

meeting scheduling[C]. Proceedings of the 17th IEEE International Conference on Cognitive Informatics and Cognitive Computing, Berkeley, 2018.
[31] 涂序彦. 大系统控制论[M]. 北京: 国防工业出版社, 1994.
[32] 涂序彦, 王枞, 郭燕慧. 大系统控制论[M]. 北京: 北京邮电大学出版社, 2005.
[33] Tu X Y, Li X S. Intelligent management system(IMS)[C]. International Conference on Modelling and Control of National Economics, Beijing, 1992.
[34] Tu X Y. Modelling and control of national economies[C]. Proceedings of Part 3: Intelligent Management System, IFAC—Symposia Series, Beijing, 1993.
[35] 涂序彦. 论协调[J]. 科学学与科学技术管理, 1981, 5: 19-22.
[36] 涂序彦, 等. 生物控制论[M]. 北京: 科学出版社, 1980.
[37] Tu X Y. Theory of a harmonically acting control system with a larger number of controlled variables[C]. Proceedings of the 1st International Congress of IFAC, Moscow, 1960.
[38] Decker K. Environment centered analysis and design of coordination mechanisms[D]. Massachusetts: University of Massachusetts, 1995.
[39] Tu X Y. Intelligent management systems[C]. Proceedings of Modeling and Control of National Economics, Oxford, 1993.
[40] 王洪泊, 马忠贵, 曾广平, 等. 网络虚拟机器人——"软件人"安全策略与授权模型[J]. 计算机科学, 2009, 36(2): 275-277, 286.
[41] 曾广平, 涂序彦. 软件人[C]. 中国人工智能学会第 10 届全国人工智能学术年会, 北京, 2003.
[42] Wang H B, Wang J, Zhen X X, et al. Oriented multi-mutation strategy in a many-objective evolutionary algorithm[J]. Information Sciences, 2009, 478(4): 391-407.
[43] 涂序彦. 多变量协调控制问题[C]. 第一届国际自动化学术会议, 上海, 1963.
[44] 涂序彦. 大系统理论及其应用[J]. 自动化, 1977, 1(1): 12-44.
[45] 涂序彦. 关于大系统理论的几个问题[J]. 自动化学报, 1979, 5(3): 232-244.
[46] 涂序彦. 大系统控制论探讨[J]. 系统工程理论与实践, 1986, 6(1): 2-6.
[47] Tu X Y. A new approach to flexible automation of large scale systems[C]. IFAC Proceedings Volumes, 1983, 16(2): 111-116.
[48] Tu X Y. Intelligent control and intelligent management for large scale systems[C]. Artificial Intelligence in Economics and Management, Amsterdam, 1986.
[49] Tu X Y, Guetzkow H. Global/world modelling and large systems cybernetics[C]. Systems Science and Engineering, Beijing, 1988.
[50] Tu X Y. The problem on the most economical control(MEC)[C]. Recent Development in Control Theroy and Its Applications, New York, 1982.
[51] Tu X Y, Cai L H. Large systems cybemetics—A new methodology for modelling and control[C]. Proceedings of IFAC—Symposium on Dynamic Modelling and Control, Beijing, 1989.
[52] 涂序彦. 最经济控制系统结构综合[J]. 自动化学报, 1982, 8(2): 103-111.
[53] 涂奉生, 涂序彦. 线性最经济控制问题的一种解法[J]. 自动化学报, 1984, 10(4): 345-349.
[54] Larson R E, Wong P J. Optimization of natural gas system via dynamic programming[J]. Industrial and Engineering Chemistry, 1968, 12(5): 475-481.

[55] 徐俊刚, 戴国忠, 王宏安. 生产调度理论和方法研究综述[J]. 计算机研究与发展, 2004, 41(2): 257-267.

[56] 何生厚, 毛锋. 数字油田的理论、设计与实践[M]. 北京: 科学出版社, 2001.

[57] Coxhead R E. Integrated planning and scheduling systems for the refining industry[C]. Mathematical Programming and Modeling Techniques in Practice, Chichester, 1994.

[58] Uraikul V, Chan C W, Tontiwachwuthikul P. MILP model for compressor selection in natural gas pipeline operations[J]. Environmental Informatics Archives, 2003, 1: 138-145.

[59] Mota-Palomino R, Quintana V H. A penalty function linear programming method for solving power system constrained economic operation problems[J]. IEEE Transactions on Power Apparatus and Systems, 1984, 103(6): 1414-1442.

[60] Ahuja R K, Magnanti T L, Orlin J B. Network Flows: Theory, Algorithms, and Applications[M]. Englewood Cliffs: Prentice-Hall, 1994.

[61] Ríos-Mercado R Z, Kim S, Boyd E A. Efficient operation of natural gas transmission systems: A network-based heuristic for cyclic structures[J]. Computers and Operations Research, 2006, 33(8): 2323-2351.

[62] Luongo C A, Gilmour B J, Schroeder D W. Optimization in natural gas transmission networks: A tool to improve operational efficiency[C]. Presented at the 3rd SIAM Conference on Optimization, Boston, 1989.

[63] 王洪泊, 曾广平, 王宗杰, 等. 软件人群体智能自律协调模型研究及应用[J]. 自动化学报, 2007, 33(9): 924-930.

[64] 王洪泊, 王宗杰, 曾广平, 等. "软件人"自律协调机制及在数字气田中应用[C]. 中国人工智能进展, 北京, 2005.

[65] Wang H B, Zeng G P, Wang Z J, et al. Digital gas fields produce real time scheduling based on intelligent autonomous decentralized system[C]. Proceedings of 2005 IEEE International Symposium on Autonomous Decentralized Systems, Chengdu, 2005.

[66] 王洪泊, 王宗杰, 班晓娟, 等. 数字气田智能管网自律调度系统可视化研究[J]. 计算机研究与发展, 2005, 42(虚拟现实专刊): 408-412.

[67] Wang H B, Wang Z J, Zeng G P, et al. The research on "SoftMan" coordination and its application in digital gas fields[C]. IEEE International Conference on Neural Networks and Brain, Beijing, 2005.

[68] 王洪泊, 王宗杰, 张仕强, 等. 数字气田智能管网协调调峰模型研究[J]. 计算机应用研究, 2006, 8: 31-33, 44.

[69] Wang H B, Ma Z G, Zeng G P, et al. Intelligent autonomous decentralized system application in digital gas fields[C]. Proceedings of Information Technology and Environmental System Sciences, Beijing, 2008.

[70] 王洪泊, 王宗杰, 张仕强, 等. 基于案例树智能构建与检索气田管网应急技术[J]. 计算机工程与设计, 2006, 11(6): 1917-1919.

[71] Babu B V, Angira R, Chakole P G, et al. Optimal design of gas transmission network using differential evolution[C]. Proceeding of the 2nd International Conference on Computational Intelligence, Robotics and Autonomous Systems, Singapore, 2003.

[72] Olorunniwo F O. A methodology for optimal design and capacity expansion planning of natural gas transmission networks[D]. Austin: The University of Texas at Austin, 1981.
[73] Flanigan O. Constrained derivatives in natural gas pipeline system optimization[J]. Journal of Petroleum Technology, 1972, (5): 549-556.
[74] 杨毅, 李长俊, 尚蜀娅. 天然气管网输配气量优化研究[J]. 天然气工业, 2006, 26(1): 123-125.
[75] 何川, 孟庆华, 李渡, 等. 川西天然气集输管网系统最优规划研究[J]. 天然气工业, 2006, 26(7): 107-109.
[76] 杨昭, 张甫仁, 朱强, 等. 燃气管网动态仿真的研究及应用[J]. 天然气工业, 2006, 26(4): 105-108.
[77] 涂序彦. 可控性、可观性的实用价值与最经济结构综合[C]. 全国控制理论及其应用学术交流会, 北京, 1981.
[78] 吴斌, 涂序彦, 吴坚. 最经济控制研究[J]. 控制理论与应用, 1999, 16(5): 625-629.
[79] 涂序彦. 智能系统工程[J]. 军事系统工程, 1994, 4: 34-40, 45.
[80] 王洪泊, 曾广平, 涂序彦. "软件人"系统研究及其应用[J]. 智能系统学报, 2006, 1(1): 24-28.
[81] 涂序彦. 广义智能系统的概念、模型和类谱[J]. 智能系统学报, 2006, 1(2): 1-4.
[82] 柏毅. 川西地区天然气管网优化及仿真技术研究[D]. 成都: 西南石油学院, 2004.
[83] 朱勇, 罗敏, 刘巍. DSS技术在天然气应急调度管理中的应用[J]. 天然气工业, 2004, 24(11): 131-136.
[84] 伍悦滨, 田海, 王芳. 基于信息熵的燃气输配管网系统可靠性分析[J]. 天然气工业, 2006, 26(1): 126-128.
[85] 赵新华, 窦秋萍. 燃气管网系统运行工况的宏观模型[J]. 煤气与热能, 2002, 22(6): 487-489.
[86] 鲍秀伟. 城市煤气调度系统的现代化管理[J]. 煤气与热力, 1996, (3): 35-39.
[87] Mori K. Autonomous decentralized systems: Concept, data field architecture and future trends[C]. International Symposium on Autonomous Decentralized Systems, Kawasaki, 1993.
[88] Eessaar E. On pattern-based database design and implementation[C]. The 6th International Conference on Software Engineering Research, Management and Applications, Prague, 2008.
[89] Storey V C, Goldstein R C, Ullrich H. Naive semantics to support automated database design[J]. IEEE Transactions on Knowledge and Data Engineering, 2002, 14(1): 1-12.
[90] Pinto M. Data representation factors and dimensions from the quality function deployment (QFD) perspective[J]. Journal of Information Science, 2006, 32(2): 116-130.
[91] Zhang F S, Wang H B, Zeng G P. Multi-SoftMan coordination model and its application in metallurgical construction project management[C]. International Conference on New Trends in Information and Service Science, Beijing, 2009.
[92] 张福生, 王洪泊, 曾广平, 等. 基于"多软件人"的冶金建设项目智能管理系统的开发[J]. 冶金自动化, 2009, 3: 5-10.
[93] 涂序彦. 智能信息"推-拉"技术[J]. 计算机世界, 2000, 14: 787-791.
[94] 王枞, 庄力可, 涂序彦. 基于智能信息推拉技术的客户关系管理系统[J]. 计算机工程与应用, 2001, 37(20): 10-12.

[95] 涂序彦, 尹怡欣, 唐涛. 智能自律分散系统[J]. 测控技术, 2002, 21(z1): 23-26, 32.
[96] Wang A H, Tu X Y. Intelligent autonomous decentralized enterprise resource planning (IADERP)[C]. Proceedings of 3rd IEEE International Workshop on Autonomous Decentralized Systems (IWADS2005), Chengdu, 2005.
[97] Pang J, Zhang W, Zhang F S, et al. Multi-bases coordination technology based on IADS and "Softman" in DSS[C]. Proceedings of 3rd IEEE International Workshop on Autonomous Decentralized Systems, Chengdu, 2005.
[98] Ma Z G, Ye B, Ban X J, et al. The study on model and architecture of SoftMan group based on autonomous decentralized systems[C]. Proceedings of 3rd IEEE International Workshop on Autonomous Decentralized Systems (IWADS2005), Chengdu, 2005.
[99] 曹少中, 杨国为, 涂序彦. 产品辅助创新设计的新原理[J]. 计算机工程, 2004, 30(24): 3.
[100] 杨国为, 王先梅, 涂序彦. 面向计算机的产品创新设计的新模型与新原理(1)[J]. 计算机工程与应用, 2003, 39(32): 7.
[101] 曹少中, 艾冬梅, 杨国为, 等. 多层多维物元系统可拓集及其性质[J]. 北京科技大学学报, 2005, 27(5): 638-640.
[102] 涂序彦. 广义模型、智能仿真、软件人[C]. 第三届中国系统建模与仿真技术高层论坛, 北京, 2008.
[103] 涂序彦. 协同智能建模与仿真[C]. 第四届中国系统建模与仿真技术高层论坛, 北京, 2009.
[104] Cao S Z, Yang G W, Tu X Y. Study on multilayer multidimensional extension set[J]. Advances in Modelling and Analysis A, 2005, 42(5): 1-22.
[105] Cao S Z,Yang G W, Tu X Y. Multilayer multidimensional extension set theory[J]. Journal of Beijing Institute of Technology, 2006, 15(2): 172-176.
[106] 曹少中. 多层高维动态可拓集合及其性质[J]. 系统工程理论与实践, 2006, 26(5): 128-134.
[107] 曹少中. 支持产品创新概念设计的协同智能 CAD 系统[D]. 北京: 北京理工大学, 2005.
[108] 曹少中, 涂序彦, 杨国为. 绿色循环经济与绿色设计[J]. 机械设计, 2004, 21(4): 1-5.
[109] 曹少中, 杨国为. 和谐智能 CACD 系统[M]. 北京: 科学出版社, 2006.
[110] 涂序彦. 智能通信与智能网络[C]. 中国人工智能学会智能信息网络学术会议, 杭州, 2004.
[111] Bechhofer S, Horrocks I, Goble C, et al. OILEd: A reasonable ontology editor for the semantic Web[C]. Proceedings of Joint German/Austrian Conference on Artificial Intelligence, Vienna, 2001.
[112] What is an Ontology? [EB/OL]. http://www-ksl.stanford.edu/kst/what-is-an-ontology.html [2020-4-24].
[113] 张友生. 软件体系结构[M]. 北京: 清华大学出版社, 2008.
[114] 杨芙清, 梅宏. 面向复用的需求建模[M]. 北京: 清华大学出版社, 2008.
[115] 吴斌, 涂序彦. 最经济智能控制系统研究开发及应用[J]. 系统科学与数学, 2016, (9): 1497-1506.
[116] Wang C, Zheng X, Tu X, et al. Service oriented dynamic coordination method based on role for multi-level hierarchical information systems[J]. Chinese Journal of Electronics, 2013, 22(2):

253-257.
[117] 段军, 涂序彦. 基于 MAT 的 IIPP 交通事故处理辅助决策支持系统[J]. 计算机工程与应用, 2003, 39(35) :195-198.
[118] 郑利强, 杨嵩, 陈薇薇, 等. 基于 IIPP 的个性化互动营销决策支持系统设计方案[J]. 计算机工程与应用, 2002, 38(18): 14-16.
[119] 马忠贵, 叶斌, 王成耀, 等. 基于智能信息“推-拉”技术的多源复杂信息整合研究[J]. 计算机工程, 2006, 32(5): 178-180.
[120] 王洪泊, 班晓娟, 曾广平, 等. 网络环境下虚拟机器人——“SoftMan”系统平台总体设计[J]. 计算机科学, 2005, 32(8): 152-154.
[121] Ma Z G, Zhou X W, Wang H B, et al. Study on dynamic spectrum management model for interactive cognitive radio[J]. Chinese Journal of Electronics, 2010, 19(1): 145-149.
[122] Ma Z G, Wang H B. Dynamic spectrum allocation with maximum efficiency and fairness in interactive cognitive radio networks[J]. Wireless Personal Communications, 2012, 64(2): 439-455.
[123] Wang H B, Deng L, Ma Z G, et al. Improved digital costas loop design in spread spectrum communication[J]. Chinese Journal of Electronics, 2011, 20(2): 299-302.
[124] 张百灵, 王雨生. 新场气田集输管网系统优化模拟研究[J]. 天然气工业, 2002, 22(6): 119-121.
[125] Ford L R, Fulkerson D R. Maximal flow through a network[J]. Canadian Journal of Mathematics, 1956, 8: 399-404.
[126] Ford L R, Fulkerson D R. Flows in Networks[M]. Princeton: Princeton University Press, 1962.
[127] Corchado J M, Laza R. Constructing deliberative agents with case-based reasoning technology[J]. International Journal of Intelligent Systems, 2003, 18(12): 1227-1241.
[128] 王洪泊, 马忠贵, 曾广平, 等. 面向任务的网络虚拟机器人动态更新迁移计划[J]. 计算机科学, 2009, 36(6): 167-170.
[129] 段军, 耿瑞平, 涂序彦. 基于 Rough Set 和神经网络的 CBR 快捷检索方法[J]. 计算机工程与应用, 2003, 39(3): 25-27.
[130] 周凯波, 左保河, 冯珊. 基于案例推理的信息系统构建方法研究[J]. 华中工业大学学报, 2002, 28(9): 13-15.
[131] Wang H B, Zeng G P, Tu X Y. Research on security mechanism for network virtual robot[C]. The 6th International Conference on Natural Computation, 7th International Conference on Fuzzy Systems and Knowledge Discovery, Yantai, 2010.
[132] 涂序彦, 韩力群, 王洪泊. 广义人工生命[M]. 北京: 科学出版社, 2011.
[133] Mahadevan S, Zhang R X, Smith N. Bayesian networks for system reliability reassessment[J]. Structural Safety, 2001, 23(3): 231-251.
[134] Yu D C, Nguyen T C, Haddawy P. Bayesian network model for reliability assessment of power systems[J]. IEEE Transactions on Power Systems, 1999, 14(2): 426-432.
[135] 王成山, 谢莹华. 基于双层同构贝叶斯网络模型的配电网可靠性评估[J]. 电网技术, 2005, 29(7): 41-46.
[136] 胡玉胜, 涂序彦, 崔晓瑜, 等. 基于贝叶斯网络的不确定性知识的推理方法[J]. 计算机集

成制造系统, 2001, 7(12): 65-68.
[137] 王洪泊, 涂序彦. 基于贝叶斯推理的气田管网故障诊断系统研究[C]. 中国人工智能进展, 北京, 2009.
[138] Wang H B, Tu X Y. A visual dynamic Bayesian network model oriented most economical service-flows[J]. Chinese Journal of Electronics, 2011, 39(6): 1331-1335.
[139] 王洪泊. 数字气田协调优化与应急调度关键技术研究及应用[D]. 北京: 北京科技大学, 2007.
[140] van der Aalst W, van Hee K. 工作流管理——模型、方法和系统[M]. 王建民, 闻立杰, 等译. 北京: 清华大学出版社, 2004.
[141] 范玉顺. 工作流管理技术基础——实现企业业务过工程重组、过程管理与过程自动化的核心技术[M]. 北京: 清华大学出版社, 2001.
[142] 吴朝晖, 邓水光. 工作流系统设计与关键实现[M]. 杭州: 浙江大学出版社, 2006.
[143] Workflow Management Coalition. The Workflow Reference Model[R]. Technical Report WfMC-TC00-1003. Brussels: Workflow Management Coalition, 1995.
[144] 罗海滨, 范玉顺, 吴澄. 工作流技术综述[J]. 软件学报, 2000, 11(7): 899-907.
[145] 宋佳, 从会悦. 大型建设项目管理的信息化现状与对策浅析[J]. 中小企业科技, 2007, 7: 26-27.
[146] Wang H B, Ma Z G, Zeng G P, et al. Oriented most economic service artificial harmony society coordination modeling[C]. International Conference on Humanized System, Beijing, 2008.
[147] 涂序彦, 韩力群, 马忠贵. 协调学[M]. 北京: 科学出版社, 2012.

附录　涂序彦“社会控制论”诗三首

能 计 算

世界可知能计算，广义模型数据全；
社会计算拟人脑，情智协调蕴灵感。

需 协 调

社会系统需协调，协商协作协同妙；
科学发展协调化，和谐社会齐欢笑。

人 为 本

社会计算人为本，社会模型适国情；
社会问题是关键，社会和谐为人民。